독특한 예제를 통해 배우는 데이터 분석 입문
파이썬으로 데이터 주무르기

+++ 가장 든든한 우리 가족, 사랑하는 아내와 딸, 항상 고맙습니다.+++

독특한 예제를 통해 배우는 데이터 분석 입문

파이썬으로 데이터 주무르기

민형기 지음

민형기

국립창원대학교 제어계측공학과에서 제어공학을 전공하고 공학 박사 학위를 받았다. 엔티렉스 로봇연구소 소장, 미래컴퍼니 수술로봇 연구소 책임연구원 등을 역임했고, 국가직무능력표준(NCS) 중에서 로봇 인공 지능/기계 하드웨어 학습 모듈 개발에 참여했다. 군사용 로봇, 수술용 로봇, 3D 프린터, 스마트폰 광학 영상 안정화(OIS) 등 다양한 형태의 로봇 혹은 제어 기술 개발에 참여하면서, 로봇이 수집한 다양한 데이터를 분석하는 과정을 다수 경험했다. 일상 생활의 질문을 데이터 분석을 통해 직접 확인하는 것이 취미이며, 현재 로봇부터 데이터 과학까지 다루는 블로그(http://pinkwink.kr)를 운영하고 있다. 최근에는 작은 스타트업인 로봇앤모어의 수석연구원으로서 재미있는 로봇에 대한 연구 개발을 수행하고 있다.

처음 파이썬(Python)에 관심을 갖게 된 것은 당시 비싼 MATLAB을 감당할 수 없던 작은 회사를 다니면서 MATLAB을 대체해서 시스템을 시뮬레이션할 수 있는 도구를 찾을 때였습니다. 그리고 인터넷에서 자료를 찾고 마음에 드는 목차를 가진 책이 있으면 구매해서 공부하면서 조금씩 파이썬을 좋아하게 되었습니다. 처음 파이썬을 접했던 것이 2012년쯤으로 그때는 이클립스를 파이썬의 개발 도구[1]로 사용했습니다. 그러다가 많은 고수들의 작업을 인터넷으로 구경하게 되고, 또 제가 처했던 업무 환경이 점점 데이터 분석이라는 것을 해야 하는 상황에 자주 처하게 되었습니다. 명령어 하나를 몰라서 밤새 검색하고 시도했던 경험이 이렇게 "데이터 분석이 참 재미있습니다"라고 건방진 말을 할 수 있게 되었나 봅니다.

그러면서 처음에는 단순히 데이터의 그래프를 그리고 고전적인 방식으로 미분방정식이나 차분방정식을 그저 시뮬레이션하거나 저역통과필터(Low Pass Filter)나 고역통과필터(High Pass Filter) 등을 설계[2]하는 일을 파이썬으로 수행하는 일이었습니다. 그러다가 우연한 기회에 인터넷에서 스스로 자료를 찾고, 찾은 자료를 바탕으로 원하는 결과를 얻어야 하는 상황을 만나게 되었고, (당시 저에게는 힘들었던) 그 일을 완수하면서 결국 **데이터 과학**이라는 세계에 살짝 입문하게 되었습니다.

그렇게 스스로 학습하면서 한 가지 아쉬운 것이 있었습니다. 너무나 방대한 파이썬의 세계(파이썬 자체에 또 그 많은 모듈에 심지어 상황에 따라서는 이론까지)를 기웃거리면서 어떤 목표를 이루기 위해 일목요연하게 진행되는 자료를 구경하고 싶었던 것입니다. 누구나 한 권 이상 있을 파이썬 기초 문법 책 같은 내용이 아니라, 명령의 뜻과 문법은 인터넷으로 검색할 테니, 내가 하려는 일과 흡사한 내용에서 초보를 위해 처음부터 끝까지 진행되는 과정을 보고 싶었던 겁니다. 그래서 어디 대학원에 진학할까 하는 (아내와 40개월 딸이 들으면 기절할) 생각도 했습니다. 이러한 갈증으로 제 책은 아래의 특징을 가지도록 노력했습니다.

- 문법이나 명령을 기초부터 설명하지 않습니다.
    - 그러나 과정상 필요한 부분은 당연히 설명합니다.
- 명령의 옵션 하나하나를 설명하지도 않습니다.

---

[1] http://pinkwink.kr/527

[2] http://pinkwink.kr/793#filter_basic

- 각 장 별로 제목에 제시된 목표를 이루기 위해,
  - 데이터를 획득하는 시작점부터
  - 목적을 이루는 과정을 모두 코드로 보여줍니다.
  - 이 과정에서 필요한 부분에 대해 설명합니다.
  - 파이썬으로 데이터를 획득하고 다듬는 과정을 수행하려는 분을 대상으로
  - 마치 Github이나 Kaggle에서 보이는 것과 같은 방식으로 진행하려는 것입니다.

이런 목표로 작업한 내용을 책에 넣고 싶었습니다. 그렇게 잘 집필이 될지 걱정입니다만, 그래도 한번 저처럼 고생할 또 다른 초심자들에게 도움이 되면 좋겠다는 생각에 이렇게 자판을 두드리고 있습니다. 그러면서 정말 다시 한 번 느끼는 것은 책을 쓰는 모든 분들을 존경하게 되었다는 것입니다. 평상시 블로그에 글을 올리는 것과는 너무나 많은 차이가 나는 일인데 너무 쉽게 덤볐다는 후회가 계속 듭니다.

그래도 제가 느끼고 아는 지식을 전파하기 위해 노력하겠습니다. 책을 보면서 문제가 되거나 오류가 나는 부분은 질문을 하시면 좋겠습니다. 이제 본론으로 들어가기 전에 몇 가지 제반 사항을 이야기하겠습니다.

+++ **0-1 책의 구성** +++

애초 이야기한 대로 이 책은 장별로 목표가 있습니다. 예를 들면 1장은 '서울시 구별 CCTV 현황 분석하기'입니다. 그리고 이 목표를 이루기 위해서는 파이썬의 기초를 익히고, 데이터를 다루는 데 필수 모듈인 pandas의 기초를 익히고, 데이터를 시각화하는 기초 개념으로 Matplotlib를 살짝 알아야 합니다. 그러니 당연히 1장에서는 서울시 구별 CCTV를 분석하는 데 필요한 과정을 대화 형식으로 전개하면서 필요한 기초 내용은 그때그때 습득하는 것으로 합니다.

마치 '서울시 구별 CCTV 현황을 분석하라'는 미션을 받은 파이썬에 대해 잘 모르는 독자가 구글에서 검색하며 코드 한 줄 한 줄을 완성해 가는 느낌으로 기술할 계획입니다. 아마 이 책을 다 읽고 나면 파이썬이, 또 파이썬으로 수행하는 데이터 분석의 세계가 아주 흥미롭다는 것도 알게 될 것입니다(그렇게 되기를 기대합니다). 그래서 대부분의 장은 뚜렷한 목표가 있습니다. 항상 시작은 데이터를 얻는

법을 먼저 다루게 되고, 그 데이터를 정제해가며 혹은 변경해가며 목표를 이루는 과정을 보여줍니다. 필요하다면 해당 모듈의 튜토리얼을 가지고 와서 기초를 설명합니다.

그림은 캡션을 달게 되겠지만, 코드는 이 책에서 파이썬 개발도구로 선택한 Jupyter Notebook의 세션 하나하나를 캡처해서 보여드릴 겁니다(그림 0-1). 코드의 번호도 나타나고 개인적으로 그림 0-1에 나타난 Jupyter Notebook의 화면이 마음에 들기도 할뿐더러 Github 같은 사이트에서 jpynb 파일을 올리고 설명하는 느낌으로 진행하기 위해서이기도 합니다. 그래서 그림 0-1은 이번 장의 그림이라 캡션을 달았지만 실제 본문에서는 코드 [2]라고 이야기할 것입니다.

```
In [1]:  import pandas as pd

In [2]:  CCTV_Seoul = pd.read_csv('../data/01. CCTV_in_Seoul.csv', encoding='utf-8')
         CCTV_Seoul.head()

Out[2]:
```

	기관명	소계	2013년도 이전	2014년	2015년	2016년
0	강남구	2780	1292	430	584	932
1	강동구	773	379	99	155	377
2	강북구	748	369	120	138	204
3	강서구	884	388	258	184	81
4	관악구	1496	846	260	390	613

그림 0-1 코드를 보여주는 예시

그리고 Jupyter notebook의 설정이 장 번호를 포함해서 In [1-2]와 같은 형식으로 나타나지 않기 때문에 혹시 다른 장의 코드를 다시 이야기할 때는 3장의 코드 [3]과 같이 언급할 것입니다.

또한 매 장마다 데이터를 얻게 되는데 책이 편집되는 시점과 여러분이 책을 읽을 시점의 차이로 인해 사이트가 변경되거나 사라질 수도 있으니, 이 책에서 다루는 데이터는 모두 github에 올려 두었습니다.[3] 만약 다운로드 안 되면 https://github.com/PinkWink/DataScience로 가서 Clone and download 버튼을 누르면 됩니다.

현재 이 책이 출판될 때는 본문에서 대상으로 하는 웹페이지의 구조나 데이터의 구조가 변경되어 있는 곳이 있습니다. 그럴때 Github의 데이터를 이용해서 학습하시면 됩니다.

---

[3] https://github.com/PinkWink/DataScience/tree/master/data

+++ 0-2 개발 환경의 설정 +++

이 책은 파이썬 개발 도구를 설치하는 배포판으로 Anaconda3을 대상으로 하고 있습니다. 필요한 다양한 모듈을 파이썬 버전에 맞춰 포함시키고 있으며, Jupyter Notebook도 가지고 있어서 초반에 공부하는 유저 입장에서는 참으로 편리합니다. 단, 이미 파이썬이 설치되어 있을 경우 어려움을 만날 수도 있다는 것을 조심해야 합니다. 기존에 설치된 파이썬과 Anaconda가 설치하는 파이썬 버전이 충돌할 수 있습니다.

그림 0-2 Anaconda 다운로드 사이트

Anaconda는 https://www.continuum.io/downloads에서 다운로드 가능합니다. 현재 Anaconda는 5.0.0 버전까지 이며 여기에 포함된 파이썬은 3.6 버전입니다. 주의해야 할 것은 이 책에서는 파이썬 3을 대상으로 합니다. 즉, 파이썬 3.6 버전이 포함된 Anaconda3 5.0.0을 받으면 됩니다. 설치가 완료되면 터미널을 열어서 Jupyter Notebook이라고 입력하면 됩니다.

혹은 설치된 Anaconda Navigator에서 Jupyter Notebook을 선택하셔도 됩니다.

그림 0-3 폴더 구조

일단 실행 전에 이 책에서 사용하는 폴더 경로에 대해 약속을 하나 해야 합니다. 내 문서 밑에 DataScience라는 폴더를 만들고 그 안에 source_code와 data 폴더를 두는 것으로 하겠습니다. 물론 파이썬의 경로에 대해 익숙한 분들은 그냥 진행하면 되지만 처음인 분들이라면 폴더 규칙을 지켜야 소스 코드에서 에러가 없을 것입니다.

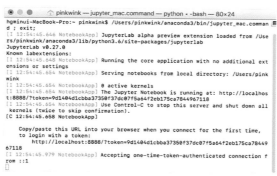

그림 0-4 Jupyter notebook이 실행된 터미널 화면

이제 맥이든 윈도우든 터미널에서 Jupyter notebook이라고 입력하면 그림 0-4와 같이 실행되면서 여러분의 컴퓨터에서 선택되어 있는 기본 브라우저가 실행되면서 그림 0-5와 같은 화면이 됩니다. 저는 이 책에서 구글 크롬을 기본 브라우저로 선택했습니다. 다른 브라우저에서는 일부 화면이 책과 다를 수 있으니 여러분도 크롬 사용을 권합니다. 그러나 피치 못해 크롬을 기본 브라우저로 사용할 상황이 아니라면 그림 0-4와 같이 실행한 후에 별도로 크롬을 실행해서 그림 0-5에 나타난 주소로 접속하면 됩니다.

이제 그림 0-3에서 약속한 폴더를 만들었다면 그림 0-5에서 data_science 폴더를 선택하고 또 source_code 폴더까지 선택하면 그림 0-6과 같은 화면을 만나게 됩니다. 여기서 우측 상단의 new 버튼을 누르면 이제 코드를 시작할 환경이 되었습니다. 이제 그림 0-7에서 나타난 화면을 이용해서 드디어 무엇인가 할 수 있게 되었습니다.

그림 0-5 Jupyter notebook이 실행된 화면

그림 0-6 source_code 폴더까지 이동한 화면

그림 0-7 그림 0-6에서 New 버튼을 누르고 파이썬을 선택한 후의 화면

+++ **0-3 Jupyter Notebook과 인사하기** +++

Jupyter Notebook은 사용하면 할수록 매력이 넘치는 도구입니다. 특히 코드의 내용과 결과가 함께 나타나고 markdown 편집기로 문서화가 가능해서 그 자체로도 공부한 내용을 보관할 수 있는 좋은 도구이기도 합니다.

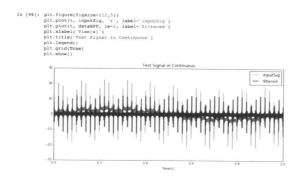

그림 0-8 Jupyter Notebook의 한 화면

https://github.com/PinkWink/digital_filters/blob/master/1st_LPF_HPF.ipynb에 가면 그림 0-8과 같이 나타나는데 바로 결과를 확인할 수 있기 때문에 문서로서의 가치를 가진다는 말을 어느 정도 이 해할 수 있을 것입니다.

그림 0-9 Jupyter Notebook의 제목 바꾸기

그림 0-9에 표시된 Untitled를 클릭하면 제목을 변경할 수 있습니다.

그림 0-10 In 세션에 코드를 삽입하는 예시

그림 0-10처럼 간단히 코드를 입력하고 Shift+Enter를 입력하면 실행됩니다. 앞으로는 실행했다고 하면 Shift+Enter를 누른 것으로 생각하면 됩니다.

그림 0-11 In 세션의 내용이 Out 세션에 실행되어 나타난 화면

그림 0-10에서 실행하고 나면 그 내용이 출력을 가지는 코드라면 그림 0-11처럼 코드의 실행 결과가 나타납니다. 간략히 Anaconda를 설치하고 Jupyter Notebook을 실행했습니다. 여기까지만 하고 다음을 진행하는 것에 불안함을 느끼는 분들도 있겠지만 인생은 짧고 우리가 배워야 할 것은 많으니 그저 도전하는 것으로 하죠.

+++ **0-4 감사의 글** +++

처음 이런 컨셉으로 강의를 시작하게 해준 패스트캠퍼스 윤 매니저님과, 집필에 많은 영감과 활력을 준 안젤라 메리님께 고마움을 느낍니다. 더불어 처음 출판 작업을 하며 본의 아니게 험난한 작업을 하게 된 비제이퍼블릭과 편집자 분들께 감사드립니다.

버전에 대한 중요한 주의사항

인기 있는 대다수의 오픈 프로젝트에서 초보 입문자가 도전할 때 강력한 진입장벽 중 하나가 바로 버전입니다. 어떤 버전을 선택해야 할지를 결정하는 것부터, 학습을 위해 선택한 교재의 소스 코드를 그대로 따라했는데 오류가 날 때 문제가 됩니다.

특히 파이썬의 인기 있는 모듈의 버전업 속도는 정말 대단합니다. 이 책을 집필하는 순간에도 지도 시각화의 중요 도구인 Folium은 0.3.0에서 0.4.0으로 버전업이 되면서 몇몇 명령 체계가 바뀌었습니다. 또 Seaborn의 heatmap은 색상의 정렬 기준이 바뀌었습니다.

이렇게 버전 문제가 생길 때마다 스트레스를 받을 필요는 없습니다. 그만큼 내가 쓰고 있는 혹은 공부하는 모듈이 인기 있다는 것과 개발진이 엄청 열정적으로 버전 관리를 하고 있다는 뜻이니 말입니다. 그러나 일단 학습은 해야 하니 코드가 에러가 나지 않도록 설치에 신경을 써야 합니다.

먼저 저는 매 장마다 새로운 모듈을 설치하도록 하고 있습니다. 제가 현재 이 책에서 사용하는 모듈의 버전을 소개해야 할 것 같습니다. 자신이 사용하는 파이썬의 모듈 버전은 터미널에서 그림 0-12처럼 pip list라고 입력하면 됩니다.

그림 0-12 터미널에서 pip list를 수행한 화면

아래 표는 이 책에서 사용하는 중요 모듈의 버전입니다.

모듈명	버전	모듈명	버전
beautifulsoup4	4.6.0	folium	0.5.0
googlemaps	2.5.1	matplotlib	2.1.0
nltk	3.2.3	numpy	3.2.3
numpy	1.12.1	pandas	0.20.1
scikit-learn	0.18.0	scipy	0.19.0
seaborn	0.7.1	selenium	3.5.0
sympy	1.0	tqdm	4.14.0

만약 이 책의 예제를 실행하다가 오타(정말 중요하죠)가 아닌데 에러나 이 책에서 제시하고 있는 결과 화면과 다르다면 버전의 차이를 의심해야 합니다. 그리고 pip list 명령으로 버전 정보를 확인하면 됩니다. 이 책의 내용과 동일하게 진행하려면 설치한 모듈을 제거하고 위의 표에 있는 버전으로 설치하면 됩니다.

예를 들어 Seaborn을 그냥 pip install seaborn으로 설치하면 최신 버전으로 설치가 됩니다. 이를 이 책과 버전을 맞추려면 다음과 같이 먼저 seaborn을 제거합니다.

pip uninstall seaborn

그리고 다시 버전을 명시해주면 됩니다.

pip install seaborn==0.7.1

만약 여러 가지 이유로 단순 버전 변경만으로는 이 책의 내용과 같은 결과가 나오지 않는다면 제 블로그[1]나 이 책의 데이터와 소스 코드를 공개할 Github[2]에 질문하면 됩니다.

---

[1] pinkwink.kr

[2] https://github.com/PinkWink/DataScience

데이터와 관련된 중요한 주의사항

데이터를 다루는 실습을 내용으로 하면서 또 그 데이터를 인터넷에서 직접 구하는 것을 다루고 있어서 항상 조심스러운 것이 하나 있습니다. 바로 대상 웹 사이트의 변화입니다. 이 책이 안내하는 방식으로 해당 웹 페이지에 접근했는데 그 웹 페이지가 개편 등의 이유로 접근 방식이 바뀔 수 있습니다. 그래서 데이터와 소스 코드를 공개할 Github에 이 책에서 다루는 데이터를 모두 올려두었습니다. 웹 페이지가 이 책에서 안내하는 대로 구성되지 않은 경우를 대비하여 데이터를 받을 수 있도록 했습니다. 그럼에도 불구하고 문제가 생길 때는 역시 Github에 질문하면 됩니다.

https://github.com/PinkWink/DataScience

CONTENTS

3장 **시카고 샌드위치 맛집 분석** 123

4장 셀프 주유소는 정말 저렴할까 167

5장 우리나라 인구 소멸 위기 지역 분석 199

1장 서울시 구별 CCTV 현황 분석

1장 · 서울시 구별 CCTV 현황 분석

이제 첫 작업입니다. 설레는 마음을 잠시 누르면서 먼저 목표에 대해 이야기하겠습니다. 이번 1장에서는 서울시의 구별 CCTV 현황을 분석합니다. 단순히 어디에 CCTV가 많이 설치됐는지부터 시작해서 구별 인구 대비 비율을 확인하는 것까지 진행합니다. 특히 인구 현황을 보면서 구별 인구 현황에 대해서도 확인해볼까 합니다. 그리고 구별 CCTV 현황을 시각화하는 부분도 이야기하려고 합니다. 그리고 이런 과정을 거치면서 이 책이 여러분에게 바라는 것은 1장을 학습하면서 파이썬(Python)의 기초를 학습하고, pandas와 Matplotlib의 기초에 대해서도 익히기를 기대하고 있습니다.

그림 1-1 구글에서 서울시 CCTV 현황 검색 화면

+++ 1-1 CCTV 현황과 인구 현황 데이터 구하기 +++

서울시의 CCTV 현황은 그림 1-1에서처럼 구글 검색만으로도 쉽게 얻을 수 있습니다. '서울시 자치구 연도별 CCTV 설치 현황'을 검색하면 그림 1-2의 '서울 열린데이터 광장' 사이트의 해당 페이지로 갈 수 있습니다. 페이지 하단으로 가서 그림 1-3의 Sheet 탭을 클릭하면 됩니다. 그러면 나타나는 화면에서 CSV를 클릭하면 다운받을 수 있습니다(그림 1-4).

그림 1-2 서울 열린데이터 광장에 있는 CCTV 현황 페이지

그림1-3 서울 열린데이터 페이지 하단의 Sheet를 클릭

CSV 파일은 콤마로 구분된 텍스트 파일입니다. 우리나라에서는 잘 통용되지 않지만 외국 자료를 검색하다 보면 자주 나타납니다. 텍스트 파일이기 때문에 메모장에서도 열립니다. 그런데 만약 CSV 파일에 한글이 UTF-8로 인코딩되어 있다면 엑셀에서 열었을 때 한글이 깨져 보일 수 있습니다. 그것은 MS 오피스 제품들이 UTF-8을 지원하지 않기 때문이며 파일에 문제가 있는 것은 아닙니다.

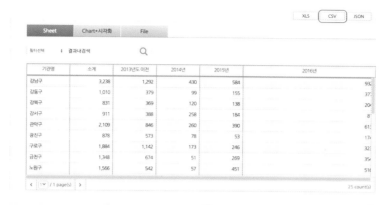

그림 1-4 서울시 CCTV 현황을 CSV 파일로 저장

이제 '서울시 서울통계'라는 사이트를 찾아서(그림 1-5), '서울인구'를 클릭합니다(그림 1-6).

그림 1-5 서울시 서울통계 사이트 검색

그림 1-6 서울 통계 사이트에서 서울인구 검색

이렇게 받은 두 파일을 그림 1-7처럼 이름을 바꾸고 이미 약속한 data 폴더에 옮깁니다.

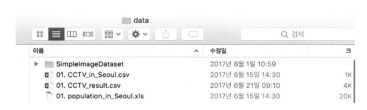

그림 1-7 CCTV 현황과 인구 현황을 data 폴더에 저장

+++ 1-2 파이썬에서 텍스트 파일과 엑셀 파일 읽기 - pandas +++

1-1절에서 우리는 CSV 파일과 엑셀 파일을 하나씩 얻었습니다. 파이썬에서는 이런 종류의 파일을 아주 손쉽게 읽을 수 있는 모듈이 있습니다. 바로 pandas라는 모듈입니다. Anaconda에서는 기본으로 설치되므로 그냥 사용하면 됩니다.

```
In [1]:  import pandas as pd
```

아마 앞으로도 위 코드처럼 대부분의 시작은 import로 하게 될 겁니다. 파이썬에서 원하는 모듈을 불러오는 명령이 import입니다. 그 뒤에 원하는 모듈명을 넣게 됩니다. 모듈명 다음의 as는 as 뒤에 붙는 pd라는 짧은 단어로 pandas를 대체하겠다는 뜻입니다. 즉, pandas의 read_csv라는 의미로 pandas.read_csv라고 하지 않고 pd.read_csv라고 쓰겠다는 의미입니다.

pandas에서 CSV 파일을 읽는 명령은 read_csv입니다. 그 안에 한글을 사용하는 경우는 인코딩에 신경 써야 합니다. 우리가 받은 CCTV 데이터는 UTF-8로 인코딩되어 있어서 read_csv 명령을 쓸 때 encoding 옵션에 UTF-8이라고 지정합니다. 이때 사용된 head() 명령은 pandas 데이터의 첫 5행만 보여달라는 것입니다.

```
In [2]:  CCTV_Seoul = pd.read_csv('../data/01. CCTV_in_Seoul.csv',  encoding='utf-8')
         CCTV_Seoul.head()
```

Out[2]:

	기관명	소계	2013년도 이전	2014년	2015년	2016년
0	강남구	2780	1292	430	584	932
1	강동구	773	379	99	155	377

2	강북구	748	369	120	138	204
3	강서구	884	388	258	184	81
4	관악구	1496	846	260	390	613

pandas 데이터는 제일 첫 줄에 보이는 것이 해당하는 열(column)을 대표하는 일종의 제목입니다. 그래서 첫 줄을 특별히 column이라고 합니다. 데이터 뒤에 columns라고 하면 column의 이름들이 반환됩니다.

```
In [3]:   CCTV_Seoul.columns
```

```
Out[3]:   Index(['기관명', '소계', '2013년도 이전', '2014년', '2015년', '2016년'], dtype='object')
```

```
In [4]:   CCTV_Seoul.columns[0]
```

```
Out[4]:   '기관명'
```

그런데 기관명이라고 되어 있으니 이를 '구별'이라는 이름으로 하겠습니다. 이렇게 이름을 바꾸는 명령은 rename이라고 합니다. 그리고 그 명령 안에 사용된 inplace=True는 실제 CCTV_Seoul이라는 변수의 내용을 갱신하라는 의미입니다.

```
In [5]:   CCTV_Seoul.rename(columns={CCTV_Seoul.columns[0] : '구별'}, inplace=True)
          CCTV_Seoul.head()
```

Out[5]:

	구별	소계	2013년도 이전	2014년	2015년	2016년
0	강남구	2780	1292	430	584	932
1	강동구	773	379	99	155	377
2	강북구	748	369	120	138	204
3	강서구	884	388	258	184	81
4	관악구	1496	846	260	390	613

이제 두 번째 받은 엑셀 파일을 읽어야 합니다. 그 명령은 read_excel입니다. 그냥 인코딩만 지정하고 읽었더니 약간 이상합니다. 그것은 원본 엑셀 파일이 그림 1-8에서 보는 것처럼 첫 세 줄이 열의 제목처럼 되어 있기 때문입니다.

```
In [6]:   pop_Seoul = pd.read_excel('../data/01. population_in_Seoul.xls', encoding='utf-8')
          pop_Seoul.head()
```

Out[6]:

	기간	자치구	세대	인구	인구.1	인구.2	인구.3	인구.4	인구.5	인구.6
0	기간	자치구	세대	합계	합계	합계	한국인	한국인	한국인	등록외국인
1	기간	자치구	세대	계	남자	여자	계	남자	여자	계
2	2017.1/4	합계	4202888	10197604	5000005	5197599	9926968	4871560	5055408	270636
3	2017.1/4	종로구	72654	162820	79675	83145	153589	75611	77978	9231
4	2017.1/4	중구	59481	133240	65790	67450	124312	61656	62656	8928

그림 1-8 서울 인구 현황 파일을 엑셀에서 읽은 결과

그래서 엑셀 파일을 읽을 때는 옵션을 좀 더 많이 적용하도록 하겠습니다. 일단 엑셀을 읽는 read_excel 명령 안에서 세 번째 줄부터 읽으라는 header=2라는 옵션을 걸고, B, D, G, J, N 열만 읽도록 parse_cols='B,D,G,J,N'이라는 옵션을 넣었습니다.

```
In [7]:  pop_Seoul = pd.read_excel('../data/01. population_in_Seoul.xls',
                         header = 2,
                         parse_cols = 'B, D, G, J, N',
                         encoding='utf-8')
         pop_Seoul.head()
```

Out[7]:

	자치구	계	계.1	계.2	65세 이상 고령자
0	합계	10197604.0	9926968.0	270636.0	1321458.0
1	종로구	162820.0	153589.0	9231.0	25425.0
2	중구	133240.0	124312.0	8928.0	20764.0
3	용산구	244203.0	229456.0	14747.0	36231.0
4	성동구	311244.0	303380.0	7864.0	39997.0

출력된 모습도 간결하게 되었습니다. 그러나 컬럼의 이름에 문제가 있는 듯합니다. rename 명령을 사용해서 컬럼의 이름을 변경합니다.

```
In [8]:   pop_Seoul.rename(columns={pop_Seoul.columns[0] : '구별',
                                    pop_Seoul.columns[1] : '인구수',
                                    pop_Seoul.columns[2] : '한국인',
                                    pop_Seoul.columns[3] : '외국인',
                                    pop_Seoul.columns[4] : '고령자'}, inplace=True)
          pop_Seoul.head()
```

Out[8]:

	구별	인구수	한국인	외국인	고령자
0	합계	10197604.0	9926968.0	270636.0	1321458.0
1	종로구	162820.0	153589.0	9231.0	25425.0
2	중구	133240.0	124312.0	8928.0	20764.0
3	용산구	244203.0	229456.0	14747.0	36231.0
4	성동구	311244.0	303380.0	7864.0	39997.0

이제 어느 정도 정리된 것 같습니다. CCTV_Seoul이라는 변수에는 '구별 CCTV 현황'을, pop_Seoul 이라는 변수에는 '구별 인구 현황'을 저장했습니다. pandas에서 몇 줄 입력하지 않았는데 우리는 두 종 류의 파일을 보기 좋게 읽게 되었습니다.

+++ 1-3 pandas 기초 익히기 +++

이 책이 목적을 이루는 과정을 더 중요하게 다루지만 그래도 책 전반에 걸쳐 pandas의 사용 빈도가 높아서 기초를 익히고 지나가겠습니다. 빠르게 진행할 테니 집중하세요. 그리고 본 절의 튜토리얼은 pandas의 튜토리얼이 다수 포함되어 있습니다.

```
In [9]:   import pandas as pd
          import numpy as np
```

pandas와 Numpy를 import했습니다. 이 두 모듈은 자주 사용되는 모듈이면서 둘을 함께 쓰면 유용할 때가 많습니다.

```
In [10]:  s = pd.Series([1,3,5,np.nan,6,8])
          s
```

```
Out[10]: 0    1.0
         1    3.0
         2    5.0
         3    NaN
         4    6.0
         5    8.0
         dtype: float64
```

pandas의 데이터 유형 중 기초가 되는 것이 Series입니다. 대괄호로 만드는 파이썬의 list 데이터로 만들 수 있습니다. 중간에 NaN(Not A Number)도 넣었습니다.

```
In [11]: dates = pd.date_range('20130101', periods=6)
         dates

Out[11]: DatetimeIndex(['2013-01-01', '2013-01-02', '2013-01-03', '2013-01-04',
                         '2013-01-05', '2013-01-06'],
                        dtype='datetime64[ns]', freq='D')
```

또 pandas에는 날짜형의 데이터인 date_range가 있습니다. 기본 날짜를 지정하고 periods 옵션으로 6일간이라고 지정합니다.

```
In [12]: df = pd.DataFrame(np.random.randn(6,4), index=dates, columns=['A','B','C','D'])

         df
```

Out[12]:

	A	B	C	D
2013-01-01	-0.345065	-1.670781	-0.155561	-0.290267
2013-01-02	1.481213	-0.959604	-1.470766	0.169026
2013-01-03	-0.949041	-0.833676	0.420757	0.637456
2013-01-04	-0.787290	-1.354663	-2.081282	0.459975
2013-01-05	2.621937	1.733973	-0.716582	-0.322050
2013-01-06	-1.31346	0.632761	2.082903	0.814676

이제 DataFrame 유형의 데이터를 만듭니다. 6행 4열의 random 변수를 만들고, 컬럼에는 columns =['A','B','C','D']로 지정하고, index 명령으로 코드 [11]에서 만든 날짜형 데이터인 dates를 index=dates 옵션을 이용해서 지정했습니다.

```
In [14]:   df.head(3)
```

Out[14]:

	A	B	C	D
2013-01-01	-0.345065	-1.670781	-0.155561	-0.290267
2013-01-02	1.481213	-0.959604	-1.470766	0.169026
2013-01-03	-0.949041	-0.833676	0.420757	0.637456

head( ) 명령을 사용하면 기본적으로 첫 5행을 보여줍니다. 괄호 안에 숫자를 넣어두면 그 숫자만큼의 행을 볼 수 있습니다.

```
In [15]:   df.index
```

```
Out[15]:   DatetimeIndex(['2013-01-01', '2013-01-02', '2013-01-03', '2013-01-04',
                          '2013-01-05', '2013-01-06'],
                         dtype='datetime64[ns]', freq='D')
```

```
In [16]:   df.columns
```

```
Out[16]:   Index(['A', 'B', 'C', 'D'], dtype='object')
```

그리고 index, columns 명령을 이용하면 pandas의 DataFrame의 컬럼과 인덱스를 확인할 수 있습니다.

```
In [17]:    df.values
```

```
Out[17]:   array([[-0.34506529, -1.67078079, -0.15556149, -0.29026743],
                  [ 1.4812133 , -0.95960408, -1.47076633,  0.16902588],
                  [-0.94904135, -0.83367557,  0.42075669,  0.6374564 ],
                  [-0.78729044, -1.35466298, -2.08128239,  0.45997525],
                  [ 2.62193709,  1.73397255, -0.71658216, -0.32205014],
                  [-1.31346057,  0.63276121,  2.08290269,  0.81467593]])
```

그리고 그 안에 들어가는 내용은 values 명령으로 확인할 수 있습니다. 또, info() 명령을 사용하면 DataFrame의 개요를 알 수 있습니다.

```
In [18]:   df.info()

           <class 'pandas.core.frame.DataFrame'>
           DatetimeIndex: 6 entries, 2013-01-01 to 2013-01-06
           Freq: D
```

```
Data columns (total 4 columns):
A    6 non-null float64
B    6 non-null float64
C    6 non-null float64
D    6 non-null float64
dtypes: float64(4)
memory usage: 240.0 bytes
```

describe() 명령을 사용하면 통계적 개요를 확인할 수 있습니다. 코드 [19]에서처럼 개수(count)와 평균(mean)뿐만 아니라 min, max와 각 1/4 지점, 표준편차까지 한 번에 알 수 있습니다.

In [19]: df.describe()

Out[19]:

	A	B	C	D
count	6.000000	6.000000	6.000000	6.000000
mean	0.118049	-0.408665	-0.320089	0.244803
std	1.571604	1.315103	1.478740	0.477199
min	-1.313461	-1.670781	-2.081282	-0.322050
25%	-0.908604	-1.255898	-1.282220	-0.175444
50%	-0.566178	-0.896640	-0.436072	0.314501
75%	1.024644	0.266152	0.276677	0.593086
max	2.621937	1.733973	2.082903	0.814676

이때 values가 숫자가 아니라 문자라고 하더라도 그에 맞는 개요가 나타납니다.

In [20]: df.sort_values(by='B', ascending=False)

Out[20]:

	A	B	C	D
2013-01-05	2.621937	1.733973	-0.716582	-0.322050
2013-01-06	-1.313461	0.632761	2.082903	0.814676
2013-01-03	-0.949041	-0.833676	0.420757	0.637456
2013-01-02	1.481213	-0.959604	-1.470766	0.169026
2013-01-04	-0.787290	-1.354663	-2.081282	0.459975
2013-01-01	-0.345065	-1.670781	-0.155561	-0.290267

sort_values 명령은 by로 지정된 컬럼을 기준으로 정렬합니다. ascending 옵션을 사용하면 내림차순이나 오름차순으로 정렬시킬 수 있습니다.

```
In [21]:  df
```

```
Out[21]:
```

	A	B	C	D
2013-01-01	-0.345065	-1.670781	-0.155561	-0.290267
2013-01-02	1.481213	-0.959604	-1.470766	0.169026
2013-01-03	-0.949041	-0.833676	0.420757	0.637456
2013-01-04	-0.787290	-1.354663	-2.081282	0.459975
2013-01-05	2.621937	1.733973	-0.716582	-0.322050
2013-01-06	-1.313461	0.632761	2.082903	0.814676

그냥 변수명을 적고 실행(shift+enter)하면 그 내용이 나타납니다. 내용이 너무 많은 경우는 Jupyter Notebook에서 내용을 줄여서 보여줍니다.

```
In [22]:  df['A']
```

```
Out[22]:  2013-01-01   -0.345065
          2013-01-02    1.481213
          2013-01-03   -0.949041
          2013-01-04   -0.787290
          2013-01-05    2.621937
          2013-01-06   -1.313461
          Freq: D, Name: A, dtype: float64
```

DataFrame으로 선언된 변수의 경우 변수명 뒤에 ['A']와 같이 붙여주면 해당 컬럼만 Series로 보여줍니다. 물론 head()라는 명령이 있지만 중간부터 보고 싶다면 행의 범위만 지정해서 df[0:3]이라고 하면 됩니다.

```
In [23]:  df[0:3]
```

```
Out[23]:
```

	A	B	C	D
2013-01-01	-0.345065	-1.670781	-0.155561	-0.290267
2013-01-02	1.481213	-0.959604	-1.470766	0.169026
2013-01-03	-0.949041	-0.833676	0.420757	0.637456

만약 2013.01.02부터 2013.01.04까지의 행을 보고 싶다면 df['20130102':'20130104']라고 하면 됩니다.

```
In [24]:  df['20130102':'20130104']
```

Out[24]:

	A	B	C	D
2013-01-02	1.481213	-0.959604	-1.470766	0.169026
2013-01-03	-0.949041	-0.833676	0.420757	0.637456
2013-01-04	-0.787290	-1.354663	-2.081282	0.459975

코드 [11]에서 만든 dates 변수를 이용해서 특정 날짜의 데이터만 보고 싶으면 df.loc 명령을 사용하면 됩니다. loc는 location 옵션으로 슬라이싱(우리가 지금 하고 있는 겁니다)할 때 loc 옵션을 이용해서 위치 값을 지정할 수 있습니다.

```
In [25]:  df.loc[dates[0]]
```

```
Out[25]:  A    -0.345065
          B    -1.670781
          C    -0.155561
          D    -0.290267
          Name: 2013-01-01 00:00:00, dtype: float64
```

A, B열의 모든 행을 보고 싶다면 df.loc[:, ['A', 'B']라고 하면 됩니다.

```
In [26]:  df.loc[:,['A','B']]
```

Out[26]:

	A	B
2013-01-01	-0.345065	-1.670781
2013-01-02	1.481213	-0.959604
2013-01-03	-0.949041	-0.833676
2013-01-04	-0.787290	-1.354663
2013-01-05	2.621937	1.733973
2013-01-06	-1.313461	0.632761

물론 행과 열의 범위를 모두 지정할 수도 있습니다.

```
In [27]:   df.loc['20130102':'20130104',['A','B']]
```

Out[27]:

	A	B
2013-01-02	1.481213	-0.959604
2013-01-03	-0.949041	-0.833676
2013-01-04	-0.787290	-1.354663

2013년 1월 2일부터 2013년 1월 4일까지의 데이터 중 A와 B 컬럼의 데이터만 선택하는 것입니다.

```
In [28]:   df.loc['20130102',['A','B']]
```

```
Out[28]:   A    1.481213
           B   -0.959604
           Name: 2013-01-02 00:00:00, dtype: float64
```

또, 2013년 1월 2일의 A, B 컬럼의 내용을 확인하는 것입니다.

```
In [29]:   df.loc[dates[0],'A']
```

```
Out[29]:   -0.34506529200989033
```

그리고 코드 [11]에 있는 dates[0]에 맞는 날짜인 2013년 1월 1일에 A 컬럼의 데이터만 확인할 수 있습니다. 그러나 loc 명령과 달리 행과 열의 번호를 이용해서 데이터에 바로 접근하고 싶을 수 있는데, 그 명령이 iloc입니다.

iloc을 사용하면 행이나 열의 범위를 지정하면 됩니다. 특히 콜론(:)을 사용하면 전체를 의미합니다.

```
In [30]:   df.iloc[3]
```

```
Out[30]:   A   -0.787290
           B   -1.354663
           C   -2.081282
           D    0.459975
           Name: 2013-01-04 00:00:00, dtype: float64
```

먼저 iloc에 단지 숫자만 표시하면 3번 행을 의미합니다(0번부터 시작하니까 4번 행이 됩니다).

```
In [31]:  df.iloc[3:5,0:2]
```

Out[31]:

	A	B
2013-01-04	-0.787290	-1.354663
2013-01-05	2.621937	1.733973

또 3번째부터 5번째 앞, 즉 3번째부터 4번째까지 행과 0번부터 1번까지 열의 데이터만 가져올 수 있습니다.

```
In [32]:  df.iloc[[1,2,4],[0,2]]
```

Out[32]:

	A	B
2013-01-02	1.481213	-1.470766
2013-01-03	-0.949041	0.420757
2013-01-05	2.621937	-0.716582

또 범위가 아니라 콤마(,)로 행이나 열을 지정해서 데이터를 가져올 수 있습니다. 행이나 열에 대해 한쪽은 전체를 의미하게 하고 싶을 때는 그냥 콜론만 사용하면 됩니다.

```
In [33]:  df.iloc[1:3,:]
```

Out[33]:

	A	B	C	D
2013-01-02	1.481213	-0.959604	-1.470766	0.169026
2013-01-03	-0.949041	-0.833676	0.420757	0.637456

이렇게 행은 범위를 주고, 열은 콜론으로 전체를 의미하게 하는 것입니다.

```
In [34]:  df.iloc[:,1:3]
```

Out[34]:

	B	C
2013-01-01	-1.670781	-0.155561
2013-01-02	-0.959604	-1.470766

2013-01-03	-0.833676	0.420757
2013-01-04	-1.354663	-2.081282
2013-01-05	1.733973	-0.716582
2013-01-06	0.632761	2.082903

반대로 행을 전체로 선택했습니다. 다시 df를 호출하겠습니다.

```
In [35]:   df
```

Out[35]:

	A	B	C	D
2013-01-01	-0.345065	-1.670781	-0.155561	-0.290267
2013-01-02	1.481213	-0.959604	-1.470766	0.169026
2013-01-03	-0.949041	-0.833676	0.420757	0.637456
2013-01-04	-0.787290	-1.354663	-2.081282	0.459975
2013-01-05	2.621937	1.733973	-0.716582	-0.322050
2013-01-06	-1.313461	0.632761	2.082903	0.814676

DataFrame에서 특정 조건을 만족하는 데이터만 얻을 수 있습니다. 컬럼을 지정할 때 df['A']처럼 할 수도 있고, df.A와 같이 할 수도 있습니다. 컬럼 A에서 0보다 큰 행만 얻는 것입니다.

```
In [36]:   df[df.A > 0]
```

Out[36]:

	A	B	C	D
2013-01-02	1.481213	-0.959604	-1.470766	0.169026
2013-01-05	2.621937	1.733973	-0.716582	-0.322050

데이터 전체에서 조건을 걸면 만족하지 않은 곳은 NaN 처리가 됩니다.

```
In [37]:  df[df > 0]
```

Out[37]:

	A	B	C	D
2013-01-01	NaN	NaN	NaN	NaN
2013-01-02	1.481213	NaN	NaN	0.169026
2013-01-03	NaN	NaN	0.420757	0.637456
2013-01-04	NaN	NaN	NaN	0.459975
2013-01-05	2.621937	1.733973	NaN	NaN
2013-01-06	NaN	0.632761	2.082903	0.814676

DataFrame을 복사할 때는 그냥 = 기호를 이용해서 복사하면 실제 데이터의 내용이 복사되는 것이 아니라 데이터 위치만 복사되기 때문에 원본 데이터는 하나만 있게 됩니다.

```
In [38]:  df2 = df.copy()
```

데이터의 내용까지 복사하라는 지령은 copy() 옵션을 붙여 넣으면 됩니다.

```
In [39]:  df2['E'] = ['one',  'one','two','three','four','three']
          df2
```

Out[39]:

	A	B	C	D	E
2013-01-01	-0.345065	-1.670781	-0.155561	-0.290267	one
2013-01-02	1.481213	-0.959604	-1.470766	0.169026	one
2013-01-03	-0.949041	-0.833676	0.420757	0.637456	two
2013-01-04	-0.787290	-1.354663	-2.081282	0.459975	three
2013-01-05	2.621937	1.733973	-0.716582	-0.322050	four
2013-01-06	-1.313461	0.632761	2.082903	0.814676	three

원래 있는 DataFrame에서 새로운 컬럼을 추가하는 것은 코드 [39]에서처럼 하면 됩니다.

```
In [40]:  df2['E'].isIn(['two','four'])
```

```
Out[40]:  2013-01-01    False
          2013-01-02    False
          2013-01-03     True
```

```
2013-01-04    False
2013-01-05    True
2013-01-06    False
Freq: D, Name: E, dtype: bool
```

이렇게 만든 E 컬럼에서 two와 four가 있는지 조건을 걸고 싶을 때는 isin 명령을 쓰면 좋습니다.

In [41]: `df2[df2['E'].isIn(['two','four'])]`

Out[41]:

	A	B	C	D	E
2013-01-03	-0.949041	-0.833676	0.420757	0.637456	two
2013-01-05	2.621937	1.733973	-0.716582	-0.322050	four

그 결과는 True/False로 반환되는데, 이것을 이용하면 조건에 맞는 데이터를 선택할 수 있습니다.

In [42]: `df`

Out[42]:

	A	B	C	D
2013-01-01	-0.345065	-1.670781	-0.155561	-0.290267
2013-01-02	1.481213	-0.959604	-1.470766	0.169026
2013-01-03	-0.949041	-0.833676	0.420757	0.637456
2013-01-04	-0.787290	-1.354663	-2.081282	0.459975
2013-01-05	2.621937	1.733973	-0.716582	-0.322050
2013-01-06	-1.313461	0.632761	2.082903	0.814676

df 변수에서 좀 더 통계 느낌의 데이터를 볼 때는 특정 함수를 적용시키면 좋습니다. 이때 사용하는 것이 apply 명령입니다. 누적합을 알고 싶을 때는 numpy의 cumsum을 이용하면 됩니다.

In [43]: `df.apply(np.cumsum)`

Out[43]:

	A	B	C	D
2013-01-01	-0.345065	-1.670781	-0.155561	-0.290267
2013-01-02	1.136148	-2.630385	-1.626328	-0.121242
2013-01-03	0.187107	-3.464060	-1.205571	0.516215

2013-01-04	-0.600184	-4.818723	-3.286854	0.976190
2013-01-05	2.021753	-3.084751	-4.003436	0.654140
2013-01-06	0.708293	-2.451990	-1.920533	1.468816

특별히 최대값과 최소값의 차이(혹은 거리)를 알고 싶다면 one-line 함수인 lambda를 이용할 수도 있습니다.

```
In [44]:   df.apply(lambda x: x.max() - x.mIn())
```

```
Out[44]:   A    3.935398
           B    3.404753
           C    4.164185
           D    1.136726
           dtype: float64
```

+++ 1-4 pandas 이용해서 CCTV와 인구 현황 데이터 파악하기 +++

이제 기초가 되는 pandas도 익혔으니 두 데이터를 정리해보겠습니다.

```
In [45]:   CCTV_Seoul.head()
```

Out[45]:

	구별	소계	2013년도 이전	2014년	2015년	2016년
0	강남구	2780	1292	430	584	932
1	강동구	773	379	99	155	377
2	강북구	748	369	120	138	204
3	강서구	884	388	258	184	81
4	관악구	1496	846	260	390	613

구별 CCTV 데이터에서 CCTV 전체 개수인 소계로 정렬하겠습니다.

```
In [46]:   CCTV_Seoul.sort_values(by='소계', ascending=True).head(5)
```

Out[46]:

	구별	소계	2013년도 이전	2014년	2015년	2016년
9	도봉구	485	238	159	42	386
12	마포구	574	314	118	169	379
17	송파구	618	529	21	68	463
24	중랑구	660	509	121	177	109
23	중구	671	413	190	72	348

CCTV의 전체 개수가 가장 작은 구는 '도봉구', '마포구', '송파구', '중랑구', '중구'라는 것을 알 수 있습니다. 의아스러운 것은 강남 3구 중 하나인 송파구가 CCTV가 가장 적은 구 중 하나라는 것인데, 2장에서 보면 송파구는 범죄율이 결코 낮은 구가 아닙니다. 그런데 CCTV가 적은 구 중에 하나입니다.

In [47]: CCTV_Seoul.sort_values(by='소계', ascending=False).head(5)

Out[47]:

	구별	소계	2013년도 이전	2014년	2015년	2016년
0	강남구	2780	1292	430	584	932
18	양천구	2034	1843	142	30	467
14	서초구	1930	1406	157	336	398
21	은평구	1873	1138	224	278	468
20	용산구	1624	1368	218	112	398

그리고 CCTV가 가장 많은 구는 '강남구', '양천구', '서초구', '은평구', '용산구'로 나타납니다. 특히 2014년부터 2016년까지 최근 3년간 CCTV 수를 더하고 2013년 이전 CCTV 수로 나눠서 최근 3년간 CCTV 증가율을 계산하겠습니다.

In [48]: CCTV_Seoul['최근증가율'] = (CCTV_Seoul['2016년'] + CCTV_Seoul['2015년'] + \
                CCTV_Seoul['2014년']) / CCTV_Seoul['2013년도 이전'] * 100
          CCTV_Seoul.sort_values(by='최근증가율', ascending=False).head(5)

Out[48]:

	구별	소계	2013년도 이전	2014년	2015년	2016년	최근 증가율
22	종로구	1002	464	314	211	630	248.922414
9	도봉구	485	238	159	42	386	246.638655
12	마포구	574	314	118	169	379	212.101911

	구별					
8	노원구	1265	542	57	451	516	188.929889
1	강동구	773	379	99	155	377	166.490765

그 결과를 보면 최근 3년간 CCTV가 그 이전 대비 많이 증가한 구는 '종로구', '도봉구', '마포구', '노원구', '강동구'라는 것도 알 수 있습니다. 이제 서울시 인구 현황을 정리해보겠습니다.

In [49]: `pop_Seoul.head()`

Out[49]:

	구별	인구수	한국인	외국인	고령자
0	합계	10197604.0	9926968.0	270636.0	1321458.0
1	종로구	162820.0	153589.0	9231.0	25425.0
2	중구	133240.0	124312.0	8928.0	20764.0
3	용산구	244203.0	229456.0	14747.0	36231.0
4	성동구	311244.0	303380.0	7864.0	39997.0

먼저 pop_Seoul 변수를 확인했더니 0번 행에 합계가 보입니다. 아마 서울시 전체 합계를 넣어둔 것 같은데 우리에게는 필요가 없습니다. 이럴 때는 행을 지우는 drop 명령을 사용해서 지우도록 합니다.

In [50]: `pop_Seoul.drop([0], inplace=True)`
`pop_Seoul.head()`

Out[50]:

	구별	인구수	한국인	외국인	고령자
1	종로구	162820.0	153589.0	9231.0	25425.0
2	중구	133240.0	124312.0	8928.0	20764.0
3	용산구	244203.0	229456.0	14747.0	36231.0
4	성동구	311244.0	303380.0	7864.0	39997.0
5	광진구	372164.0	357211.0	14953.0	42214.0

그리고 pop_Seoul 데이터의 '구별' 컬럼의 unique를 조사합니다. 유니크 조사는 반복된 데이터는 하나로 나타내서 한 번 이상 나타난 데이터를 확인하는 것입니다.

In [51]: `pop_Seoul['구별'].unique()`

Out[51]: array(['종로구', '중구', '용산구', '성동구', '광진구', '동대문구', '중랑구', '성북구', '강북구',
       '도봉구', '노원구', '은평구', '서대문구', '마포구', '양천구', '강서구', '구로구', '금천구',
       '영등포구', '동작구', '관악구', '서초구', '강남구', '송파구', '강동구', nan], dtype=object)

이렇게 유니크 조사를 했더니 제일 끝에 Nan이 보입니다. NaN이 어디에 있는지 확인하기 위해서는 조건문을 사용해야 합니다. isnull 명령으로 NaN 데이터를 추출할 수 있습니다.

In [52]: pop_Seoul[pop_Seoul['구별'].isnull()]

Out[52]:

	구별	인구수	한국인	외국인	고령자
26	NaN	NaN	NaN	NaN	NaN

행을 지우는 drop 명령으로 NaN이 있던 행을 삭제합니다.

In [53]: pop_Seoul.drop([26], inplace=True)
         pop_Seoul.head()

Out[53]:

	구별	인구수	한국인	외국인	고령자
1	종로구	162820.0	153589.0	9231.0	25425.0
2	중구	133240.0	124312.0	8928.0	20764.0
3	용산구	244203.0	229456.0	14747.0	36231.0
4	성동구	311244.0	303380.0	7864.0	39997.0
5	광진구	372164.0	357211.0	14953.0	42214.0

이제 각 구별 전체 인구를 이용해서 구별 '외국인비율'과 '고령자비율'을 계산하겠습니다.

In [54]: pop_Seoul['외국인비율'] = pop_Seoul['외국인'] / pop_Seoul['인구수'] * 100
         pop_Seoul['고령자비율'] = pop_Seoul['고령자'] / pop_Seoul['인구수'] * 100
         pop_Seoul.head()

Out[54]:

	구별	인구수	한국인	외국인	고령자	외국인비율	고령자비율
1	종로구	162820.0	153589.0	9231.0	25425.0	5.669451	15.615404
2	중구	133240.0	124312.0	8928.0	20764.0	6.700690	15.583909
3	용산구	244203.0	229456.0	14747.0	36231.0	6.038828	14.836427
4	성동구	311244.0	303380.0	7864.0	39997.0	2.526635	12.850689
5	광진구	372164.0	357211.0	14953.0	42214.0	4.017852	11.342849

인구수로 정렬했더니 '송파구', '강서구', '강남구', '노원구', '관악구' 순으로 인구가 많습니다.

```
In [55]: pop_Seoul.sort_values(by='인구수', ascending=False).head(5)
```

Out[55]:

	구별	인구수	한국인	외국인	고령자	외국인비율	고령자비율
24	송파구	667483.0	660584.0	6899.0	72506.0	1.033584	10.862599
16	강서구	603772.0	597248.0	6524.0	72548.0	1.080540	12.015794
23	강남구	570500.0	565550.0	4950.0	63167.0	0.867660	11.072217
11	노원구	569384.0	565565.0	3819.0	71941.0	0.670725	12.634883
21	관악구	525515.0	507203.0	18312.0	68082.0	3.484582	12.955291

```
In [56]: pop_Seoul.sort_values(by='외국인', ascending=False).head(5)
```

Out[56]:

	구별	인구수	한국인	외국인	고령자	외국인비율	고령자비율
19	영등포구	402985.0	368072.0	34913.0	52413.0	8.663598	13.006191
17	구로구	447874.0	416487.0	31387.0	56833.0	7.007998	12.689506
18	금천구	255082.0	236353.0	18729.0	32970.0	7.342345	12.925255
21	관악구	525515.0	507203.0	18312.0	68082.0	3.484582	12.955291
6	동대문구	369496.0	354079.0	15417.0	54173.0	4.172440	14.661322

```
In [57]: pop_Seoul.sort_values(by='외국인비율', ascending=False).head(5)
```

Out[57]:

	구별	인구수	한국인	외국인	고령자	외국인비율	고령자비율
19	영등포구	402985.0	368072.0	34913.0	52413.0	8.663598	13.006191
18	금천구	255082.0	236353.0	18729.0	32970.0	7.342345	12.925255
17	구로구	447874.0	416487.0	31387.0	56833.0	7.007998	12.689506
2	중구	133240.0	124312.0	8928.0	20764.0	6.700690	15.583909
3	용산구	244203.0	229456.0	14747.0	36231.0	6.038828	14.836427

외국인 숫자가 많은 구는 '영등포', '구로구', '금천구', '관악구', '동대문구'입니다만, 외국인 비율이 높은 구는 '영등포', '금천구', '구로구', '중구', '용산구'로 조금 바뀌는 것을 알 수 있습니다.

In [58]: pop_Seoul.sort_values(by='고령자', ascending=False).head(5)

Out[58]:

	구별	인구수	한국인	외국인	고령자	외국인비율	고령자비율
16	강서구	603772.0	597248.0	6524.0	72548.0	1.080540	12.015794
24	송파구	667483.0	660584.0	6899.0	72506.0	1.033584	10.862599
12	은평구	494388.0	489943.0	4445.0	72334.0	0.899091	14.631019
11	노원구	569384.0	565565.0	3819.0	71941.0	0.670725	12.634883
21	관악구	525515.0	507203.0	18312.0	68082.0	3.484582	12.955291

In [59]: pop_Seoul.sort_values(by='고령자비율', ascending=False).head(5)

Out[59]:

	구별	인구수	한국인	외국인	고령자	외국인비율	고령자비율
9	강북구	330192.0	326686.0	3506.0	54813.0	1.061806	16.600342
1	종로구	162820.0	153589.0	9231.0	25425.0	5.669451	15.615404
2	중구	133240.0	124312.0	8928.0	20764.0	6.700690	15.583909
3	용산구	244203.0	229456.0	14747.0	36231.0	6.038828	14.836427
13	서대문구	327163.0	314982.0	12181.0	48161.0	3.723221	14.720797

이제 고령자와 고령자 비율을 조사해보겠습니다. 고령자가 많은 구는 '강서구', '송파구', '은평구', '노원구', '관악구'입니다만, 고령자 비율이 높은 구는 '강북구', '종로구', '중구', '용산구', '서대문구'로 차이가 좀 납니다. 아무튼 이렇게 비록 한정된 내용이지만 뭔가 데이터들을 확인했습니다. 지금까지 확인한 내용도 중요하지만 여전히 우리는 CCTV의 현황을 완전히 파악한 것 같지는 않습니다. 인구 대비 CCTV 현황 같은 내용을 확인하고 싶은데, 그러기 위해서는 두 데이터를 병합해야 합니다.

+++ 1-5 pandas 고급 기능 - 두 DataFrame 병합하기 +++

진도를 나가기 전에 pandas의 고급 기능 중 하나를 알고 가면 좋을 것 같습니다.

```
In [60]:   df1 = pd.DataFrame({'A': ['A0', 'A1', 'A2', 'A3'],
                               'B': ['B0', 'B1', 'B2', 'B3'],
                               'C': ['C0', 'C1', 'C2', 'C3'],
                               'D': ['D0', 'D1', 'D2', 'D3']},
                               index=[0, 1, 2, 3])
           df2 = pd.DataFrame({'A': ['A4', 'A5', 'A6', 'A7'],
                               'B': ['B4', 'B5', 'B6', 'B7'],
                               'C': ['C4', 'C5', 'C6', 'C7'],
                               'D': ['D4', 'D5', 'D6', 'D7']},
                               index=[4, 5, 6, 7])
           df3 = pd.DataFrame({'A': ['A8', 'A9', 'A10', 'A11'],
                               'B': ['B8', 'B9', 'B10', 'B11'],
                               'C': ['C8', 'C9', 'C10', 'C11'],
                               'D': ['D8', 'D9', 'D10', 'D11']},
                               index=[8, 9, 10, 11])
```

연습용 데이터를 3개 만들겠습니다.

```
In [61]:   df1
```

Out[61]:

	A	B	C	D
0	A0	B0	C0	D0
1	A1	B1	C1	D1
2	A2	B2	C2	D2
3	A3	B3	C3	D3

```
In [62]:   df2
```

Out[62]:

	A	B	C	D
4	A4	B4	C4	D4
5	A5	B5	C5	D5
6	A6	B6	C6	D6
7	A7	B7	C7	D7

```
In [63]:   df3
```

Out[63]:

	A	B	C	D
8	A8	B8	C8	D8
9	A9	B9	C9	D9
10	A10	B10	C10	D10
11	A11	B11	C11	D11

이렇게 만든 데이터를 열 방향으로 단순히 합치는 것은 concat 명령입니다.

```
In [64]:   result = pd.concat([df1, df2, df3])
           result
```

Out[64]:

	A	B	C	D
0	A0	B0	C0	D0
1	A1	B1	C1	D1
2	A2	B2	C2	D2
3	A3	B3	C3	D3
4	A4	B4	C4	D4
5	A5	B5	C5	D5
6	A6	B6	C6	D6
7	A7	B7	C7	D7
8	A8	B8	C8	D8
9	A9	B9	C9	D9
10	A10	B10	C10	D10
11	A11	B11	C11	D11

단순하게 아무 옵션 없이 그냥 사용하면 열 방향으로 병합합니다.

```
In [65]:   result = pd.concat([df1, df2, df3], keys=['x', 'y', 'z'])
           result
```

Out[65]:

		A	B	C	D
	0	A0	B0	C0	D0
x	1	A1	B1	C1	D1

x	2	A2	B2	C2	D2
	3	A3	B3	C3	D3
	4	A4	B4	C4	D4
y	5	A5	B5	C5	D5
	6	A6	B6	C6	D6
	7	A7	B7	C7	D7
	8	A8	B8	C8	D8
z	9	A9	B9	C9	D9
	10	A10	B10	C10	D10
	11	A11	B11	C11	D11

특별히 concat 명령에 keys 옵션으로 구분할 수 있습니다. 이렇게 key 지정된 구분은 다중 index가 되어서 level을 형성합니다. 이를 확인하면,

```
In [66]:   result.index

Out[66]:   MultiIndex(levels=[['x', 'y', 'z'], [0, 1, 2, 3, 4, 5, 6, 7, 8, 9, 10, 11]],
           labels=[[0, 0, 0, 0, 1, 1, 1, 1, 2, 2, 2, 2],
               [0, 1, 2, 3, 4, 5, 6, 7, 8, 9, 10, 11]])


In [67]:   result.index.get_level_values(0)

Out[67]:   Index(['x', 'x', 'x', 'x', 'y', 'y', 'y', 'y', 'z', 'z', 'z', 'z'], dtype='object')


In [68]:   result.index.get_level_values(1)

Out[68]:   Int64Index([0, 1, 2, 3, 4, 5, 6, 7, 8, 9, 10, 11], dtype='int64')
```

입니다.

```
In [70]:   df4 = pd.DataFrame({'B': ['B2', 'B3', 'B6', 'B7'],
                               'D': ['D2', 'D3', 'D6', 'D7'],
                               'F': ['F2', 'F3', 'F6', 'F7']},
                              index=[2, 3, 6, 7])
           result = pd.concat([df1, df4], axis=1)
```

이렇게 만든 df4와 df1을,

In [71]: df1

Out[71]:

	A	B	C	D
0	A0	B0	C0	D0
1	A1	B1	C1	D1
2	A2	B2	C2	D2
3	A3	B3	C3	D3

In [72]: df4

Out[72]:

	B	D	F
2	B2	D2	F2
3	B3	D3	F3
6	B6	D6	F6
7	B7	D7	F7

옵션인 axis=1을 주어서 concat시켜보면,

In [73]: result

Out[73]:

	A	B	C	D	B	D	F
0	A0	B0	C0	D0	NaN	NaN	NaN
1	A1	B1	C1	D1	NaN	NaN	NaN
2	A2	B2	C2	D2	B2	D2	F2
3	A3	B3	C3	D3	B3	D3	F3
6	NaN	NaN	NaN	NaN	B6	D6	F6
7	NaN	NaN	NaN	NaN	B7	D7	F7

이런 결과를 얻게 됩니다. df1의 index가 0, 1, 2, 3이고, df4의 index가 2, 3, 6, 7인데 concat 명령은 index를 기준으로 데이터를 합치기 때문입니다. 그래서 값을 가질 수 없는 곳에는 NaN이 저장됩니다. 이때 공통된 index로 합치고 공통되지 않은 index의 데이터는 버리도록 하는 옵션이 join='inner' 옵션입니다.

```
In [74]:  result = pd.concat([df1, df4], axis=1, join='inner')
          result
```

Out[74]:

	A	B	C	D	B	D	F
2	A2	B2	C2	D2	B2	D2	F2
3	A3	B3	C3	D3	B3	D3	F3

또 join_axes=[df1.index] 옵션으로 df1의 인덱스에 맞추도록 할 수도 있습니다.

```
In [75]:  result = pd.concat([df1, df4], axis=1, join_axes=[df1.index])
          result
```

Out[75]:

	A	B	C	D	B	D	F
0	A0	B0	C0	D0	NaN	NaN	NaN
1	A1	B1	C1	D1	NaN	NaN	NaN
2	A2	B2	C2	D2	B2	D2	F2
3	A3	B3	C3	D3	B3	D3	F3

concat 명령을 사용하는데 열 방향으로 합치면서 ignore_index=True라고 옵션을 잡으면 두 데이터의 index를 무시하고 합친 후 다시 index를 부여합니다. 이때는 열을 기준으로 합치게 됩니다.

```
In [76]:  result = pd.concat([df1, df4], ignore_index=True)
          result
```

Out[76]:

	A	B	C	D	F
0	A0	B0	C0	D0	NaN
1	A1	B1	C1	D1	NaN
2	A2	B2	C2	D2	NaN
3	A3	B3	C3	D3	NaN
4	NaN	B2	NaN	D2	F2
5	NaN	B3	NaN	D3	F3
6	NaN	B6	NaN	D6	F6
7	NaN	B7	NaN	D7	F7

이제 다른 명령을 하나 더 학습하겠습니다. 일단 데이터를 두 개 만듭니다.

```
In [77]:  left = pd.DataFrame({'key': ['K0', 'K4', 'K2', 'K3'],
                               'A': ['A0', 'A1', 'A2', 'A3'],
                               'B': ['B0', 'B1', 'B2', 'B3']})
          right = pd.DataFrame({'key': ['K0', 'K1', 'K2', 'K3'],
                                'C': ['C0', 'C1', 'C2', 'C3'],
                                'D': ['D0', 'D1', 'D2', 'D3']})
```

```
In [78]:  left
```

Out[78]:

	A	B	key
0	A0	B0	K0
1	A1	B1	K4
2	A2	B2	K2
3	A3	B3	K3

```
In [79]:  right
```

Out[79]:

	C	D	key
0	C0	D0	K0
1	C1	D1	K1
2	C2	D2	K2
3	C3	D3	K3

이렇게 만든 두 데이터에 공통으로 있는 컬럼인 key를 기준으로 merge 명령에서 merge 기준을 설정하는 on 옵션으로 합치면 공통된 key에 대해서만 합치게 됩니다.

```
In [80]:  pd.merge(left, right, on='key')
```

Out[80]:

	A	B	key	C	D
0	A0	B0	K0	C0	D0
1	A2	B2	K2	C2	D2
2	A3	B3	K3	C3	D3

합치는 두 데이터를 하나씩 기준으로 합칠 수도 있습니다. 이때 how 옵션으로 한쪽 데이터를 설정하면 됩니다.

```
In [81]:  pd.merge(left, right, how='left', on='key')
```

Out[81]:

	A	B	key	C	D
0	A0	B0	K0	C0	D0
1	A1	B1	K4	NaN	NaN
2	A2	B2	K2	C2	D2
3	A3	B3	K3	C3	D3

```
In [82]:  pd.merge(left, right, how='right', on='key')
```

Out[82]:

	A	B	key	C	D
0	A0	B0	K0	C0	D0
1	A2	B2	K2	C2	D2
2	A3	B3	K3	C3	D3
3	NaN	NaN	K1	C1	D1

또 merge한 데이터 결과를 모두 가지는 outer 옵션이 있습니다. 이 옵션을 사용하면 마치 합집합처럼 merge가 되며 공통된 요소가 아닌 곳은 NaN 처리가 됩니다.

```
In [83]:  pd.merge(left, right, how='outer', on='key')
```

Out[83]:

	A	B	key	C	D
0	A0	B0	K0	C0	D0
1	A1	B1	K4	NaN	NaN
2	A2	B2	K2	C2	D2
3	A3	B3	K3	C3	D3
4	NaN	NaN	K1	C1	D1

그리고 outer의 반대로 inner 옵션이 있습니다. 이 옵션은 교집합처럼 공통된 요소만 가집니다.

```
In [84]:    pd.merge(left, right, how='inner', on='key')
```

Out[84]:

	A	B	key	C	D
0	A0	B0	K0	C0	D0
1	A2	B2	K2	C2	D2
2	A3	B3	K3	C3	D3

+++ 1-6 CCTV 데이터와 인구 현황 데이터를 합치고 분석하기 +++

1-5절에서 배운 대로 merge 명령으로 합치도록 하겠습니다. 당연히 두 데이터의 공통된 컬럼인 '구별'
로 merge하면 됩니다.

```
In [85]:    data_result = pd.merge(CCTV_Seoul, pop_Seoul, on='구별')
            data_result.head()
```

Out[85]:

	구별	소계	2013년도 이전	2014년	2015년	2016년	최근증가율	인구수	한국인	외국인	고령자	외국인 비율
0	강남구	2780	1292	430	584	932	150.619195	570500.0	565550.0	4950.0	63167.0	0.867660
1	강동구	773	379	99	155	377	166.490765	453233.0	449019.0	4214.0	54622.0	0.929765
2	강북구	748	369	120	138	204	125.203252	330192.0	326686.0	3506.0	54813.0	1.061806
3	강서구	884	388	258	184	81	134.793814	603772.0	597248.0	6524.0	72548.0	1.080540
4	관악구	1496	846	260	390	613	149.290780	525515.0	507203.0	18312.0	68082.0	3.484582

그리고 이제부터 의미 없는 컬럼을 지우도록 하겠습니다. 행 방향으로 삭제하는 것은 drop이고, 열을
삭제하는 명령은 del입니다.

```
In [86]:    del data_result['2013년도 이전']
            del data_result['2014년']
            del data_result['2015년']
            del data_result['2016년']
            data_result.head()
```

Out[86]:

	구별	소계	최근증가율	인구수	한국인	외국인	고령자	외국인비율	고령자비율
0	강남구	2780	150.619195	570500.0	565550.0	4950.0	63167.0	0.867660	11.072217
1	강동구	773	166.490765	453233.0	449019.0	4214.0	54622.0	0.929765	12.051638
2	강북구	748	125.203252	330192.0	326686.0	3506.0	54813.0	1.061806	16.600342
3	강서구	884	134.793814	603772.0	597248.0	6524.0	72548.0	1.080540	12.015794
4	관악구	1496	149.290780	525515.0	507203.0	18312.0	68082.0	3.484582	12.955291

나중에 그래프 그릴 것을 생각하면 index는 구 이름이 되면 여러모로 유리합니다. 그렇게 설정하는 명령이 set_index입니다.

```
In [87]: data_result.set_index('구별', inplace=True)
         data_result.head()
```

Out[87]:

구별	소계	최근증가율	인구수	한국인	외국인	고령자	외국인비율	고령자비율
강남구	2780	150.619195	570500.0	565550.0	4950.0	63167.0	0.867660	11.072217
강동구	773	166.490765	453233.0	449019.0	4214.0	54622.0	0.929765	12.051638
강북구	748	125.203252	330192.0	326686.0	3506.0	54813.0	1.061806	16.600342
강서구	884	134.793814	603772.0	597248.0	6524.0	72548.0	1.080540	12.015794
관악구	1496	149.290780	525515.0	507203.0	18312.0	68082.0	3.484582	12.955291

제 생각에는 독자 여러분께서 여기까지 오는데 한 2~4시간 정도 소요되었을 것입니다. 이 책을 시작해서 첫 장을 진행하고 있을 뿐인데 뭔가 아주 멋진 듯한 결과입니다. 아직 배워야 할 것이 많아서 다양한 접근은 못하고, 고령자비율, 외국인비율, 인구수 중에서 무슨 데이터와 CCTV를 비교할지 정해보겠습니다. 그렇게 하는 가장 단순한 작업이 상관계수를 조사하는 것입니다. 상관계수의 절대값이 클수록 두 데이터는 관계가 있다고 볼 수 있습니다. 위키백과의 상관분석 문서[1]에는 상관계수의 절대값이 0.1 이하면 거의 무시, 0.3 이하면 약한 상관관계, 0.7 이하면 뚜렷한 상관관계라고 합니다. 그럼 다수의 데이터 중 상관계수가 가장 큰 값인 데이터를 비교하겠습니다. 먼저 상관계수를 어떻게 계산하는지 알아보겠습니다. 그 대단한 한 명령이 numpy에 있는 corrcoef 명령입니다. 단, 이 명령의 결과

---

[1] https://ko.wikipedia.org/wiki/상관분석

는 행렬로 나타납니다. 주 대각선을 기준으로 대칭인 행렬이고 대각선 빼고 다른 값을 읽으면 됩니다.

```
In [88]:    np.corrcoef(data_result['고령자비율'],data_result['소계'])

Out[88]:    array([[ 1.        , -0.28078554],
                   [-0.28078554,  1.        ]])


In [89]:    np.corrcoef(data_result['외국인비율'],data_result['소계'])

Out[89]:    array([[ 1.        , -0.13607433],
                   [-0.13607433,  1.        ]])


In [90]:    np.corrcoef(data_result['인구수'],data_result['소계'])

Out[90]:    array([[ 1.        ,  0.30634228],
                   [ 0.30634228,  1.        ]])
```

조사해보니 CCTV 개수와 고령자비율은 약한 음의 상관관계고, 외국인비율과는 큰 의미가 없다고 할 수 있습니다. 그런데 인구수와는 상관계수가 0.3이어서 약한 상관관계가 있다고 볼 수 있습니다. 그러면 CCTV와 인구수의 관계를 조금 더 들여다보겠습니다.

```
In [91]:    data_result.sort_values(by='소계', ascending=False).head(5)
```

Out[91]:

구별	소계	최근증가율	인구수	한국인	외국인	고령자	외국인비율	고령자비율
강남구	2780	150.619195	570500.0	565550.0	4950.0	63167.0	0.867660	11.072217
양천구	2034	34.671731	479978.0	475949.0	4029.0	52975.0	0.839413	11.036964
서초구	1930	63.371266	450310.0	445994.0	4316.0	51733.0	0.958451	11.488308
은평구	1873	85.237258	494388.0	489943.0	4445.0	72334.0	0.899091	14.631019
용산구	1624	53.216374	244203.0	229456.0	14747.0	36231.0	6.038828	14.836427

위에서 봤듯이 CCTV가 많이 설치된 구와,

```
In [92]:    data_result.sort_values(by='인구수', ascending=False).head(5)
```

구별	소계	최근증가율	인구수	한국인	외국인	고령자	외국인비율	고령자비율
송파구	618	104.347826	667483.0	660584.0	6899.0	72506.0	1.033584	10.862599
강서구	884	134.793814	603772.0	597248.0	6524.0	72548.0	1.080540	12.015794
강남구	2780	150.619195	570500.0	565550.0	4950.0	63167.0	0.867660	11.072217
노원구	1265	188.929889	569384.0	565565.0	3819.0	71941.0	0.670725	12.634883
관악구	1496	149.290780	525515.0	507203.0	18312.0	68082.0	3.484582	12.955291

인구수가 많은 구를 시각적으로 비교하면 좋을 것 같습니다. 다음 절에서는 파이썬의 시각화 도구인 Matplotlib에 대해서 알아보겠습니다.

+++ 1-7 파이썬의 대표 시각화 도구 - Matplotlib +++

```
In [93]:    import matplotlib.pyplot as plt
            %matplotlib inline
```

Matplotlib는 많은 내용이 있는데 그중에 그래프를 그리는 모듈은 matplotlib.pyplot입니다. 흔히들 plt로 줄여서 사용합니다. 그리고 %matplotlib inline이라는 명령은 그래프의 결과를 출력 세션에 나타나게 하는 설정입니다.

```
In [94]:    plt.figure
            plt.plot([1,2,3,4,5,6,7,8,9,8,7,6,5,4,3,2,1,0])
            plt.show()
```

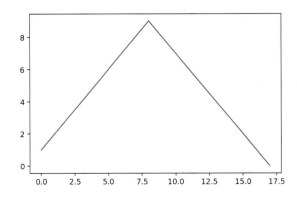

정말 초간단 그래프입니다. 보자마자 바로 이해가 될 것입니다. 이건 너무 단순해 보입니다. 그럼 numpy를 이용해서 sin을 만들고 이것을 그려보겠습니다.

```
In [95]:   import numpy as np
           t = np.arange(0,12,0.01)
           y = np.sin(t)
```

np.arrange 명령은 0부터 12까지 0.01 간격으로 데이터를 만들고 그 리스트를 np.sin에 입력하면 sin 값이 나타납니다. 이 부분을 유심히 보면 좋습니다. 우리는 지금 t라는 시간 혹은 그래프상에서 x축을 의미하는 데이터를 0부터 12까지 만들고 그냥 사인 함수(np.sin)에 입력해서 그 출력을 y로 저장했습니다. 단 두 줄, 단 두 줄입니다. t는 값을 하나만 가진 변수가 아닙니다. 약 1200개 정도의 값을 가진 일종의 배열입니다. 그것을 반복문 없이 그냥 한 줄로 처리하는 것입니다. MATLAB 유저라면 익숙하겠지만 C에서 바로 넘어온 유저라면 놀라울 겁니다.

```
In [96]:   plt.figure(figsize=(10,6))
           plt.plot(t, y)
           plt.show()
```

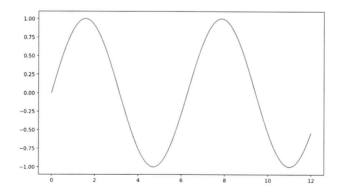

처음과 비교해서 좀 더 낫습니다. 삼각함수 하나 그렸을 뿐인데 뿌듯합니다.

```
In [99]:  plt.figure(figsize=(10,6))
          plt.plot(t, y)
          plt.grid()
          plt.xlabel('time')
          plt.ylabel('Amplitude')
          plt.title('Example of sinewave')
          plt.show()
```

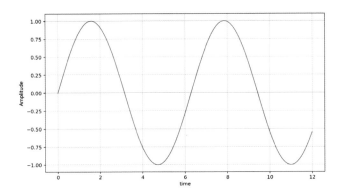

xlabel로 x축 라벨을, ylabel로 y축 라벨을, title 명령으로 제목을 정하고, 격자 무늬는 grid() 명령으로 만들 수 있습니다.

```
In [100]:  plt.figure(figsize=(10,6))
           plt.plot(t, np.sin(t))
           plt.plot(t, np.cos(t))
           plt.grid()
           plt.xlabel('time')
           plt.ylabel('Amplitude')
           plt.title('Example of sinewave')
           plt.show()
```

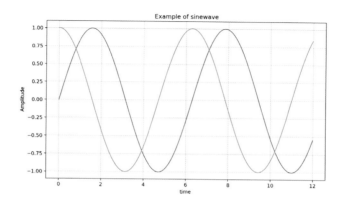

또 plot 명령을 두 개 넣어서 한 화면에 그래프를 두 개 만들 수 있습니다. 여기에 범례(legend)를 추가하고 싶다면 plot을 그릴 때 label 옵션으로 텍스트를 잡아주고, plt.legend( )라는 명령을 주면 됩니다.

```
In [101]:   plt.figure(figsize=(10,6))
            plt.plot(t, np.sin(t), label='sin')
            plt.plot(t, np.cos(t), label='cos')
            plt.grid()
            plt.legend()
            plt.xlabel('time')
            plt.ylabel('Amplitude')
            plt.title('Example of sinewave')
            plt.show()
```

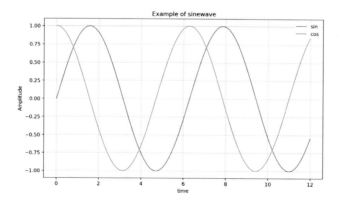

또한 lw 옵션으로 선의 굵기를 지정할 수 있으며, color 옵션으로 색상을 지정할 수 있습니다.

```
In [102]:  plt.figure(figsize=(10,6))
           plt.plot(t, np.sin(t), lw=3, label='sin')
           plt.plot(t, np.cos(t), 'r', label='cos')
           plt.grid()
           plt.legend()
           plt.xlabel('time')
           plt.ylabel('Amplitude')
           plt.title('Example of sinewave')
           plt.show()
```

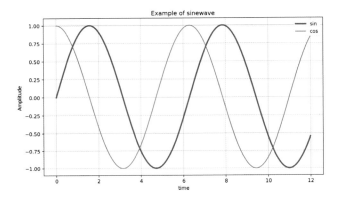

```
In [106]:  t = [0, 1, 2, 3, 4, 5, 6]
           y = [1, 4, 5, 8, 9, 5, 3]
           plt.figure(figsize=(10,6))
           plt.plot(t, y, color='green')
           plt.show()
```

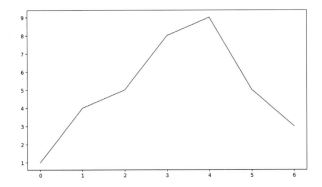

또 color='green' 옵션으로 색상을 지정할 수도 있습니다.

```
In [107]:  plt.figure(figsize=(10,6))
           plt.plot(t, y, color='green', linestyle='dashed')
           plt.show()
```

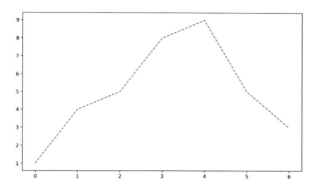

linestyle='dashed' 옵션으로 선 스타일을 지정할 수 있습니다.

```
In [108]:  plt.figure(figsize=(10,6))
           plt.plot(t, y, color='green', linestyle='dashed', marker='o')
           plt.show()
```

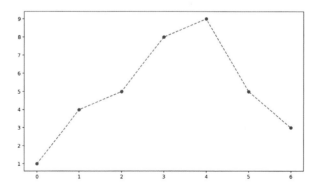

marker 옵션으로 데이터가 존재하는 곳에 마킹할 수 있습니다. 여기에 markerfacecolor 옵션과 markersize 옵션으로 마커의 크기와 색상을 지정할 수 있습니다.

```
In [110]:   plt.figure(figsize=(10,6))
            plt.plot(t, y, color='green', linestyle='dashed', marker='o',
                    markerfacecolor = 'blue', markersize=12)
            plt.xlim([-0.5, 6.5])
            plt.ylim([0.5, 9.5])
            plt.show()
```

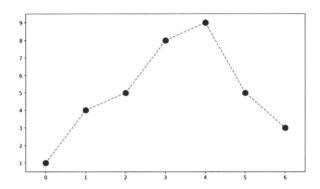

선을 그리는 plot 명령 외에 scatter 명령도 있습니다.

```
In [111]:   t = np.array([0,1,2,3,4,5,6,7,8,9])
            y = np.array([9,8,7,9,8,3,2,4,3,4])
```

```
In [112]:   plt.figure(figsize=(10,6))
            plt.scatter(t,y)
            plt.show()
```

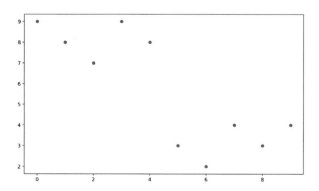

여기에 marker를 지정할 수 있습니다.

```
In [113]:  plt.figure(figsize=(10,6))
           plt.scatter(t,y, marker='>')
           plt.show()
```

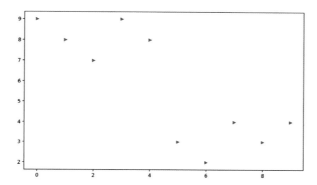

그리고 x축 값인 t에 따라 색상을 바꾸는 color map을 지정할 수 있습니다. 이때 s 옵션은 마커의 크기
입니다.

```
In [115]:  colormap = t

           plt.figure(figsize=(10,6))
           plt.scatter(t,y, s = 50, c = colormap, marker='>')
           plt.colorbar()
           plt.show()
```

numpy의 랜덤변수 함수를 이용해서 데이터 세 개를 만들겠습니다. 이때 loc 옵션으로 평균값과 scale 옵션으로 표준편차를 지정합니다.

```
In [116]:  s1 = np.random.normal(loc=0, scale=1, size=1000)
           s2 = np.random.normal(loc=5, scale=0.5, size=1000)
           s3 = np.random.normal(loc=10, scale=2, size=1000)
```

이것을 그리면,

```
In [117]:  plt.figure(figsize=(10,6))
           plt.plot(s1, label='s1')
           plt.plot(s2, label='s2')
           plt.plot(s3, label='s3')
           plt.legend()
           plt.show()
```

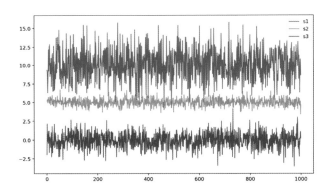

이렇게 됩니다. 이것을 boxplot으로 표현할 수 있습니다. boxplot의 정의는 조금 복잡하니 다시 언급할 기회가 있을 겁니다.

```
In [118]:  plt.figure(figsize=(10,6))
           plt.boxplot((s1, s2, s3))
           plt.grid()
           plt.show()
```

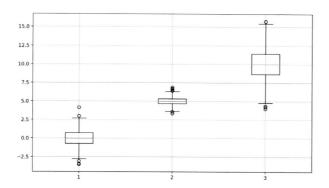

+++ **1-8 CCTV 현황 그래프로 분석하기** +++

어마어마한 긴 길을 돌아서 드디어 CCTV 현황을 그래프로 분석하려고 합니다. 그러나 아직 하나가
남았습니다. 바로 한글 문제입니다. matplotlib이 기본으로 가진 폰트는 한글을 지원하지 않기 때문
에 matplotlib의 폰트를 변경할 필요가 있습니다. 여러분 PC의 운영체제가 맥OS인지 윈도우인지를
모르니 둘 다 배려해보겠습니다.

```
In [122]:  import platform

           from matplotlib import font_manager, rc
           plt.rcParams['axes.unicode_minus'] = False

           if platform.system() == 'Darwin':
              rc('font', family='AppleGothic')
           elif platform.system() == 'Windows':
               path = "c:/Windows/Fonts/malgun.ttf"
               font_name = font_manager.FontProperties(fname=path).get_name()
               rc('font', family=font_name)
           else:
               print('Unknown system... sorry~~~~')
```

이제 너무 돌아와서 잊었을 수 있으니 다시 결과 변수인 data_result를 확인해보겠습니다.

In [123]: data_result.head()

Out[123]:

구별	소계	최근증가율	인구수	한국인	외국인	고령자	외국인비율	고령자비율
강남구	2780	150.619195	570500.0	565550.0	4950.0	63167.0	0.867660	11.072217
강동구	773	166.490765	453233.0	449019.0	4214.0	54622.0	0.929765	12.051638
강북구	748	125.203252	330192.0	326686.0	3506.0	54813.0	1.061806	16.600342
강서구	884	134.793814	603772.0	597248.0	6524.0	72548.0	1.080540	12.015794
관악구	1496	149.290780	525515.0	507203.0	18312.0	68082.0	3.484582	12.955291

pandas 데이터 뒤에 plot 명령을 붙이면 바로 그려줍니다.

In [124]: data_result['소계'].plot(kind='barh', grid=True, figsize=(10,10))
          plt.show()

여기서는 kind='barh'로 지정해서 수평바(bar)로 그리도록 했습니다. grid=True로 grid를 그리라고 했고 figsize로 그림 크기도 지정했습니다. 그러나 figsize를 지정했어도 표현되는 곳이 웹 브라우저이기 때문에 항상 그 크기를 유지하는 것은 아닐 수 있습니다. 유저가 창의 크기를 줄이거나 하면 변하게 될 것입니다.

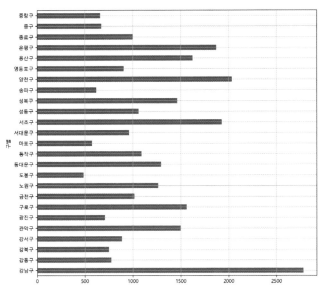

위 그림은 큰 의미를 찾기 어렵습니다. 사실 수평바 그래프는 데이터가 정렬되어 있을 때 좀 더 보기 좋습니다.

```
In [125]:  data_result['소계'].sort_values().plot(kind='barh', grid=True, figsize=(10,10))

           plt.show()
```

이렇게 정렬(.sort_values)된 데이터에 수평바를 그린 결과를 보면 다음과 같습니다.

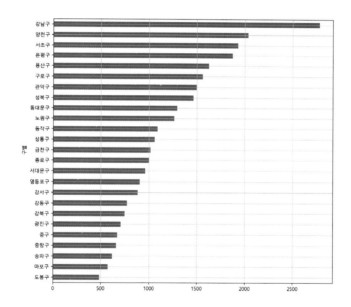

이제 보니 CCTV 개수에서는 강남구가 월등하다는 것을 알 수 있습니다. 그 뒤를 이어서 양천구, 서초구, 은평구가 꽤 많은 CCTV가 설치됐다는 것을 알 수 있습니다. 그리고 하위 그룹이 얼마나 적은 수의 CCTV를 가지고 있는지도 확인할 수 있습니다. 여기에 인구 대비 CCTV 비율을 계산해서 정렬하고 그려보겠습니다.

```
In [126]:  data_result['CCTV비율'] = data_result['소계'] / data_result['인구수'] * 100
           data_result['CCTV비율'].sort_values().plot(kind='barh', grid=True, figsize=(10,10))

           plt.show()
```

이렇게 실행하면 다음과 같은 그래프를 볼 수 있습니다.

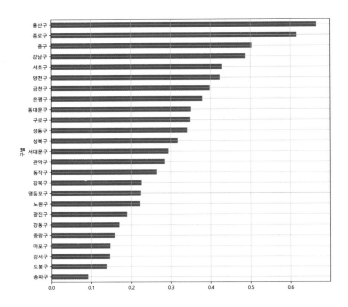

인구 대비 CCTV 수를 보니 이번에는 용산구와 종로구가 월등이 높습니다. 그런데 송파구는 인구 대비로 봐도 CCTV 비율이 낮습니다. 일단 이 정도만 하더라도 어느 정도 시각화 효과는 보입니다. 스스로를 돌아보면 우리가 이 책의 겨우 시작 지점이라는 것을 알고 있다면 더더욱 그렇습니다. 그래서 조금 더 나가보겠습니다. scatter 함수를 사용하는 겁니다. 그리고 s=50로 마커의 크기를 잡고 그려보겠습니다.

```
In [127]:  plt.figure(figsize=(6,6))
           plt.scatter(data_result['인구수'], data_result['소계'], s=50)
           plt.xlabel('인구수')
           plt.ylabel('CCTV')
           plt.grid()
           plt.show()
```

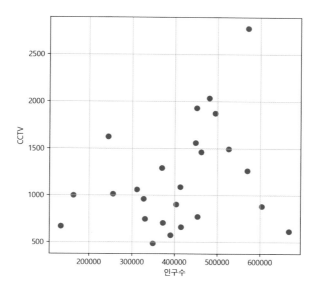

이제 저 데이터를 대표하는 직선을 하나 그리려고 합니다. 어차피 이전 절에서 CCTV와 인구수는 양의 상관관계가 있다고 봤으니까요.

```
In [128]:   fp1 = np.polyfit(data_result['인구수'], data_result['소계'], 1)
            fp1

Out[128]:   array([1.30916415e-03, 6.45066497e+02])

In [129]:   f1 = np.poly1d(fp1)
            fx = np.linspace(100000, 700000, 100)
```

여기서 numpy의 polyfit 명령으로 손쉽게 직선을 만들 수 있습니다. 그리고 이를 그리기 위해 x축과 y축 데이터를 얻어야 하는데, x축 데이터는 numpy의 linspace로 만들고, y축은 poly1d로 만들 수 있습니다.

```
In [130]:   plt.figure(figsize=(10,10))
            plt.scatter(data_result['인구수'], data_result['소계'], s=50)
            plt.plot(fx, f1(fx), ls='dashed', lw=3, color='g')
            plt.xlabel('인구수')
            plt.ylabel('CCTV')
            plt.grid()
            plt.show()
```

이를 그려보면 다음과 같습니다.

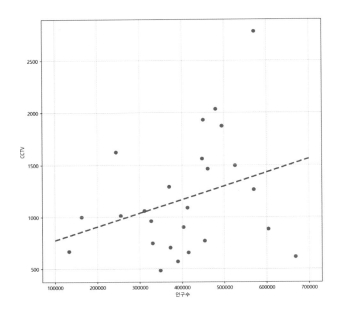

여기서 두 가지 장치를 넣고 싶습니다. 하나는 직선이 이 전체 데이터의 대표 값 역할을 한다면, 즉 인구수가 300000일 때는 CCTV는 1100 정도여야 한다는 개념을 이야기하는 거라면 그 경향에서 멀리 있는 구는 이름이 같이 나타나도록 하고 싶다는 것과 직선에서 멀어질수록 다른 색을 나타내도록 하고 싶다는 것입니다.

그래서 오차를 계산할 수 있는 코드를 만들고 오차가 큰 순으로 데이터를 정렬해서 다시 저장했습니다.

```
In [131]:  fp1 = np.polyfit(data_result['인구수'], data_result['소계'], 1)

           f1 = np.poly1d(fp1)
           fx = np.linspace(100000, 700000, 100)

           data_result['오차'] = np.abs(data_result['소계'] - f1(data_result['인구수']))

           df_sort = data_result.sort_values(by='오차', ascending=False)
           df_sort.head()
```

Out[131]:

구별	소계	최근 증가율	인구수	한국인	외국인	고령자	외국인 비율	고령자 비율	CCTV 비율	오차
강남구	2780	150.619195	570500.0	565550.0	4950.0	63167.0	0.867660	11.072217	0.487292	1388.055355
송파구	618	104.347826	667483.0	660584.0	6899.0	72506.0	1.033584	10.862599	0.092587	900.911312
양천구	2034	34.671731	479978.0	475949.0	4029.0	52975.0	0.839413	11.036964	0.423769	760.563512
서초구	1930	63.371266	450310.0	445994.0	4316.0	51733.0	0.958451	11.488308	0.428594	695.403794
용산구	1624	53.216374	244203.0	229456.0	14747.0	36231.0	6.038828	14.836427	0.665020	659.231690

이제 텍스트와 color map을 입히겠습니다.

```
In [132]:   plt.figure(figsize=(14,10))
            plt.scatter(data_result['인구수'], data_result['소계'],
                    c=data_result['오차'], s=50)
            plt.plot(fx, f1(fx), ls='dashed', lw=3, color='g')

            for n in range(10):
                plt.text(df_sort['인구수'][n]*1.02, df_sort['소계'][n]*0.98,
                    df_sort.index[n], fontsize=15)

            plt.xlabel('인구수')
            plt.ylabel('인구당비율')

            plt.colorbar()
            plt.grid()
            plt.show()
```

그 결과는 다음과 같습니다.

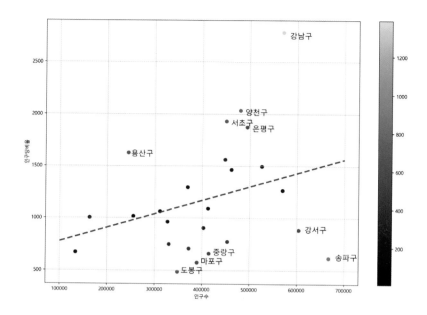

일단 직선을 기준으로 위에 있는 '강남구', '양천구', '서초구', '은평구', '용산구'는 서울시 전체 지역의 일반적인 경향보다 CCTV가 많이 설치된 지역입니다. 그리고 '송파구', '강서구', '중랑구', '마포구', '도봉구'는 일반적인 경향보다 CCTV가 적게 설치된 지역입니다. 특히 '강남구'는 월등히 많은 CCTV가 설치됐지만, '송파구'는 인구수에 비해 너무나도 적은 수의 CCTV를 가지고 있습니다.

이제 1장을 마쳤습니다. 여기까지 따라왔다면 여러분은 벌써 어마어마한 경험을 한 것입니다. 파이썬을 이용해서 데이터를 핸들링하고(그것도 고급형으로) 시각화까지 했습니다. 특히 '송파구'가 인구 대비 다른 구와도 비교적 적은 수의 CCTV를 가지고 있다는 것을 시각화까지 수행했습니다.

2장 서울시 범죄 현황 분석

2장 · 서울시 범죄 현황 분석

우리는 1장에서 꽤 기나긴 여정을 거치며 많은 일을 했습니다. 데이터를 다루는 사람들은 항상 객관적으로 데이터를 이용해서 검증 가능한 범위 안에서 판단하게 됩니다. 그래서 데이터를 가지고 가설 혹은 인식을 검증하는 일도 할 수 있게 됩니다. 사실 이런 일들이 쾌감도 있고 즐겁습니다.

그림 2-1 서울 강남 3구의 체감안전도가 높다는 기사

그중 그림 2-1에 나타난 강남 3구의 체감안전도가 높다는 기사를 검증하려고 합니다. 체감안전도가 높다고 하니 실제 안전도가 높은지를 보겠습니다. 그 방법으로 서울시 구별 범죄 발생과 그 검거율을 지표로 사용하려고 합니다. 그리고 어떤 결론을 내리고 또 이것을 어떻게 시각화할 것인지 고민해보겠습니다.

+++ 2-1 데이터 획득하기 +++

이제 구글에서 '서울시 관서별 5대 범죄 발생 검거 현황'이라는 검색어로 구글에서 검색한 결과를 보면 그림 2-2처럼 data.go.kr이라는 주소가 나타납니다. 공공데이터포럼에 가서 원하는 데이터를 다운받을 수 있습니다.

책의 출판 직전 배포하는 데이터의 형태가 변경되었습니다. 데이터를 얻어온 경로만 확인하고, 소스 코드를 동작시키기 위한 데이터는 Github에서 배포되는 데이터를 활용하기 바랍니다.

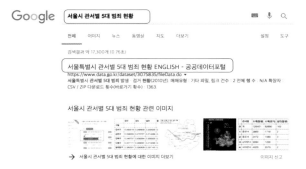

그림 2-2 구글에서 서울시 관서별 5대 범죄 현황 데이터 검색

그림 2-3 공공데이터포털에서 서울시 5대 범죄 현황 다운로드

이 자료를 받으면 그림 2-4에 보이지만 연도별 데이터가 있습니다. 이 책에서는 다루지 않지만 연도별 범죄의 변화를 시각화하는 것에 도전해보는 것도 좋은 도전 과제인 것 같습니다. 우리는 이 중에서 2015년 데이터만 가지고 책 처음에 약속했듯이 그림 2-5에 보이는 대로 data 폴더에 이름을 변경해서 복사하도록 하겠습니다.

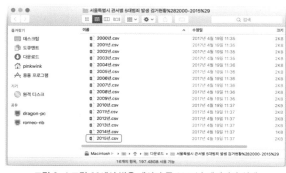

그림 2-4 그림 22에서 받은 데이터 중 2015년 데이터만 선택

그림 2-5 이전에 약속한 대로 data 폴더에 이름을 바꾸어 저장

+++ **2-2 pandas를 이용하여 데이터 정리하기** +++

```
In [1]:   import numpy as np
          import pandas as pd
```

먼저 numpy와 pandas는 항상 import하는 모듈이라고 생각하면 됩니다. 이제 다운받은 데이터를 pandas로 읽어보겠습니다. crime_anal_police라는 변수에 저장합니다. 그 내용을 보면 서울시 경찰서별로 살인, 강도, 강도, 강간, 절도, 폭력이라는 5대 범죄에 대해 발생 건수와 검거 건수를 가지고 있습니다.

```
In [2]:   crime_anal_police = pd.read_csv('../data/02. crime_in_Seoul.csv', thousands=',',
                                          encoding='euc-kr')
          crime_anal_police.head()
```

Out[2]:

	관서명	살인 발생	살인 검거	강도 발생	강도 검거	강간 발생	강간 검거	절도 발생	절도 검거	폭력 발생	폭력 검거
0	중부서	2	2	3	2	105	65	1395	477	1355	1170
1	종로서	3	3	6	5	115	98	1070	413	1278	1070
2	남대문서	1	0	6	4	65	46	1153	382	869	794
3	서대문서	2	2	5	4	154	124	1812	738	2056	1711
4	혜화서	3	2	5	4	96	63	1114	424	1015	861

그런데 여기서 문제가 하나 생겼습니다. 우리는 강남 3구가 안전한지를 확인하려는 것인데 데이터가 관서별로 되어 있습니다. 그림 2-6에 있지만 서울시에는 한 구에 하나 혹은 두 군데의 경찰서가 위치해 있고, 구 이름과 다른 경찰서도 있습니다. 이 경찰서 목록을 소속 구별로 변경하고 싶습니다. 그러기 위해서는 먼저 경찰서 이름으로 구 정보를 알아야 합니다. 양이 많지 않으니 직접 입력해도 되지만

우리는 프로그램으로 접근하도록 하겠습니다.

그림 2-6 위키백과의 서울시 관서별 경찰서 목록

+++ 2-3 지도 정보를 얻을 수 있는 Google Maps +++

위치에 대한 검색 결과 중 주소와 위도, 경도 정보를 제공하는 서비스가 구글에 있습니다. 바로 Google Maps API입니다. 그림 2-7에 나타난 Google Maps API 홈페이지[1]에 접속해서 Google Maps Geocoding API에 접근합니다.

그림 2-7 Google Maps API 공식 홈페이지

[1] https://developers.google.com/maps/?hl=ko

그림 2-8 Google Maps Geocoding API로 접근하기

Google Maps는 다양한 API가 있습니다. 그중에 주소 검색과 위도, 경도 정보 정도를 얻을 수 있는 Geocoding API를 선택해서 그림 2-7과 같이 '키 가져오기'로 키를 가져오면 됩니다.

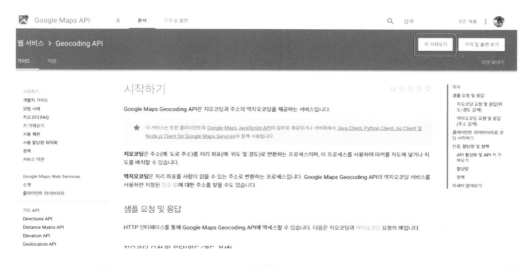

그림 2-9 키를 가져오는 과정

그림 2-10 키를 획득한 모습

이제 아주 중요한 작업입니다. 터미널을 열고 pip install googlemaps라는 명령으로 파이썬에서 googlemaps를 사용할 수 있도록 합니다.

+++ 2-4 Google Maps를 이용해서 주소와 위도, 경도 정보 얻기 +++

이제 googlemaps를 import합니다. 그리고 googlemaps.Client로 키를 입력하면 됩니다.

```
In [3]:   import googlemaps
```

```
In [4]:   gmaps_key = " ******************* "
          gmaps = googlemaps.Client(key=gmaps_key)
```

혹여 코드 [4]에 나오듯이 별표로만 채우면 안 됩니다. 그렇다고 저의 키를 드릴 수는 없으니까요. 무료로 사용하는 경우는 하루 조회 건수가 정해져 있습니다. 그리고 googlemaps를 pip로 설치했는데 import할 때 에러가 난다면 소스 코드 화면을 Close and Halt를 하고 다시 실행하면 됩니다.

```
In [5]:   gmaps.geocode('서울중부경찰서', language='ko')
```

```
Out[5]:   [{'address_components': [{'long_name': '27',
             'short_name': '27',
             'types': ['political', 'premise']},
            {'long_name': '수표로',
             'short_name': '수표로',
             'types': ['political', 'sublocality', 'sublocality_level_4']},
```

```
{'long_name': '저동2가',
 'short_name': '저동2가',
 'types': ['political', 'sublocality', 'sublocality_level_2']},
{'long_name': '중구',
 'short_name': '중구',
 'types': ['political', 'sublocality', 'sublocality_level_1']},
{'long_name': '서울특별시',
 'short_name': '서울특별시',
 'types': ['administrative_area_level_1', 'political']},
{'long_name': '대한민국',
 'short_name': 'KR',
 'types': ['country', 'political']},
{'long_name': '100-032',
 'short_name': '100-032',
 'types': ['postal_code']}],
'formatted_address': '대한민국 서울특별시 중구 저동2가 수표로 27',
'geometry': {'location': {'lat': 37.5636465, 'lng': 126.9895796},
 'location_type': 'ROOFTOP',
 'viewport': {'northeast': {'lat': 37.56499548029149,
   'lng': 126.9909285802915},
  'southwest': {'lat': 37.56229751970849, 'lng': 126.9882306197085}}},
'place_id': 'ChIJc-9q5uSifDURLhQmr5wkXmc',
'types': ['establishment', 'point_of_interest', 'police']}]
```

Google Maps를 사용해서 '서울중부경찰서'라는 단어를 검색해 보겠습니다. 그러면 formatted_address 항목에 주소가 나오구요. lng와 lat에서 위도 경도 정보도 확인해 볼 수 있습니다. 나중에 지도 시각화에서 유용하게 사용할 수 있는 정보입니다.

```
In [6]:  station_name = []

         for name in crime_anal_police['관서명']:
             station_name.append('서울' + str(name[:-1]) + '경찰서')

         station_name
```

그런데 코드 [2]의 결과를 보면 관서, 즉 경찰서의 이름이 중부서, 수서서처럼 되어 있습니다. 그러면 구글 검색에서 주소가 제대로 나오지 않아서 위 코드처럼 서울**경찰서로 만들어야 하겠습니다. 코드 [6]을 실행하면 다음과 같이 나옵니다.

```
['서울중부경찰서',
 '서울종로경찰서',
 '서울남대문경찰서',
 '서울서대문경찰서',
 '서울혜화경찰서',
 '서울용산경찰서',
 '서울성북경찰서',
 '서울동대문경찰서',
 '서울마포경찰서',
 '서울영등포경찰서',
 '서울성동경찰서',
 '서울동작경찰서',
 '서울광진경찰서',
 '서울서부경찰서',
 '서울강북경찰서',
 '서울금천경찰서',
 '서울중랑경찰서',
 '서울강남경찰서',
 '서울관악경찰서',
 '서울강서경찰서',
 '서울강동경찰서',
 '서울종암경찰서',
 '서울구로경찰서',
 '서울서초경찰서',
 '서울양천경찰서',
 '서울송파경찰서',
 '서울노원경찰서',
 '서울방배경찰서',
 '서울은평경찰서',
 '서울도봉경찰서',
 '서울수서경찰서']
```

이름이 잘 만들어졌습니다.

```
In [7]:  station_addreess = []
         station_lat = []
         station_lng = []

         for name in station_name:
             tmp = gmaps.geocode(name, language='ko')
             station_addreess.append(tmp[0].get("formatted_address"))

             tmp_loc = tmp[0].get("geometry")
```

```
        station_lat.append(tmp_loc['location']['lat'])

        station_lng.append(tmp_loc['location']['lng'])

        print(name + '-->' + tmp[0].get("formatted_address"))
```

이제 위 코드처럼 google maps에 코드 [6]에 만들어둔 경찰서 이름을 이용해서 주소를 받아옵니다.

Out [7]: 서울중부경찰서-->대한민국 서울특별시 중구 저동2가 수표로 27
서울종로경찰서-->대한민국 서울특별시 종로구 경운동 율곡로 46
서울남대문경찰서-->대한민국 서울특별시 중구 남대문로5가 한강대로 410
서울서대문경찰서-->대한민국 서울특별시 서대문구 미근동 통일로 113
서울혜화경찰서-->대한민국 서울특별시 종로구 종로1.2.3.4가동 창경궁로 112-16
서울용산경찰서-->대한민국 서울특별시 용산구 원효로1가 12-12
서울성북경찰서-->대한민국 서울특별시 성북구 삼선동5가 301
서울동대문경찰서-->대한민국 서울특별시 동대문 청량리동 약령시로21길 29
서울마포경찰서-->대한민국 서울특별시 마포구 아현동 618-1
서울영등포경찰서-->대한민국 서울특별시 영등포구 당산동3가 2-11
서울성동경찰서-->대한민국 서울특별시 성동구 행당동 192-8
서울동작경찰서-->대한민국 서울특별시 동작구 노량진동 72
서울광진경찰서-->대한민국 서울특별시 광진구 구의1동 자양로 167
서울서부경찰서-->대한민국 서울특별시 은평구 대조동 통일로 757
서울강북경찰서-->대한민국 서울특별시 강북구 번1동 415-15
서울금천경찰서-->대한민국 서울특별시 관악구 신림동 544
서울중랑경찰서-->대한민국 서울특별시 중랑구 신내1동 신내역로3길 40-10
서울강남경찰서-->대한민국 서울특별시 강남구 대치동 998
서울관악경찰서-->대한민국 서울특별시 관악구 봉천동
서울강서경찰서-->대한민국 서울특별시 양천구 신월5동 화곡로 73
서울강동경찰서-->대한민국 서울특별시 강동구 성내1동 성내로 57
서울종암경찰서-->대한민국 서울특별시 성북구 종암동 3-1260
서울구로경찰서-->대한민국 서울특별시 구로구 가마산로 235
서울서초경찰서-->대한민국 서울특별시 서초구 서초3동 반포대로 179
서울양천경찰서-->대한민국 서울특별시 양천구 신정6동 목동동로 99
서울송파경찰서-->대한민국 서울특별시 송파구 가락본동 9
서울노원경찰서-->대한민국 서울특별시 노원구 하계1동 노원로 283
서울방배경찰서-->대한민국 서울특별시 서초구 방배2동 455-10
서울은평경찰서-->대한민국 서울특별시 은평구 불광2동 연서로 365
서울도봉경찰서-->대한민국 서울특별시 도봉구 창4동 노해로 403
서울수서경찰서-->대한민국 서울특별시 강남구 개포동 개포로 617

위 결과를 얻었으니 각 경찰서별 주소를 모두 얻었습니다.

```
In [8]:   station_addreess

Out[8]:   ['대한민국 서울특별시 중구 저동2가 수표로 27',
          '대한민국 서울특별시 종로구 경운동 율곡로 46',
          '대한민국 서울특별시 중구 남대문로5가 한강대로 410',
          '대한민국 서울특별시 서대문구 미근동 통일로 113',
          '대한민국 서울특별시 종로구 종로1.2.3.4가동 창경궁로 112-16',
          '대한민국 서울특별시 용산구 원효로1가 12-12',
          '대한민국 서울특별시 성북구 삼선동5가 301',
          '대한민국 서울특별시 동대문구 청량리동 약령시로21길 29',
          '대한민국 서울특별시 마포구 아현동 618-1',
          '대한민국 서울특별시 영등포구 당산동3가 2-11',
          '대한민국 서울특별시 성동구 행당동 192-8',
          '대한민국 서울특별시 동작구 노량진동 72',
          '대한민국 서울특별시 광진구 구의1동 자양로 167',
          '대한민국 서울특별시 은평구 대조동 통일로 757',
          '대한민국 서울특별시 강북구 번1동 415-15',
```

이렇게 전체 주소가 저장되었습니다.

```
In [9]:   station_lat

Out[9]:   [37.5636465,
          37.5755578,
          37.5547584,
          37.5647848,
          37.5718401,
          37.5411211,
          37.5897271,
          37.58506149999999,
          37.550814,
          37.5257884,
          37.5617309,
          37.5130685,
          37.542873,
          37.6128611,
          37.6373881,
          37.4814051,
          37.618692,
          37.5094352,
          37.4743789,
```

위도와,

```
In [10]:   station_lng
```

```
Out[10]:   [126.9895796,
            126.9848674,
            126.9734981,
            126.9667762,
            126.9988562,
            126.9676935,
            127.0161318,
            127.0457679,
            126.954028,
            126.901006,
            127.0363806,
            126.9428078,
            127.083821,
            126.9274951,
            127.0273238,
            126.9099508,
            127.1047136,
            127.0669578,
            126.9509748,
```

경도를 모두 얻었습니다.

```
In [11]:   gu_name = []

           for name in station_addreess:
               tmp = name.split()

               tmp_gu = [gu for gu in tmp if gu[-1] == '구'][0]

               gu_name.append(tmp_gu)

           crime_anal_police['구별'] = gu_name
           crime_anal_police.head()
```

Out[11]:

	관서명	살인 발생	살인 검거	강도 발생	강도 검거	강간 발생	강간 검거	절도 발생	절도 검거	폭력 발생	폭력 검거	구별
0	중부서	2	2	3	2	105	65	1395	477	1355	1170	중구
1	종로서	3	3	6	5	115	98	1070	413	1278	1070	종로구
2	남대문서	1	0	6	4	65	46	1153	382	869	794	중구
3	서대문서	2	2	5	4	154	124	1812	738	2056	1711	서대문구
4	혜화서	3	2	5	4	96	63	1114	424	1015	861	종로구

이제 코드 [8]에서 저장한 주소를 띄어쓰기, 공백으로 나누고(split) 두 번째 단어(얼핏 보니 구 이름)를 선택해서 구별이라는 컬럼으로 저장합니다. 이렇게 하면 관서명에서 google maps의 도움을 받아 구별 이름으로 저장할 수 있게 되었습니다.

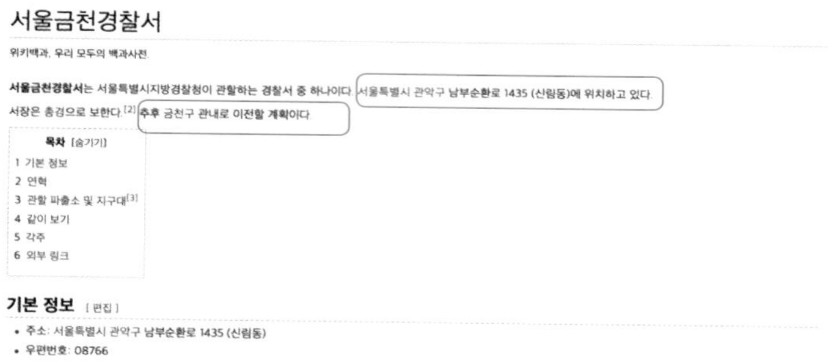

그림 2-11 위키백과의 금천경찰서 문서에 있는 금천서 주소에 대한 내용

단, 금천경찰서의 경우는 관악구에 위치해 있어서 금천서는 예외 처리를 해야 합니다(그림 2-11).

In [12]: `crime_anal_police[crime_anal_police['관서명']=='금천서']`

Out[12]:

	관서명	살인 발생	살인 검거	강도 발생	강도 검거	강간 발생	강간 검거	절도 발생	절도 검거	폭력 발생	폭력 검거	구별
15	금천서	3	4	6	6	151	122	1567	888	2054	1776	관악구

금천서를 찾아서,

In [13]:
```
crime_anal_police.loc[crime_anal_police['관서명']=='금천서', ['구별']] = '금천서'
crime_anal_police[crime_anal_police['관서명']=='금천서']
```

Out[13]:

관서명	살인 발생	살인 검거	강도 발생	강도 검거	강간 발생	강간 검거	절도 발생	절도 검거	폭력 발생	폭력 검거		구별
금천서	3	4	6	6	151	122	1567	888	2054	1776	금천구	관악구

관악구로 되어 있는 것을 금천구로 변경합니다.

```
In [14]:   crime_anal_police.to_csv('../data/02. crime_in_Seoul_include_gu_name.csv',
                                     sep=',', encoding='utf-8')
```

인터넷에서 자료를 가져오는 경우는 이 과정을 단순한 프로그램 오류로 다시 수행할 때 발생하는 정신적 스트레스를 피하기 위해서 적당한 이름으로 저장합니다. 이제 한 가지 고민이 생깁니다.

```
In [15]:   ccrime_anal_police.head()
```

Out[15]:

	관서명	살인 발생	살인 검거	강도 발생	강도 검거	강간 발생	강간 검거	절도 발생	절도 검거	폭력 발생	폭력 검거	구별
0	중부서	2	2	3	2	105	65	1395	477	1355	1170	중구
1	종로서	3	3	6	5	115	98	1070	413	1278	1070	종로구
2	남대문서	1	0	6	4	65	46	1153	382	869	794	중구
3	서대문서	2	2	5	4	154	124	1812	738	2056	1711	서대문구
4	혜화서	3	2	5	4	96	63	1114	424	1015	861	종로구

현재까지 우리가 확보한 데이터의 구조가 관서명을 기초로 했기 때문에 구별 컬럼에서는 같은 구 이름이 두 번 있을 수 있습니다. 예를 들면 강남구에는 경찰서가 두 개이니 코드 [15]의 테이블에서는 강남구가 두 번 등장하게 됩니다. 우리는 이 부분을 어떻게 해야 할지 공부해야 합니다.

+++ **2-5 pandas의 pivot_table 학습하기** +++

여기서 pandas 관련 많은 예제가 있는 한 github을 운영하고 있는 chris1610 님이 공개한 데이터와 예제를 인용하도록 하겠습니다. 주소는 다음과 같습니다.

https://github.com/chris1610/pbpython/tree/master/data

```
In [16]:   import pandas as pd
           import numpy as np

In [17]:   df = pd.read_excel("../data/02. sales-funnel.xlsx")
           df.head()
```

	Account	Name	Rep	Manager	Product	Quantity	Price	Status
0	714466	Trantow-Barrows	Craig Booker	Debra Henley	CPU	1	30000	presented
1	714466	Trantow-Barrows	Craig Booker	Debra Henley	Software	1	10000	presented
2	714466	Trantow-Barrows	Craig Booker	Debra Henley	Maintenance	2	5000	pending
3	737550	Fritsch, Russel and Anderson	Craig Booker	Debra Henley	CPU	1	35000	declined
4	146832	Kiehn-Spinka	Daniel Hilton	Debra Henley	CPU	2	65000	won

위 데이터에서 Name 항목으로만 정렬할 때 pivot_table을 사용합니다. 그러면 코드 [18]처럼 Name 컬럼이 index가 되고 특별히 지정하지 않았다면 숫자형 데이터 컬럼들이 남게 됩니다. 그리고 중복된 Name의 항목은 하나로 합쳐지고 value들은 평균을 갖게 됩니다.

In [18]: pd.pivot_table(df,index=["Name"])

Name	Account	Price	Quantity
Barton LLC	740150.0	35000.0	1.000000
Fritsch, Russel and Anderson	737550.0	35000.0	1.000000
Herman LLC	141962.0	65000.0	2.000000
Jerde-Hilpert	412290.0	5000.0	2.000000
Kassulke, Ondricka and Metz	307599.0	7000.0	3.000000
Keeling LLC	688981.0	100000.0	5.000000
Kiehn-Spinka	146832.0	65000.0	2.000000
Koepp Ltd	729833.0	35000.0	2.000000
Kulas Inc	218895.0	25000.0	1.500000
Purdy-Kunde	163416.0	30000.0	1.000000
Stokes LLC	239344.0	7500.0	1.000000
Trantow-Barrows	714466.0	15000.0	1.333333

Index를 여러 개 지정할 수 있습니다.

In [19]: pd.pivot_table(df,index=["Name","Rep","Manager"])

Out[19]:

Name	Rep	Manager	Account	Price	Quantity
Barton LLC	John Smith	Debra Henley	740150.0	35000.0	1.000000
Fritsch, Russel and Anderson	Craig Booker	Debra Henley	737550.0	35000.0	1.000000
Herman LLC	Cedric Moss	Fred Anderson	141962.0	65000.0	2.000000
Jerde-Hilpert	John Smith	Debra Henley	412290.0	5000.0	2.000000
Kassulke, Ondricka and Metz	Wendy Yule	Fred Anderson	307599.0	7000.0	3.000000
Keeling LLC	Wendy Yule	Fred Anderson	688981.0	100000.0	5.000000
Kiehn-Spinka	Daniel Hilton	Debra Henley	146832.0	65000.0	2.000000
Koepp Ltd	Wendy Yule	Fred Anderson	729833.0	35000.0	2.000000
Kulas Inc	Daniel Hilton	Debra Henley	218895.0	25000.0	1.500000
Purdy-Kunde	Cedric Moss	Fred Anderson	163416.0	30000.0	1.000000
Stokes LLC	Cedric Moss	Fred Anderson	239344.0	7500.0	1.000000
Trantow-Barrows	Craig Booker	Debra Henley	714466.0	15000.0	1.333333

특정 value만 지정해서 나타나도록 할 수도 있습니다.

In [21]: pd.pivot_table(df,index=["Manager","Rep"],values=["Price"])

Out[21]:

Manager	Rep	Price
Debra Henley	Craig Booker	20000.000000
	Daniel Hilton	38333.333333
	John Smith	20000.000000
Fred Anderson	Cedric Moss	27500.000000
	Wendy Yule	44250.000000

value를 pivot_table로 합친 경우 평균치가 기본이 됩니다. 여기에 합계를 사용하려면 aggfunc 옵션을 사용해서 np.sum을 사용하면 됩니다.

```
In [22]:   pd.pivot_table(df,index=["Manager","Rep"],values=["Price"],aggfunc=np.sum)
```

Out[22]:

Manager	Rep	Price
Debra Henley	Craig Booker	80000
	Daniel Hilton	115000
	John Smith	40000
Fred Anderson	Cedric Moss	110000
	Wendy Yule	177000

코드 [27]과 같이 원 데이터를 이용해서 아주 그럴싸한 결과를 얻을 수 있습니다. Index를 지정하고, values를 지정합니다. 그리고 합산(np.sum)과 평균(np.mean)을 표시하도록 하고, 그 과정에서 빈 칸이 나타나면 NaN으로 두지 말고 fill_value 옵션을 이용해서 0으로 채웁니다.

```
In [27]:   pd.pivot_table(df,index=["Manager","Rep","Product"],
               values=["Price","Quantity"],
               aggfunc=[np.sum,np.mean],fill_value=0,margins=True)
```

이때의 결과는 다음과 같습니다.

Out[27]:

Manager	Rep	Product	sum Price	mean Quantity	sum Price	Quantity
Debra Henley	Craig Booker	CPU	65000.0	2.0	32500.000000	1.000000
		Maintenance	5000.0	2.0	5000.000000	2.000000
		Software	10000.0	1.0	10000.000000	1.000000
	Daniel Hilton	CPU	105000.0	4.0	52500.000000	2.000000
		Software	10000.0	1.0	10000.000000	1.000000
	John Smith	CPU	35000.0	1.0	35000.000000	1.000000
		Maintenance	5000.0	2.0	5000.000000	2.000000
Fred Anderson	Cedric Moss	CPU	95000.0	3.0	47500.000000	1.500000
		Maintenance	5000.0	1.0	5000.000000	1.000000
		Software	10000.0	1.0	10000.000000	1.000000
	Wendy Yule	CPU	165000.0	7.0	82500.000000	3.500000
		Maintenance	7000.0	3.0	7000.000000	3.000000
		Monitor	5000.0	2.0	5000.000000	2.000000
All			522000.0	30.0	30705.882353	1.764706

pivot_table 자체는 그리 큰 비중을 차지하지 않지만 어떤 상황에서 내가 원하는 것을 얻기 위해 pivot_table을 떠올리지 못하고 그걸 여러 반복문과 조건문으로 처리하려고 하면 꽤 머리가 아픕니다. 물론 함수 하나를 더 많이 아는 것보다 그것을 구현할 줄 아는 능력이 더더욱 소프트웨어 엔지니어답지만, 그렇다고 모든 것을 다 손으로 직접 구현할 수는 없는 노릇입니다. 지금 우리는 지금 기초를 학습하는 중이니까요. 아무튼 이제 다시 본론으로 돌아가겠습니다

+++ 2-6 Pivot_table을 이용해서 데이터 정리하기 +++

```
In [28]:   crime_anal_raw = pd.read_csv('../data/02. crime_in_Seoul_include_gu_name.csv',
                             encoding='utf-8')
           crime_anal_raw.head()
```

Out[28]:

	Unnamed: 0	관서명	살인 발생	살인 검거	강도 발생	강도 검거	강간 발생	강간 검거	절도 발생	절도 검거	폭력 발생	폭력 검거	구별
0	0	중부서	2	2	3	2	105	65	1395	477	1355	1170	중구
1	1	종로서	3	3	6	5	115	98	1070	413	1278	1070	종로구
2	2	남대문서	1	0	6	4	65	46	1153	382	869	794	중구
3	3	서대문서	2	2	5	4	154	124	1812	738	2056	1711	서대문구
4	4	혜화서	3	2	5	4	96	63	1114	424	1015	861	종로구

앞 절에서 배운 pandas의 pivot_table 이용하여 원 데이터를 관서별에서 구별로 바꾸면 다음과 같습니다.

```
In [29]:   crime_anal_raw = pd.read_csv('../data/02. crime_in_Seoul_include_gu_name.csv',
                             encoding='utf-8', index_col=0)

           crime_anal = pd.pivot_table(crime_anal_raw, index='구별', aggfunc=np.sum)
           crime_anal.head()
```

Out[29]:

구별	강간 검거	강간 발생	강도 검거	강도 발생	살인 검거	살인 발생	절도 검거	절도 발생	폭력 검거	폭력 발생
강남구	349	449	18	21	10	13	1650	3850	3705	4284
강동구	123	156	8	6	3	4	789	2366	2248	2712
강북구	126	153	13	14	8	7	618	1434	2348	2649
관악구	221	320	14	12	8	9	827	2706	2642	3298
광진구	220	240	26	14	4	4	1277	3026	2180	2625

멋지지 않나요? 그냥 이렇게 손쉽게 우리는 원하는 데이터를 얻게 되었습니다.

In [30]:
```
crime_anal['강간검거율'] = crime_anal['강간 검거']/crime_anal['강간 발생']*100
crime_anal['강도검거율'] = crime_anal['강도 검거']/crime_anal['강도 발생']*100
crime_anal['살인검거율'] = crime_anal['살인 검거']/crime_anal['살인 발생']*100
crime_anal['절도검거율'] = crime_anal['절도 검거']/crime_anal['절도 발생']*100
crime_anal['폭력검거율'] = crime_anal['폭력 검거']/crime_anal['폭력 발생']*100

del crime_anal['강간 검거']
del crime_anal['강도 검거']
del crime_anal['살인 검거']
del crime_anal['절도 검거']
del crime_anal['폭력 검거']

crime_anal.head()
```

추가로 각 범죄별 검거율을 계산하고, 검거 건수는 검거율로 대체할 수 있어서 삭제하기로 합니다. 그리고 pandas의 결과표를 한 화면에 표현하고 싶으니까요.

Out[30]:

구별	강간 발생	강도 발생	살인 발생	절도 발생	폭력 발생	강간 검거율	강도 검거율	살인 검거율	절도 검거율	폭력 검거율
강남구	449	21	13	3850	4284	77.728285	85.714286	76.923077	42.857143	86.484594
강동구	156	6	4	2366	2712	78.846154	133.333333	75.000000	33.347422	82.890855
강북구	153	14	7	1434	2649	82.352941	92.857143	114.285714	43.096234	88.637222
관악구	320	12	9	2706	3298	69.062500	116.666667	88.888889	30.561715	80.109157
광진구	240	14	4	3026	2625	91.666667	185.714286	100.000000	42.200925	83.047619

그런데 검거율에 이상한 점이 있습니다. 바로 100이 넘는 숫자들이 보입니다. 아마도 그 전년도 발생
건수에 대한 검거도 포함되니 그런 듯합니다. 우리는 학습의 목적으로 진행하고 있으니 여기서는 깊
은 고민 없이 그냥 100이 넘는 숫자는 다 100으로 처리합니다.

```
In [31]:   con_list = ['강간검거율', '강도검거율', '살인검거율', '절도검거율', '폭력검거율']

           for column in con_list:
               crime_anal.loc[crime_anal[column] > 100, column] = 100

           crime_anal.head()
```

그러면 다음과 같은 결과를 얻을 수 있습니다.

Out[31]:

구별	강간 발생	강도 발생	살인 발생	절도 발생	폭력 발생	강간 검거율	강도 검거율	살인 검거율	절도 검거율	폭력 검거율
강남구	449	21	13	3850	4284	77.728285	85.714286	76.923077	42.857143	86.484594
강동구	156	6	4	2366	2712	78.846154	100.000000	75.000000	33.347422	82.890855
강북구	153	14	7	1434	2649	82.352941	92.857143	100.000000	43.096234	88.637222
관악구	320	12	9	2706	3298	69.062500	100.000000	88.888889	30.561715	80.109157
광진구	240	14	4	3026	2625	91.666667	100.000000	100.000000	42.200925	83.047619

이제 뒤에 붙은 발생이라는 단어를 삭제하겠습니다.

```
In [32]:   crime_anal.rename(columns = {'강간 발생':'강간',
                                        '강도 발생':'강도',
                                        '살인 발생':'살인',
                                        '절도 발생':'절도',
                                        '폭력 발생':'폭력'}, inplace=True)
           crime_anal.head()
```

이렇게 컬럼의 이름은 rename으로 변경할 수 있습니다.

Out[32]:

구별	강간	강도	살인	절도	폭력	강간검거율	강도검거율	살인검거율	절도검거율	폭력검거율
강남구	449	21	13	3850	4284	77.728285	85.714286	76.923077	42.857143	86.484594
강동구	156	6	4	2366	2712	78.846154	100.000000	75.000000	33.347422	82.890855
강북구	153	14	7	1434	2649	82.352941	92.857143	100.000000	43.096234	88.637222
관악구	320	12	9	2706	3298	69.062500	100.000000	88.888889	30.561715	80.109157
광진구	240	14	4	3026	2625	91.666667	100.000000	100.000000	42.200925	83.047619

잘 되었습니다. 이제 우리는 서울시 구별 5대 범죄의 발생건수와 검거율을 데이터로 갖게 되었습니다.

+++ 2-7 데이터 표현을 위해 다듬기 +++

코드 [32]의 결과를 보면 강도, 살인 사건은 두 자릿수인데, 절도와 폭력은 네 자릿수입니다. 물론 숫자 그 자체로도 중요하지만 각각을 비슷한 범위에 놓고 비교하는 것이 편리할 수 있습니다. 개념적으로는 살인 1건과 절도 1천 건이 같은 비중이라고 이야기하는 것이 절대 아닙니다만, 각 항목의 최대값을 1로 두면 추후 범죄 발생 건수를 종합적으로 비교할 때 편리할 것입니다. 그래서 강간, 강도, 살인, 절도, 폭력에 대해 각 컬럼별로 '정규화(normalize)'하도록 하겠습니다.


```
In [33]:   from sklearn import preprocessing

           col = ['강간', '강도', '살인', '절도', '폭력']

           x = crime_anal[col].values
           min_max_scaler = preprocessing.MinMaxScaler()

           x_scaled = min_max_scaler.fit_transform(x.astype(float))
           crime_anal_norm = pd.DataFrame(x_scaled,
                                                    columns = col,
                                                    index = crime_anal.index)

           col2 = ['강간검거율', '강도검거율', '살인검거율', '절도검거율', '폭력검거율']
           crime_anal_norm[col2] = crime_anal[col2]
           crime_anal_norm.head()
```

파이썬의 머신러닝에 관한 모듈로 유명한 scikit learn에 있는 전처리(preprocessing) 도구에는 최소
값, 최대값을 이용해서 정규화시키는 함수가 있습니다.

Out[33]:

구별	강간	강도	살인	절도	폭력	강간검거율	강도검거율	살인검거율	절도검거율	폭력검거율
강남구	1.000000	0.941176	0.916667	0.953472	0.661386	77.728285	85.714286	76.923077	42.857143	86.484594
강동구	0.155620	0.058824	0.166667	0.445775	0.289667	78.846154	100.000000	75.000000	33.347422	82.890855
강북구	0.146974	0.529412	0.416667	0.126924	0.274769	82.352941	92.857143	100.000000	43.096234	88.637222
관악구	0.628242	0.411765	0.583333	0.562094	0.428234	69.062500	100.000000	88.888889	30.561715	80.109157
광진구	0.397695	0.529412	0.166667	0.671570	0.269094	91.666667	100.000000	100.000000	42.200925	83.047619

이제 다양한 시각화에서 편리해지도록 각 발생 건수는 정규화시켰습니다.

```
In [34]:   result_CCTV = pd.read_csv('../data/01. CCTV_result.csv', encoding='UTF-8',
                                      index_col='구별')
           crime_anal_norm[['인구수', 'CCTV']] = result_CCTV[['인구수', '소계']]
           crime_anal_norm.head()
```

이제 1장에서 학습했던 결과인 01. CCTV_result.csv를 읽어서 그 속에서 구별 인구수와 CCTV 개수
를 가지고 오겠습니다.

```
In [35]:   col = ['강간','강도','살인','절도','폭력']
           crime_anal_norm['범죄'] = np.sum(crime_anal_norm[col], axis=1)
           crime_anal_norm.head()
```

또한 발생 건수의 합을 '범죄'라는 항목으로 두고 이를 합하겠습니다. 만약 정규화하지 않았다면 몇 천
건의 절도에 수십 건의 살인의 비중이 애매했겠지만 정규화를 통해 그 부분은 유리해졌습니다. 단, 여
기서는 범죄의 경중을 논하자는 것이 절대 아닙니다.

```
In [36]:   col = ['강간검거율','강도검거율','살인검거율','절도검거율','폭력검거율']
           crime_anal_norm['검거'] = np.sum(crime_anal_norm[col], axis=1)
           crime_anal_norm
```

그리고 검거율도 통합합니다.

Out[36]:

구별	강간	강도	살인	절도	폭력	강간 검거율	강도 검거율	살인 검거율	절도 검거율	폭력 검거율	인구수	CCTV	범죄	검거
강남구	1.000000	0.941176	0.916667	0.953472	0.661386	77.728285	85.714286	76.923077	42.857143	86.484594	570500.0	2780	4.472701	369.707384
강동구	0.155620	0.058824	0.166667	0.445775	0.289667	78.846154	100.000000	75.000000	33.347422	82.890855	453233.0	773	1.116551	370.084431
강북구	0.146974	0.529412	0.416667	0.126924	0.274769	82.352941	92.857143	100.000000	43.096234	88.637222	330192.0	748	1.494746	406.943540
관악구	0.628242	0.411765	0.583333	0.562094	0.428234	69.062500	100.000000	88.888889	30.561715	80.109157	525515.0	1496	2.613667	368.622261
광진구	0.397695	0.529412	0.166667	0.671570	0.269094	91.666667	100.000000	100.000000	42.200925	83.047619	372164.0	707	2.034438	416.915211
구로구	0.515850	0.588235	0.500000	0.435169	0.359423	58.362989	73.333333	75.000000	38.072805	80.877951	447874.0	1561	2.398678	325.647079
금천구	0.141210	0.058824	0.083333	0.172426	0.134074	80.794702	100.000000	100.000000	56.668794	86.465433	255082.0	1015	0.589867	423.928929
노원구	0.273775	0.117647	0.666667	0.386589	0.292268	61.421320	100.000000	100.000000	36.525308	85.530665	569384.0	1265	1.736946	383.477292
도봉구	0.000000	0.235294	0.083333	0.000000	0.000000	100.000000	100.000000	100.000000	44.967074	87.626093	348646.0	485	0.318627	432.593167
동대문구	0.204611	0.470588	0.250000	0.314061	0.250887	84.393064	100.000000	100.000000	41.090358	87.401884	369496.0	1294	1.490147	412.885306
동작구	0.527378	0.235294	0.250000	0.274376	0.100024	48.771930	55.555556	100.000000	35.442359	83.089005	412520.0	1091	1.387071	322.858850
마포구	0.553314	0.529412	0.500000	0.510434	0.353748	84.013605	71.428571	100.000000	31.819961	84.445189	389649.0	574	2.446908	371.707327
서대문구	0.149856	0.000000	0.000000	0.256244	0.134547	80.519481	80.000000	100.000000	40.728477	83.219844	327163.0	962	0.540647	384.467802
서초구	0.838617	0.235294	0.500000	0.537804	0.215654	63.358779	66.666667	75.000000	41.404175	87.453105	450310.0	1930	2.327368	333.882725
성동구	0.069164	0.235294	0.166667	0.186110	0.029558	94.444444	88.888889	100.000000	37.149969	86.538462	311244.0	1062	0.686793	407.021764
성북구	0.138329	0.000000	0.250000	0.247007	0.170726	82.666667	80.000000	100.000000	41.512605	83.974649	461260.0	1464	0.806061	388.153921
송파구	0.340058	0.470588	0.750000	0.744441	0.427524	80.909091	76.923077	90.909091	34.856437	84.552352	667483.0	618	2.732611	368.150048
양천구	0.806916	0.823529	0.666667	1.000000	1.000000	77.486911	84.210526	100.000000	48.469644	83.065080	479978.0	2034	4.297113	393.232162
영등포구	0.556196	1.000000	1.000000	0.650359	0.493024	62.033898	90.909091	85.714286	32.995951	82.894737	402985.0	904	3.699580	354.547963
용산구	0.265130	0.529412	0.250000	0.169004	0.133128	89.175258	100.000000	100.000000	37.700706	83.121951	244203.0	1624	1.346674	409.997915
은평구	0.184438	0.235294	0.083333	0.291139	0.275715	84.939759	66.666667	100.000000	37.147335	86.920467	494388.0	1873	1.069920	375.674229
종로구	0.314121	0.352941	0.333333	0.383510	0.190589	76.303318	81.818182	83.333333	38.324176	84.212822	162820.0	1002	1.574494	363.991830
중구	0.195965	0.235294	0.083333	0.508040	0.174273	65.294118	66.666667	66.666667	33.712716	88.309353	133240.0	671	1.196905	320.649519
중랑구	0.244957	0.352941	0.916667	0.366746	0.321589	79.144385	81.818182	92.307692	38.829040	84.545135	414503.0	660	2.202900	376.644434

그 결과는 위와 같습니다. 그럼 이 결과를 어떻게 하면 효과적으로 인식할 수 있게 시각화할 수 있을까요? 혹시 정렬(sort)하는 것을 상상하셨다면, 아닙니다. 그건 효과적이지 않습니다.

+++ 2-7 좀 더 편리한 시각화 도구 - Seaborn +++

Seaborn이라는 뭔가 니모를 연상하게 하는 단어의 시각화 도구가 있습니다. Matplotlib과 함께 사용하는 것인데 정말 괜찮습니다. 이 모듈도 터미널에서 pip install seaborn으로 설치하면 됩니다.

```
In [37]:   import matplotlib.pyplot as plt
           %matplotlib inline

           import seaborn as sns

           x = np.linspace(0, 14, 100)
           y1 = np.sin(x)
           y2 = 2*np.sin(x+0.5)
           y3 = 3*np.sin(x+1.0)
           y4 = 4*np.sin(x+1.5)

           plt.figure(figsize=(10,6))
           plt.plot(x,y1,  x,y2,  x,y3,  x,y4)
           plt.show()
```

간단하게 몇 개의 사인 함수를 그려보겠습니다. seaborn을 import할 때는 matplotlib도 같이 import 되어 있어야 합니다.

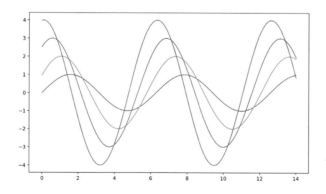

일단 기본인데 색감도 괜찮고 뭔가 이쁩니다.

In [40]:
```python
sns.set_style("whitegrid")

plt.figure(figsize=(10,6))
plt.plot(x,y1, x,y2, x,y3, x,y4)
plt.show()
```

Seaborn은 whitegrid라는 스타일을 지원합니다.

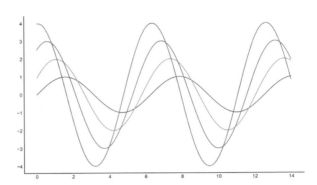

또한 Seaborn은 연습할 만한 데이터셋을 몇 개 가지고 있습니다.

In [42]:
```python
import matplotlib.pyplot as plt
import numpy as np
import seaborn as sns

sns.set_style("whitegrid")
%matplotlib inline
```

In [43]:
```python
tips = sns.load_dataset("tips")
tips.head(5)
```

Out[43]:

	total_bill	tip	sex	smoker	day	time	size
0	16.99	1.01	Female	No	Sun	Dinner	2
1	10.34	1.66	Male	No	Sun	Dinner	3
2	21.01	3.50	Male	No	Sun	Dinner	3
3	23.68	3.31	Male	No	Sun	Dinner	2
4	24.59	3.61	Female	No	Sun	Dinner	4

Tips라는 데이터셋인데요, 요일별 점심, 저녁, 흡연 여부와 식사 금액과 팁을 정리한 데이터입니다.

```
In [45]:   plt.figure(figsize=(8,6))
           sns.boxplot(x="day", y="total_bill", data=tips)
           plt.show()
```

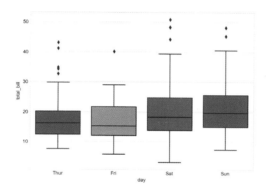

이렇게 boxplot을 그리는데 x축에는 요일로, y축에는 전체 금액을 그릴 수 있습니다. 이미 이것만으로도 꽤 편리하다는 것을 눈치챘을 것입니다.

```
In [46]:   plt.figure(figsize=(8,6))
           sns.boxplot(x="day", y="total_bill", hue="smoker", data=tips, palette="Set3")
           plt.show()
```

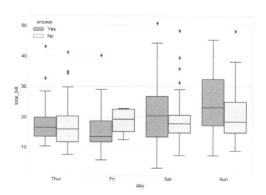

더 놀라운 것은 hue라는 옵션을 이용해서 구분할 수 있습니다. 코드 [46]의 경우는 흡연 여부로 구분한 것입니다. 흡연자가 결제 금액의 범위가 크네요.

```
In [50]:    sns.set_style("darkgrid")
            sns.lmplot(x="total_bill", y="tip", data=tips, size=7)
            plt.show()
```

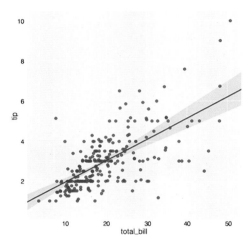

이번에는 darkgrid 스타일로 하고 lmplot을 그렸습니다. 데이터를 scatter처럼 그리고 직선으로 regression한 그림도 같이 그려주고 유효범위도 ci로 잡아줍니다.

```
In [52]:    sns.lmplot(x="total_bill", y="tip", hue="smoker", data=tips, palette="Set1", size=7)
            plt.show()
```

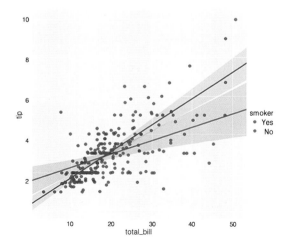

또, lmplot도 hue 옵션을 가질 수 있으며 미리 준비된 palette로 색상을 지정할 수 있습니다.

```
In [56]: flights = sns.load_dataset("flights")
         flights.head(5)
```

Out[56]:

	year	month	passengers
0	1949	January	112
1	1949	February	118
2	1949	March	132
3	1949	April	129
4	1949	May	121

이번에는 연도 및 월별 항공기 승객수를 기록한 데이터를 가져오겠습니다.

```
In [57]: flights = flights.pivot("month", "year", "passengers")
         flights.head(5)
```

Out[57]:

year	1949	1950	1951	1952	1953	1954	1955	1956	1957	1958	1959	1960
month												
January	112	115	145	171	196	204	242	284	315	340	360	417
February	118	126	150	180	196	188	233	277	301	318	342	391
March	132	141	178	193	236	235	267	317	356	362	406	419
April	129	135	163	181	235	227	269	313	348	348	396	461
May	121	125	172	183	229	234	270	318	355	363	420	472

pivot 기능으로 간편하게 월별, 연도별로 구분할 수 있습니다. 앞서 언급했다시피 pivot을 상상할 수만 있다면 꽤 유용한 결과를 얻습니다.

```
In [59]: plt.figure(figsize=(10,8))
         sns.heatmap(flights, annot=True, fmt="d")
         plt.show()
```

	1949	1950	1951	1952	1953	1954	1955	1956	1957	1958	1959	1960
January	112	115	145	171	196	204	242	284	315	340	360	417
February	118	126	150	180	196	188	233	277	301	318	342	391
March	132	141	178	193	236	235	267	317	356	362	406	419
April	129	135	163	181	235	227	269	313	348	348	396	461
May	121	125	172	183	229	234	270	318	355	363	420	472
June	135	149	178	218	243	264	315	374	422	435	472	535
July	148	170	199	230	264	302	364	413	465	491	548	622
August	148	170	199	242	272	293	347	405	467	505	559	606
September	136	158	184	209	237	259	312	355	404	404	463	508
October	119	133	162	191	211	229	274	306	347	359	407	461
November	104	114	146	172	180	203	237	271	305	310	362	390
December	118	140	166	194	201	229	278	306	336	337	405	432

heatmap이라는 도구를 이용하면 이런 종류의 데이터는 그 경향을 설명하기 참 좋습니다.

```
In [60]:  sns.set(style="ticks")
          iris = sns.load_dataset("iris")
          iris.head(10)
```

Out[60]:

	sepal_length	sepal_width	petal_length	petal_width	species
0	5.1	3.5	1.4	0.2	setosa
1	4.9	3.0	1.4	0.2	setosa
2	4.7	3.2	1.3	0.2	setosa
3	4.6	3.1	1.5	0.2	setosa
4	5.0	3.6	1.4	0.2	setosa
5	5.4	3.9	1.7	0.4	setosa
6	4.6	3.4	1.4	0.3	setosa
7	5.0	3.4	1.5	0.2	setosa

| 8 | 4.4 | 2.9 | 1.4 | 0.2 | setosa |
| 9 | 4.9 | 3.1 | 1.5 | 0.1 | setosa |

이번에는 머신러닝에서 중요하게 다뤄지는 아이리스 꽃에 대한 데이터를 가지고 옵니다. 꽃잎, 꽃받침의 너비와 폭을 가지고 그 종을 구분할 수 있는지를 알아보겠습니다.

```
In [62]: sns.pairplot(iris, hue="species")
         plt.show()
```

여기서는 pairplot이라는 정말 깔끔한 명령이 있습니다.

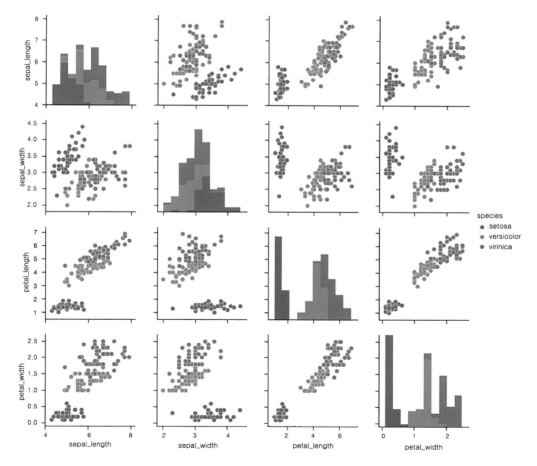

그 결과가 꽤 괜찮습니다.

+++ 2-8 범죄 데이터 시각화하기 +++

방금 학습한 시각화 도구인 Seaborn을 이용해서 뭔가 성과를 얻어보려고 합니다.

```
In [72]:   import matplotlib.pyplot as plt
           import seaborn as sns

           %matplotlib inline

           import platform
           path = "c:/Windows/Fonts/malgun.ttf"
           from matplotlib import font_manager, rc

            if platform.system() == 'Darwin':
                rc('font', family='AppleGothic')
            elif platform.system() == 'Windows':
                font_name = font_manager.FontProperties(fname=path).get_name()
                rc('font', family=font_name)
            else:
                print('Unknown system... sorry~~~~')
```

일단 그래프에 대한 한글 폰트 문제를 해결합니다.

```
In [74]:   sns.pairplot(crime_anal_norm, vars=["강도", "살인", "폭력"], kind='reg', size=3)
           plt.show()
```

pairplot으로 강도, 살인, 폭력 간의 상관관계를 그래프로 보겠습니다.

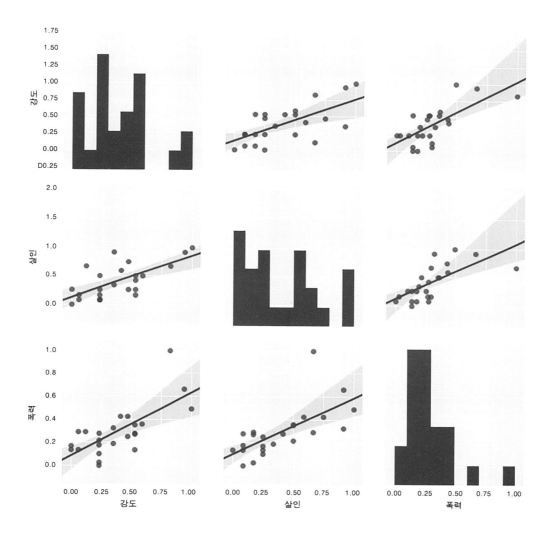

강도와 폭력, 살인과 폭력, 강도와 살인 모두 양의 상관관계가 보입니다.

```
In [75]:  sns.pairplot(crime_anal_norm, x_vars=["인구수", "CCTV"],
                        y_vars=["살인", "강도"], kind='reg', size=3)
          plt.show()
```

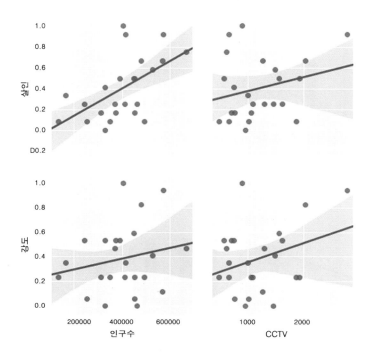

인구수와 CCTV 개수, 그리고 살인과 강도에 대해 조사했습니다. 전체적인 상관계수는 CCTV와 살인의 관계가 낮을지 몰라도 CCTV가 없을 때 살인이 많이 일어나는 구간이 있습니다. 즉, CCTV 개수를 기준으로 좌측면에 살인과 강도의 높은 수를 갖는 데이터가 보입니다.

```
In [76]:   sns.pairplot(crime_anal_norm,
                        x_vars=["인구수", "CCTV"],
                        y_vars=["살인검거율", "폭력검거율"], kind='reg', size=3)
           plt.show()
```

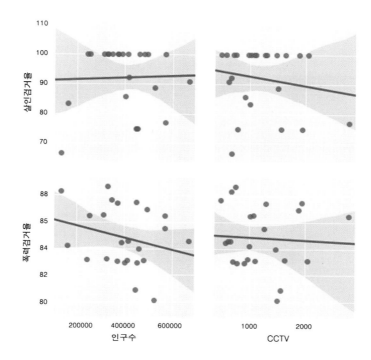

그런데 살인 및 폭력 검거율과 CCTV의 관계가 양의 상관관계가 아닙니다. 오히려 음의 상관계수도 보입니다. 또 인구수와 살인 및 폭력 검거율도 음의 상관관계가 관찰됩니다.

```
In [78]:  tmp_max = crime_anal_norm['검거'].max()
          crime_anal_norm['검거'] = crime_anal_norm['검거'] / tmp_max * 100
          crime_anal_norm_sort = crime_anal_norm.sort_values(by='검거', ascending=False)
          crime_anal_norm_sort.head()
```

이쯤에서 검거율의 합계인 검거 항목 최고 값을 100으로 한정하고 그 값으로 정렬한 다음,

```
In [79]:  target_col = ['강간검거율', '강도검거율', '살인검거율', '절도검거율', '폭력검거율']

          crime_anal_norm_sort = crime_anal_norm.sort_values(by='검거', ascending=False)

          plt.figure(figsize = (10,10))
          sns.heatmap(crime_anal_norm_sort[target_col], annot=True, fmt='f', linewidths=.5)
          plt.title('범죄 검거 비율 (정규화된 검거의 합으로 정렬)')
          plt.show()
```

heatmap을 그려보겠습니다.

범죄 검거 비율 (정규화된 검거의 합으로 정렬)

구별	강간검거율	강도검거율	살인검거율	절도검거율	폭력검거율
도봉구	100.000000	100.000000	100.000000	44.967074	87.626093
금천구	80.794702	100.000000	100.000000	56.668794	86.465433
광진구	91.666667	100.000000	100.000000	42.200925	83.047619
동대문구	84.393064	100.000000	100.000000	41.090358	87.401884
용산구	89.175258	100.000000	100.000000	37.700706	83.121951
성동구	94.444444	88.888889	100.000000	37.149969	86.538462
강북구	82.352941	92.857143	100.000000	43.096234	88.637222
양천구	77.486911	84.210526	100.000000	48.469644	83.065080
성북구	82.666667	80.000000	100.000000	41.512605	83.974649
서대문구	80.519481	80.000000	100.000000	40.728477	83.219844
노원구	61.421320	100.000000	100.000000	36.525308	85.530665
중랑구	79.144385	81.818182	92.307692	38.829040	84.545135
은평구	84.939759	66.666667	100.000000	37.147335	86.920467
마포구	84.013605	71.428571	100.000000	31.819961	84.445189
강동구	78.846154	100.000000	75.000000	33.347422	82.890855
강남구	77.728285	85.714286	76.923077	42.857143	86.484594
관악구	69.062500	100.000000	88.888889	30.561715	80.109157
송파구	80.909091	76.923077	90.909091	34.856437	84.552352
종로구	76.303318	81.818182	83.333333	38.324176	84.212822
영등포구	62.033898	90.909091	85.714286	32.995951	82.894737
서초구	63.358779	66.666667	75.000000	41.404175	87.453105
구로구	58.362989	73.333333	75.000000	38.072805	80.877951
동작구	48.771930	55.555556	100.000000	35.442359	83.089005
중구	65.294118	66.666667	66.666667	33.712716	88.309353

결과를 보면 절도 검거율은 다른 검거율에 비해 낮다는 것을 알 수 있습니다. 그리고 그래프의 하단으로 갈수록 검거율이 낮은데 그 속에 강남3구 중에서 '서초구'가 보입니다. 전반적으로 검거율이 우수한 구는 '도봉구', '광진구', '성동구'로 보입니다.

```
In [80]:   target_col = ['강간', '강도', '살인', '절도', '폭력', '범죄']

           crime_anal_norm['범죄'] = crime_anal_norm['범죄'] / 5
           crime_anal_norm_sort = crime_anal_norm.sort_values(by='범죄', ascending=False)
           plt.figure(figsize = (10,10))
```

```
sns.heatmap(crime_anal_norm_sort[target_col], annot=True, fmt='f', linewidths=.5)
plt.title('범죄비율 (정규화된 발생 건수로 정렬)')
plt.show()
```

이번에는 발생 건수의 합으로 정렬해서 heatmap으로 관찰해보겠습니다.

범죄비율 (정규화된 발생 건수로 정렬)

구	강간	강도	살인	절도	폭력	범죄
강남구	1.000000	0.941176	0.916667	0.953472	0.661386	0.894540
양천구	0.806916	0.823529	0.666667	1.000000	1.000000	0.859423
영등포구	0.556196	1.000000	1.000000	0.650359	0.493024	0.739916
송파구	0.340058	0.470588	0.750000	0.744441	0.427524	0.546522
관악구	0.628242	0.411765	0.583333	0.562094	0.428234	0.522733
마포구	0.553314	0.529412	0.500000	0.510434	0.353748	0.489382
구로구	0.515850	0.588235	0.500000	0.435169	0.359423	0.479736
서초구	0.838617	0.235294	0.500000	0.537804	0.215654	0.465474
중랑구	0.244957	0.352941	0.916667	0.366746	0.321589	0.440580
광진구	0.397695	0.529412	0.166667	0.671570	0.269094	0.406888
노원구	0.273775	0.117647	0.666667	0.386589	0.292268	0.347389
종로구	0.314121	0.352941	0.333333	0.383510	0.190589	0.314899
강북구	0.146974	0.529412	0.416667	0.126924	0.274769	0.298949
동대문구	0.204611	0.470588	0.250000	0.314061	0.250887	0.298029
동작구	0.527378	0.235294	0.250000	0.274376	0.100024	0.277414
용산구	0.265130	0.529412	0.250000	0.169004	0.133128	0.269335
중구	0.195965	0.235294	0.083333	0.508040	0.174273	0.239381
강동구	0.155620	0.058824	0.166667	0.445775	0.289667	0.223310
은평구	0.184438	0.235294	0.083333	0.291139	0.275715	0.213984
성북구	0.138329	0.000000	0.250000	0.247007	0.170726	0.161212
성동구	0.069164	0.235294	0.166667	0.186110	0.029558	0.137359
금천구	0.141210	0.058824	0.083333	0.172426	0.134074	0.117973
서대문구	0.149856	0.000000	0.000000	0.256244	0.134547	0.108129
도봉구	0.000000	0.235294	0.083333	0.000000	0.000000	0.063725

발생 건수로 보니 '강남구', '양천구', '영등포구'가 범죄 발생 건수가 높습니다. 그리고 '송파구'와 '서초구'도 낮다고 볼 수 없습니다. 그렇다면 정말 강남 3구가 안전하다고 할 수 있을지 의문이 생깁니다.

```
In [81]:   crime_anal_norm.to_csv('../data/02. crime_in_Seoul_final.csv', sep=',',
                                   encoding='utf-8')
```

일단 여기까지 하고 저장합니다. 이제 또 우리는 신세계로 진입해야 합니다.

+++ 2-9 지도 시각화 도구 - Folium +++

지도를 가지고 뭔가 원하는 데이터를 표현할 수 있다는 것은 매력적인 일입니다. 특히 지금처럼 강남
3구의 안전성을 이야기하면서 범죄율이나 검거율을 지도에 그릴 수 있다는 것은 더더욱 그렇습니다.
많은 지도 시각화 도구가 있지만 여기서는 Folium 라이브러리를 다루도록 하겠습니다. 먼저 터미널
을 열고 pip install folium이라고 입력해서 folium을 설치합니다. 그리고 간편하게 folium의 공식 페
이지에 있는 튜토리얼을 확인합니다.

```
In [82]:   import folium
```

먼저 folium을 import합니다.

```
In [83]:   map_osm = folium.Map(location=[45.5236, -122.6750])
           map_osm
```

Out[83]:

```
```

그냥 위도와 경도 정보를 주면 지도를 그려줍니다. 대단하죠. 혹시 저 부분이 하얗게 표시된다면 0장에서 추천한 구글 크롬 브라우저를 사용하기 바랍니다. 마이크로소프트의 익스플로러 브라우저에서는 지도가 파일로 저장은 되는데 브라우저에 저렇게 표현되지는 않습니다.

```
In [84]:    stamen = folium.Map(location=[45.5236, -122.6750], zoom_start=13)
            stamen
```

Out[84]:

또 zoom_start라는 옵션으로 확대 비율을 정의할 수도 있습니다.

```
In [85]:    stamen = folium.Map(location=[45.5236, -122.6750], tiles='Stamen Toner',
                                zoom_start=13)
            stamen
```

Out[85]:

tiles 옵션으로 저런 모양의 지도도 만들 수 있습니다.

```
In [89]:    map_2 = folium.Map(location=[45.5236, -122.6750], tiles='Stamen Toner',
                               zoom_start=13)
            folium.Marker([45.5244, -122.6699], popup='The Waterfront' ).add_to(map_2)
            folium.CircleMarker([45.5215, -122.6261], radius=50,
                                popup='Laurelhurst Park', color='#3186cc',
                                fill_color='#3186cc', ).add_to(map_2)
            map_2
```

이번에는 지도를 그리고 그 상태에서 원하는 좌표(위도, 경도)에 Marker 명령으로 마크를 찍을 수 있습니다. 그리고 CircleMarker 명령으로 반경(radius)과 색상(color)을 지정하면 원을 그려줍니다.

Out [89]:

결과가 위에 나타났습니다.

In [91]:
```
import folium
import pandas as pd
```

이번에는 pandas도 import합니다. 같은 장 안에서도 같은 모듈을 import하는 이유는 혹시 여기부터 실습을 진행하는 경우에 코드의 문제가 없도록 하려는 것입니다.

In [92]:
```
state_unemployment = '../data/02. folium_US_Unemployment_Oct2012.csv'

state_data = pd.read_csv(state_unemployment)
state_data.head()
```

Out[92]:

	State	Unemployment	Unemployment
0	AL	7.1	368072.0
1	AK	6.8	236353.0
2	AZ	8.1	416487.0
3	AR	7.2	124312.0
4	CA	10.1	229456.0

Github의 https://github.com/PinkWink/DataScience/tree/master/data에 가면 위의 데이터를 받을 수 있습니다. 02. folium_US_Unemployent_Oct2012.csv라는 파일에는 2012년 10월 기준 미국의

주별 실업률이 있습니다. 이것을 지도에 시각화하려고 합니다. 역시 02. folium_us-states. json이라는 json 파일이 필요합니다.

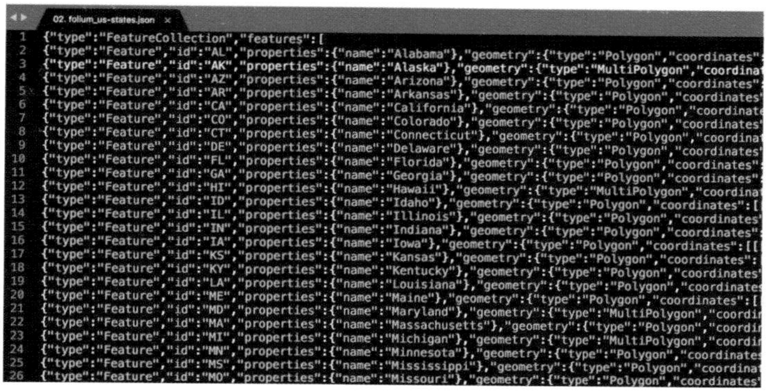

그림 2-12 json 파일의 첫 부분

그림 2-13 json 파일에서 좌표 정보가 있는 부분

그림 2-12에 내용이 보입니다. json 파일에는 id로 주별 고유 ID, 그리고 주 이름 등의 좌표가 있습니다. 특히 지도를 그리기 위해 주 경계선을 일일이 위도 경도 좌표가 입력되어 있어서(그림 2-13) 그걸 따라 선을 그리면 주 경계선이 됩니다.

```
In [93]:   state_geo = '../data/02. folium_us-states.json'

           map = folium.Map(location=[40, -98], zoom_start=4)
           map.choropleth(geo_data=state_geo, data=state_data,
                          columns=['State', 'Unemployment'],
                          key_on='feature.id',
                          fill_color='YlGn',
                          legend_name='Unemployment Rate (%)')

           map
```

그래서 state_geo라는 변수에 json 파일 경로를 담고, folium에서 choropleth 명령으로 json 파일과 지도에 표현하고 싶은 데이터를 입력하고, key_on 옵션으로 지도의 id를 알려주면 됩니다. 여기서 지도의 id가 서로 중복되지 않아야 합니다.

Out [93]: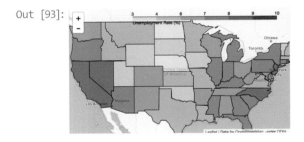

그러면 위 그림처럼 실업률이 colormap으로 표현된 결과를 얻을 수 있습니다.

+++ 2-10 서울시 범죄율에 대한 지도 시각화 +++

이제 지도를 다루는 법도 알았으니 우리가 열심히 다듬은 자료를 시각화해보겠습니다. 물론 언제나 그렇듯이 난관은 있습니다. 그림 2-12나 그림 2-13에 나온 서울시 구별 경계선을 그릴 수 있는 json 파일이 있어야 합니다. 이건 우리가 직접 만들 수 있는 범위를 벗어납니다. 그러나 다행이 조금만 검색을 해보면 그래도 뭔가 답이 있는데 Github에서 e9t라는 아이디로 활동하는 Lucy Park 님이 있습니다. 제 페이스북에 Lucy Park 님의 팬임을 소심하게 밝힌 적이 습니다. 이 책 후반부에 자연어 처리

(Natural Language Processing)에서 다시 신의 영역처럼 나타날 예정입니다. 아무튼 https://github.com/southkorea/southkorea-maps에 방문하면 한국 지도에 대해 json 파일을 얻을 수 있습니다.

그림 2-14 Github의 e9t 님의 우리나라 지도 데이터 페이지

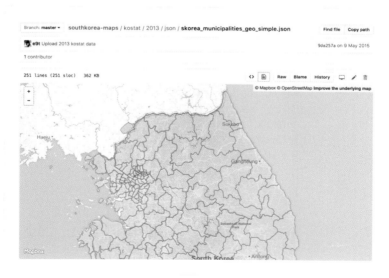

그림 2-15 skorea_municipalities_get_simple.json이 그린 경계선

그림 2-14의 화면에 가서 그림 2-15에 나타난 그림을 볼 수 있습니다. 그러나 이 데이터를 지금 우리가 바로 사용할 수는 없습니다. 그래서 제가 별도로 그림 2-16처럼 서울시 구별 데이터만 https://github.com/PinkWink/DataScience/tree/master/data에 편집해서 올렸습니다.

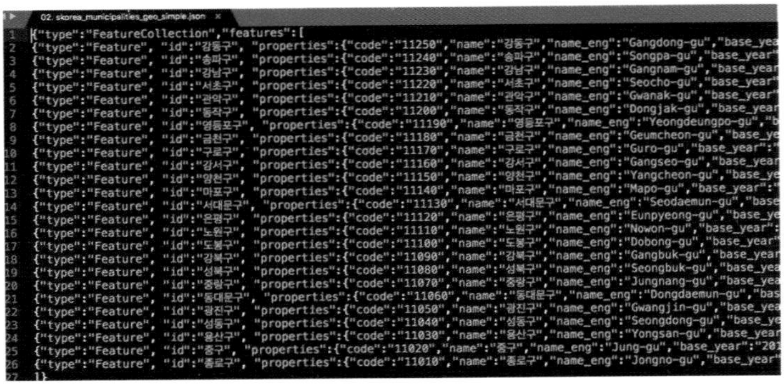

그림 2-16 PinkWink가 그림 2-15에서 서울시 구별 정보만 편집한 화면

```
In [94]:   import json
           geo_path = '../data/02. skorea_municipalities_geo_simple.json'
           geo_str = json.load(open(geo_path, encoding='utf-8'))
```

먼저 json파일을 로딩합니다.

```
In [105]:  map = folium.Map(location=[37.5502, 126.982], zoom_start=11,
                             tiles='Stamen Toner')
                  map.choropleth(geo_data = geo_str,
                  data = crime_anal_norm['살인'],
                  columns = [crime_anal_norm.index, crime_anal_norm['살인']],
                  fill_color = 'PuRd', #PuRd, YlGnBu
                  key_on = 'feature.id')

           map
```

그리고 서울시의 중심의 위도와 경도 정보를 먼저 입력하고 경계선을 그리는데, 컬러맵은 살인 발생 건수로 지정합니다.

Out [105]:

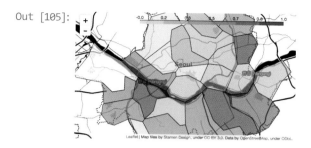

그 결과를 보면 살인 발생 건수에서 강남 3구가 안전하다고 보기는 어려울 것 같습니다.

```
In [106]:   map = folium.Map(location=[37.5502, 126.982], zoom_start=11,
                             tiles='Stamen Toner')

            map.choropleth(geo_data = geo_str,
                        data = crime_anal_norm['강간'],
                        columns = [crime_anal_norm.index, crime_anal_norm['강간']],
                        fill_color = 'PuRd', #PuRd, YlGnBu
                        key_on = 'feature.id')
            map
```

특히 강간 발생 건수로 다시 그려보면,

Out [106]:

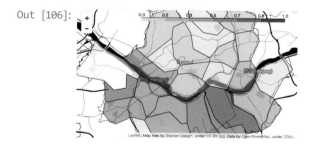

더더욱 강남 3구가 안전한지 의심이 듭니다.

```
In [107]:   map = folium.Map(location=[37.5502, 126.982], zoom_start=11,
                             tiles='Stamen Toner')

            map.choropleth(geo_data = geo_str,
                        data = crime_anal_norm['범죄'],
                        columns = [crime_anal_norm.index, crime_anal_norm['범죄']],
```

```
                    fill_color = 'PuRd', #PuRd, YlGnBu
                    key_on = 'feature.id')
        map
```

이제 이전에 만들어둔 범죄 발생 건수 전체에 대해 살펴보면,

Out [107]: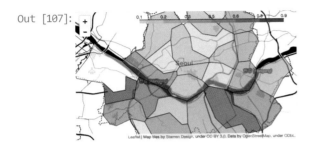

역시 강남 3구와 강서구 주변이 범죄 발생 건수가 높은 것으로 나타나고 있습니다. 그러나 인구수를
고려해야 할 것 같습니다. 즉 인구 대비 범죄 발생 비율을 알아보는 것입니다. 그래서 범죄 전체 발생
건수에 인구수를 나누고 소수점 밑으로 가서 적절한 값을 곱하는 것으로 하겠습니다.

```
In [109]:  tmp_criminal = crime_anal_norm['살인'] /  crime_anal_norm['인구수'] * 1000000

           map = folium.Map(location=[37.5502, 126.982], zoom_start=11,
                            tiles='Stamen Toner')

           map.choropleth(geo_data = geo_str,
                          data = tmp_criminal,
                          columns = [crime_anal.index, tmp_criminal],
                          fill_color = 'PuRd', #PuRd, YlGnBu
                          key_on = 'feature.id')
           map
```

그 결과를 다시 보면 아래와 같습니다.

Out [109]:

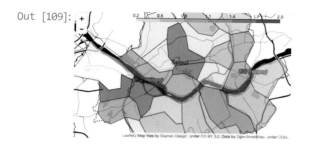

인구 대비 범죄 발생 건수로 보면 강남 3구가 1위는 아니지만 안전도가 제일 높다고 말할 수는 없을 것 같습니다. 그런데 중구와 종로구의 범죄율이 엄청 높아졌습니다. 아마 거주 인구는 적고, 관광지여서 그런 게 아닐지 추측해봅니다.

+++ 2-11 서울시 경찰서별 검거율과 구별 범죄 발생율을 동시에 시각화하기 +++

이제 조금 더 진행해서 경찰서별 검거율과 방금 전까지 수행한 범죄 발생율을 동시에 표현하는 게 효과적일 것 같습니다.

```
In [111]:   crime_anal_raw['lat'] = station_lat
            crime_anal_raw['lng'] = station_lng

            col = ['살인 검거', '강도 검거', '강간 검거', '절도 검거', '폭력 검거']
            tmp = crime_anal_raw[col] / crime_anal_raw[col].max()

            crime_anal_raw['검거'] = np.sum(tmp, axis=1)

            crime_anal_raw.head()
```

검거만 따로 모아둡니다. 그리고 이미 앞서 수집해둔 각 경찰서의 위도와 경도 정보를 이용하겠습니다.

```
In [112]:   map = folium.Map(location=[37.5502, 126.982], zoom_start=11)

            for n in crime_anal_raw.index:
                folium.Marker([crime_anal_raw['lat'][n],
                               crime_anal_raw['lng'][n]]).add_to(map)

            map
```

Out[112]:

이렇게 경찰서의 위치만 먼저 확인했습니다.

```
In [113]:  map = folium.Map(location=[37.5502, 126.982], zoom_start=11)

           for n in crime_anal_raw.index:
               folium.CircleMarker([crime_anal_raw['lat'][n], crime_anal_raw['lng'][n]],
                                   radius = crime_anal_raw['검거'][n]*10,
                                   color='#3186cc', fill_color='#3186cc').add_to(map)

           map
```

이제 검거에 정당한 값(10)을 곱해서 원 넓이를 정하고, 경찰서의 검거율을 원의 넓이로 표현하겠습니다.

Out [113]:

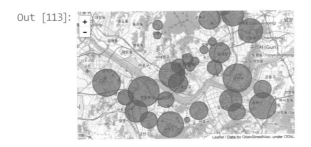

이러면 이제 각 경찰서의 위치에서 넓은 원을 가지면 검거율이 높다고 보면 됩니다. 마치 경찰서별 범죄에 대한 방어력이 미치는 범위처럼 보이네요. 이제 색상을 붉은 색으로 해서 범죄 발생 건수를 넣으면 될 듯합니다.

```
In [114]:   map = folium.Map(location=[37.5502, 126.982], zoom_start=11)

            map.choropleth(geo_data = geo_str,
                        data = crime_anal_norm['범죄'],
                        columns = [crime_anal_norm.index, crime_anal_norm['범죄']],
                        fill_color = 'PuRd', #PuRd, YlGnBu
                        key_on = 'feature.id')

            for n in crime_anal_raw.index:
                folium.CircleMarker([crime_anal_raw['lat'][n], crime_anal_raw['lng'][n]],
                            radius = crime_anal_raw['검거'][n]*10,
                            color='#3186cc', fill_color='#3186cc').add_to(map)

            map
```

이렇게 구현할 수 있습니다. 큰 어려움 없이 두 종류의 코드를 단순히 배치만 시켰습니다.

Out [114]:

그 결과입니다. 범죄가 많이 일어날수록 붉은색이고, 그 속에서 방어력(?)이 높을수록 큰 원을 가진 경찰서들이 배치됩니다. 그러면 서울 서부는 범죄는 많이 발생하지만 방어력 또한 높습니다. 서울 강북의 중앙부(중구, 중랑구 등)는 경찰서의 검거율도 높지 않지만, 범죄 발생 건수도 높지 않습니다.

비록 파이썬을 연습하는 과정에서 수행하는 주제입니다만, 우리는 이번 장에서 서울시 강남 3구 주민들이 자신의 구가 안전하다고 느낀다는 기사에 대해 검증했습니다. 이것저것 조사하고 관찰해도 강남 3구가 실제로 안전한지는 의문이 듭니다. 아마 많은 유흥업소들이 밀집해 있으니 범죄 발생율은 높겠지만 거주 지역에서는 발생 건수가 낮을 수도 있을 것 같다는 생각도 듭니다. 그 이유까지 조사하는 건 숙제로 남겨두겠습니다.

3장 시카고 샌드위치 맛집 분석

3장 · 시카고 샌드위치 맛집 분석

2장까지 우리가 다룬 데이터는 엑셀이든 텍스트든 파일의 형태였습니다. 그리고 우리는 파이썬과 몇몇 모듈의 기초에 집중하면서 뭔가 성과를 얻기 위해 노력했습니다. 이제 3장부터는 데이터를 인터넷에서 직접 얻는 과정을 이야기하려 합니다. 이를 거창하게 웹 스크래핑(Web Scraping)이라고 하지 않더라도 단지 원하는 정보 한 줄을 얻는 과정이라도 기초를 알고 가야 합니다. 1, 2장과 달리 이번 장은 인터넷에서 웹 페이지의 내용을 가져오는 Beautiful Soup라는 모듈의 기초부터 익히고, 이번 장의 목표인 시카고 샌드위치 맛집 리스트를 정리하려고 합니다. 물론 그 과정에서도 익히고 배워야 할 것이 있습니다.

+++ 3-1 웹 데이터를 가져오는 Beautiful Soup 익히기 +++

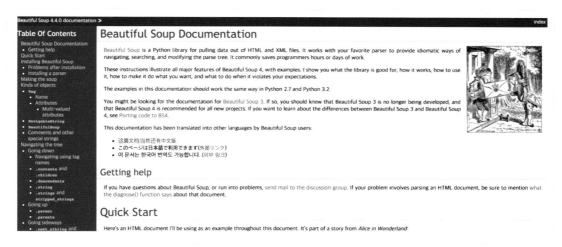

그림 3-1 Beautiful Soup 공식 홈페이지

Beautiful Soup는 Anaconda에 이미 포함되어 배포되므로 바로 사용할 수 있습니다. https://github.com/PinkWink/DataScience/tree/master/data에 있는 02. test_first.html을 다운받아 data 폴더에 복사하고 다음 예제를 진행합니다. 먼저 다운받은 html 파일은 아래와 같은 내용으로 되어 있습니다.

```
<!DOCTYPE html>
<html>
 <head>
  <title>
   Very Simple HTML Code by PinkWink
```

```
  </title>
 </head>
 <body>
  <div>
   <p class="inner-text first-item" id="first">
    Happy PinkWink.
    <a href="http://www.pinkwink.kr" id="pw-link">
     PinkWink
    </a>
   </p>
   <p class="inner-text second-item">
    Happy Data Science.
    <a href="https://www.python.org" id="py-link">
     Python
    </a>
   </p>
  </div>
  <p class="outer-text first-item" id="second">
   <b>
    Data Science is funny.
   </b>
  </p>
  <p class="outer-text">
   <b>
    All I need is Love.
   </b>
  </p>
 </body>
</html>
```

위 코드는 HTML 언어로 만들어진 예제 코드입니다. 우리가 이 책에서 HTML 언어에 대해 공부하는 것은 아니지만 웹 스크래핑을 위해서는 어느 정도는 알고 있어야 합니다. 그러나 이번 절에서 Beautiful Soup의 기능을 학습하다 보면 어느 정도 알 수 있습니다. 이 책은 목표를 이루기 위해 딱 필요한 만큼 먼저 학습하고 보다 심화 내용은 데이터 분석이 익숙해지면 학습하는 것이기 때문에 모르는 부분은 넘어가도 되겠습니다.

In [1]: from bs4 import BeautifulSoup

Beautiful Soup에서 bs4를 import합니다.

```
In [2]:    page = open("../data/03. test_first.html",'r').read()
           soup = BeautifulSoup(page, 'html.parser')
           print(soup.prettify())

           <!DOCTYPE html>
           <html>
            <head>
             <title>
              Very Simple HTML Code by PinkWink
             </title>
            </head>
            <body>
             <div>
              <p class="inner-text first-item" id="first">
               Happy PinkWink.
               <a href="http://www.pinkwink.kr" id="pw-link">
                PinkWink
               </a>
```

지금은 파일로 다운받은 html을 읽는 것이기 때문에 open 명령으로 읽기 옵션('r')을 주고 읽으면 됩니다. 읽은 html 페이지의 내용을 전체 다 보고 싶으면 .prettify()라는 옵션을 사용하면 들여쓰기가 되어 보기 좋게 나타납니다. 지금 위 코드에서 예제로 사용되는 전체 html 코드를 soup라는 변수에 저장했는데, 그 soup라는 변수에서 한 단계 아래에서 포함된 태그들을 알고 싶으면 children이라는 속성을 사용하면 됩니다.

```
In [3]:    list(soup.children)
```

```
Out[3]:    ['html', '\n', <html>
           <head>
           <title>Very Simple HTML Code by PinkWink</title>
           </head>
           <body>
           <div>
           <p class="inner-text first-item" id="first">
                       Happy PinkWink.
                       <a href="http://www.pinkwink.kr" id="pw-link">PinkWink</a>
           </p>
           <p class="inner-text second-item">
                       Happy Data Science.
                       <a href="https://www.python.org" id="py-link">Python</a>
           </p>
```

```
        </div>
        <p class="outer-text first-item" id="second">
        <b>
```

이때 soup는 문서 전체를 저장한 변수이기 때문에 그 안에서 html 태그에 접속하고 싶다면,

```
In [4]:   html = list(soup.children)[2]
          html
```

위와 같이 접근할 수 있습니다.

```
Out[4]:   ['html', '\n', <html>
          <head>
          <title>Very Simple HTML Code by PinkWink</title>
          </head>
          <body>
          <div>
          <p class="inner-text first-item" id="first">
                       Happy PinkWink.
                       <a href="http://www.pinkwink.kr" id="pw-link">PinkWink</a>
          </p>
          <p class="inner-text second-item">
                       Happy Data Science.
                       <a href="https://www.python.org" id="py-link">Python</a>
          </p>
          </div>
          <p class="outer-text first-item" id="second">
          <b>
                       Data Science is funny.
                  </b>
          </p>
          <p class="outer-text">
          <b>
                       All I need is Love.
                  </b>
          </p>
          </body>
          </html>]
```

그러면 위와 같은 결과를 얻게 됩니다. 다시 html의 children을 조사해보면

```
In [5]:   list(html.children)

Out[5]:   ['\n', <head>
          <title>Very Simple HTML Code by PinkWink</title>
          </head>, '\n', <body>
          <div>
          <p class="inner-text first-item" id="first">
                      Happy PinkWink.
                      <a href="http://www.pinkwink.kr" id="pw-link">PinkWink</a>
          </p>
          <p class="inner-text second-item">
                      Happy Data Science.
                      <a href="https://www.python.org" id="py-link">Python</a>
          </p>
          </div>
          <p class="outer-text first-item" id="second">
          <b>
                          Data Science is funny.
                  </b>
          </p>
          <p class="outer-text">
          <b>
                          All I need is Love.
                  </b>
          </p>
          </body>, '\n']
```

이렇게 나타납니다. 우리가 본문으로 흔히 보게 되는 부분이 body 태그의 내용입니다. 코드 [5] 상태
에서 한 번 더 html의 children 중 3번을 조사해보면 body 태그가 나타납니다.

```
In [6]:   body = list(html.children)[3]
          body

Out[6]:   <body>
          <div>
          <p class="inner-text first-item" id="first">
                      Happy PinkWink.
                      <a href="http://www.pinkwink.kr" id="pw-link">PinkWink</a>
          </p>
          <p class="inner-text second-item">
```

```
                  Happy Data Science.
                      <a href="https://www.python.org" id="py-link">Python</a>
</p>
</div>
<p class="outer-text first-item" id="second">
<b>
                  Data Science is funny.
           </b>
</p>
<p class="outer-text">
<b>
                  All I need is Love.
           </b>
</p>
</body>
```

이렇게 children과 parent를 이용해서 태그를 조사할 수 있고 그냥 한 번에 나타낼 수도 있습니다.

In [7]:   soup.body

Out[7]:   ```
<body>
<div>
<p class="inner-text first-item" id="first">
                  Happy PinkWink.
                      <a href="http://www.pinkwink.kr" id="pw-link">PinkWink</a>
</p>
<p class="inner-text second-item">
                  Happy Data Science.
                      <a href="https://www.python.org" id="py-link">Python</a>
</p>
</div>
<p class="outer-text first-item" id="second">
<b>
                  Data Science is funny.
           </b>
</p>
<p class="outer-text">
<b>
                  All I need is Love.
           </b>
</p>
</body>
```
```

이렇게 바로 찾을 수도 있습니다.

```
In [8]:   list(body.children)

Out[8]:   ['\n', <div>
          <p class="inner-text first-item" id="first">
                  Happy PinkWink.
                  <a href="http://www.pinkwink.kr" id="pw-link">PinkWink</a>
          </p>
          <p class="inner-text second-item">
                  Happy Data Science.
                  <a href="https://www.python.org" id="py-link">Python</a>
          </p>
          </div>, '\n', <p class="outer-text first-item" id="second">
          <b>
                  Data Science is funny.
                      </b>
          </p>, '\n', <p class="outer-text">
          <b>
                  All I need is Love.
                      </b>
          </p>, '\n']
```

또한 body 태그 안에 children의 리스트를 확인할 수 있습니다. 리스트 자료형에 대해서는 뒤에서 다시 다루겠습니다. 지금은 그냥 배열 정도로 생각하고 넘어가겠습니다. 위 코드에서 접근한 대로 단계별로 접근하고 다시 그 구조를 코드 속에 담아두는 것은 체계적으로 생각하고 접근할 수 있는 장점이 있지만, 복잡하고 큰 크기의 페이지를 접근하는 것에는 쉽지 않습니다. 만약 접근해야 할 태그를 알고 있다면 find나 find_all 명령을 많이 사용하게 됩니다.

```
In [10]:   soup.find_all('p')

Out[10]:   [<p class="inner-text first-item" id="first">
                  Happy PinkWink.
                      <a href="http://www.pinkwink.kr" id="pw-link">PinkWink</a>
          </p>, <p class="inner-text second-item">
                  Happy Data Science.
                      <a href="https://www.python.org" id="py-link">Python</a>
          </p>, <p class="outer-text first-item" id="second">
          <b>
```

```
                    Data Science is funny.
               </b>
     </p>, <p class="outer-text">
     <b>
                    All I need is Love.
               </b>
     </p>]
```

위와 같이 모든 p 태그를 찾는 것입니다. 물론 하나만 찾을 때는 find 명령을 사용할 수 있습니다.

```
In [11]:   soup.find('p')

Out[11]:   <p class="inner-text first-item" id="first">
               Happy PinkWink.
               <a href="http://www.pinkwink.kr" id="pw-link">PinkWink</a>
           </p>
```

이렇게 사용하면 제일 첫 번째 p 태그를 찾아줍니다.

```
In [12]:   soup.find_all('p', class_='outer-text')

Out[12]:   [<p class="outer-text first-item" id="second">
             <b>
                  Data Science is funny.
                     </b>
           </p>, <p class="outer-text">
             <b>
                  All I need is Love.
                     </b>
           </p>]
```

이렇게 p 태그의 class가 outer-text인 것을 찾는 것도 가능합니다.

```
In [13]:   soup.find_all(class_="outer-text")
```

```
Out[13]:   [<p class="outer-text first-item" id="second">
           <b>
                   Data Science is funny.
                       </b>
           </p>, <p class="outer-text">
           <b>
                   All I need is Love.
                       </b>
           </p>]
```

혹은 그냥 class 이름으로만 outer-text를 찾을 수도 있습니다.

```
In [14]:   soup.find_all(id="first")
```

```
Out[14]:   [<p class="inner-text first-item" id="first">
                   Happy PinkWink.
                   <a href="http://www.pinkwink.kr" id="pw-link">PinkWink</a>
               </p>]
```

또 id가 first인 태그들을 찾을 수도 있습니다.

```
In [15]:   soup.find('p')
```

```
Out[15]:   <p class="inner-text first-item" id="first">
                   Happy PinkWink.
                   <a href="http://www.pinkwink.kr" id="pw-link">PinkWink</a>
           </p>
```

그러나 find 명령은 제일 처음 나타난 태그만 찾아주기 때문에 그 다음 태그만 찾고 싶을 때는 다른 방법을 사용해야 합니다.

```
In [17]:   soup.head
```

```
Out[17]:   <head>
           <title>Very Simple HTML Code by PinkWink</title>
           </head>
```

soup의 head에 있는 내용입니다. 여기서 next_sibling이라는 명령을 사용할 수 있습니다.

```
In [18]:    soup.head.next_sibling
```

```
Out[18]:    '\n'
```

soup의 head 다음에 줄바꿈 문자가 있습니다.

```
In [20]:    soup.head.next_sibling.next_sibling
```

```
Out[20]:    <body>
            <div>
            <p class="inner-text first-item" id="first">
                        Happy PinkWink.
                        <a href="http://www.pinkwink.kr" id="pw-link">PinkWink</a>
            </p>
            <p class="inner-text second-item">
                        Happy Data Science.
                        <a href="https://www.python.org" id="py-link">Python</a>
            </p>
            </div>
            <p class="outer-text first-item" id="second">
            <b>
                        Data Science is funny.
                    </b>
            </p>
            <p class="outer-text">
            <b>
                        All I need is Love.
                    </b>
            </p>
            </body>
```

다시 한 번 더 이렇게 head와 같은 위치에 있던 body 태그로 접근할 수 있습니다.

```
In [21]:    body.p
```

```
Out[21]:    <p class="inner-text first-item" id="first">
                    Happy PinkWink.
                    <a href="http://www.pinkwink.kr" id="pw-link">PinkWink</a>
            </p>
```

또한 제일 처음 나타나는 p 태그에 대해,

```
In [22]:    body.p.next_sibling.next_sibling
```

```
Out[22]:    <p class="inner-text second-item">
                    Happy Data Science.
                    <a href="https://www.python.org" id="py-link">Python</a>
            </p>
```

위와 같이 next_sibling을 두 번 걸면 그 다음 p 태그로 이동할 수 있다는 것을 알 수 있습니다.

```
In [23]:    for each_tag in soup.find_all('p'):
                print(each_tag.get_text())

                Happy PinkWink.
                PinkWink

                Happy Data Science.
                Python

                Data Science is funny.
                All I need is Love.
```

또 get_text() 명령으로 태그 안에 있는 텍스트만 가지고 올 수 있습니다.

```
In [24]:    body.get_text()
```

```
Out[24]:    '\n\n\n              Happy PinkWink.\n              PinkWink\n\n\n
            Happy Data Science.\n              Python\n\n\n\n              Data Science is
            funny.\n              \n\n\n\n              All I need is Love.\n'
```

body 전체에서 get_text()를 하면 태그가 있던 자리는 줄바꿈(\n)이 표시되고 전체 텍스트를 보여줍니다.

```
In [25]:    links = soup.find_all('a')
            links
```

```
Out[25]:    [<a href="http://www.pinkwink.kr" id="pw-link">PinkWink</a>,
             <a href="https://www.python.org" id="py-link">Python</a>]
```

클릭 가능한 링크를 의미하는 a 태그를 찾았습니다.

```
In [26]:  for each in links:
              href = each['href']
              text = each.string
              print(text + ' -> ' + href)

          PinkWink -> http://www.pinkwink.kr
          Python -> https://www.python.org
```

거기서 href 속성을 찾으면 링크 주소를 얻을 수 있습니다.

+++ 3-2 크롬 개발자 도구를 이용해서 원하는 태그 찾기 +++

그림 3-2 네이버의 금융 정보 사이트

웹 페이지의 태그를 beautiful soup의 결과만 보면서 확인할 수는 없습니다. 원하는 곳의 태그가 무엇인지 확인하는 방법 중 간편한 방법이 웹 브라우저인 크롬의 개발자 도구를 사용하는 것입니다. 일단 그림 3-2의 http://info.finance.naver.com/marketindex/로 접속합니다. 거기서 미국 USB 1,144.00원 이라는 글자에서 환율을 가져오려고 합니다.

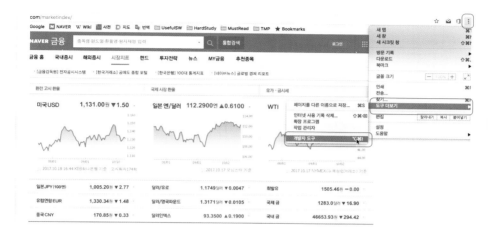

그림 3-3 크롬 개발자 도구를 작동시키는 화면

먼저 크롬에서 그림 3-3의 제일 우측 상단의 기능 메뉴를 누르고 '도구 더보기'를 선택한 후 '개발자 도구'를 선택하면 됩니다.

그림 3-4 크롬 개발자 도구를 사용해서 원하는 곳의 태그를 확인하는 장면

그림 3-4에서처럼 ①번 버튼을 누르고, ②번과 같이 내가 알고 싶은 곳을 클릭하면, ③번에 나타나는 것처럼 코드를 찾아줍니다. 그리고 ③번에서 혹시 모르니 아래 위로 움직여보면 내가 얻어야 할 태그

가 명확해집니다.

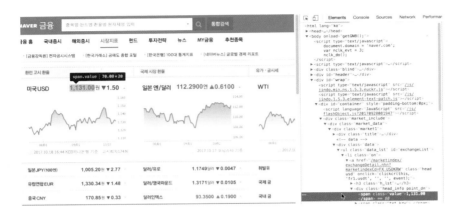

그림 3-5 원하는 태그를 찾은 모습

그러면 그림 3-5에 보이는 대로 최종적으로 span 태그의 value라는 class를 얻으면 되겠습니다.

```
In [27]:   from urllib.request import urlopen
```

먼저 url로 접근하는 경우 urllib에서 urlopen이라는 함수를 import해둡니다.

```
In [28]:   url = "http://info.finance.naver.com/marketindex/"
           page = urlopen(url)

           soup = BeautifulSoup(page, "html.parser")

           print(soup.prettify())
```

그리고 해당 페이지를 읽어옵니다. prettify()로 print()를 해도 사실 확인하기는 쉽지 않습니다. 어차피 우리는 그림 3-5에서 접근해야 할 태그를 알아 두었으니 아래와 같이 접근하면 됩니다.

```
In [29]:   soup.find_all('span', 'value')[0].string
```

```
Out[29]:   '1,127.00'
```

혹시 몰라서 find_all로 찾고 리스트로 결과가 반환되니까 첫 번째를 선택하도록 했습니다.

+++ 3-3 실전: 시카고 샌드위치 맛집 소개 사이트에 접근하기 +++

이제 시카고의 베스트 샌드위치 가게를 소개하고 있는 시카고 매거진 홈페이지[1]에 접속해서 샌드위치 가게 정보를 얻어올 생각입니다.

그림 3-6 시카고 매거진의 샌드위치 맛집 소개 페이지

일단, 접속 주소는 https://goo.gl/wAtv1s입니다. 원래 긴 주소인데 구글의 URL Shortener[2] 를 사용했습니다. 그렇게 접속한 사이트(그림 3-6)에서 하단으로 스크롤하면 그림 3-7과 같은 내용이 나타납니다.

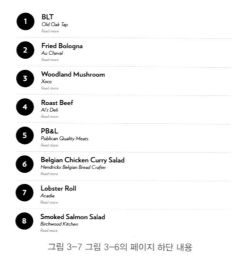

그림 3-7 그림 3-6의 페이지 하단 내용

---

[1] http://www.chicagomag.com/

[2] https://goo.gl/

그림 3-7의 내용이 바로 우리가 얻고 싶은 샌드위치 가게의 정보입니다. 메뉴의 이름과 가게의 이름이 있습니다. 그리고 Read More라는 버튼을 누르면 시카고 매거진에서 각 가게를 리뷰한 페이지로 넘어가게 됩니다. 일단 목표는 가게 이름, 가게 메인 메뉴, 각 가게 소개 페이지를 정리하는 것으로 하겠습니다.

앞서 3-2절에서 수행한 대로 크롬 개발자 도구를 이용해서 그림 3-7의 BLT를 클릭합니다. 그러면 그림 3-8처럼 찾으려는 태그가 나타납니다. 그림 3-8의 하이라이트는 ⟨a⟩ 태그에 되어 있지만 실제 사용해야 할 태그는 그 위의 div 태그에 class sammy이거나 sammyListing일 것입니다. 마우스로 태그를 클릭해보면 그림 3-9처럼 해당하는 부분이 나타나므로 쉽게 원하는 곳을 찾을 수 있습니다.

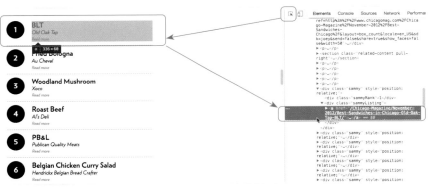

그림 3-8 샌드위치 소개 페이지에서 목록 위치의 태그 확인하기

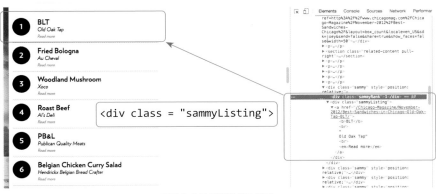

그림 3-9 더 정확한 태그 찾기

```
In [30]:   from bs4 import BeautifulSoup
           from urllib.request import urlopen

           url_base = 'http://www.chicagomag.com'
           url_sub = '/Chicago-Magazine/November-2012/Best-Sandwiches-Chicago/'
           url = url_base + url_sub

           html = urlopen(url)
           soup = BeautifulSoup(html, "html.parser")

           soup
```

위 코드를 입력하면 전체 html 코드를 다 받게 됩니다. 그리고 url_base, url_sub로 분리하고 다시 url 로 합친 이유는 단지 책에서 표현하려다 보니 한 페이지에 주소가 다 안 나와서 입니다.

```
In [31]:   print(soup.find_all('div', 'sammy'))

           [<div class="sammy" style="position: relative;">
           <div class="sammyRank">1</div>
           <div class="sammyListing"><a href="/Chicago-Magazine/November-2012/Best-Sandwiches-in-
           Chicago-Old-Oak-Tap-BLT/"><b>BLT</b><br/>
           Old Oak Tap<br/>
           <em>Read more</em> </a></div>
           </div>, <div class="sammy" style="position: relative;">
           <div class="sammyRank">2</div>
           <div class="sammyListing"><a href="/Chicago-Magazine/November-2012/Best-Sandwiches-in-
           Chicago-Au-Cheval-Fried-Bologna/"><b>Fried Bologna</b><br/>
           Au Cheval<br/>
           <em>Read more</em> </a></div>
           </div>, <div class="sammy" style="position: relative;">
           <div class="sammyRank">3</div>
           <div class="sammyListing"><a href="/Chicago-Magazine/November-2012/Best-Sandwiches-in-
           Chicago-Xoco-Woodland-Mushroom/"><b>Woodland Mushroom</b><br/>
           Xoco<br/>
           <em>Read more</em> </a></div>
           </div>, <div class="sammy" style="position: relative;">
```

그림 3-9에서 확인한 태그를 이용해서 find_all 명령을 이용해서 div의 Sammy 태그를 찾아 보았습니다. 내용을 유심히 보니 우리가 찾으려고 하던 내용이 맞는 것 같습니다. 더 확실히 하기 위해 len 명령으로 길이를 확인해 보면 50이라고 나타납니다.

```
In [32]:  len(soup.find_all('div', 'sammy'))
```

```
Out[32]:  50
```

애초 시카고 매거진의 기사 제목에 있지만 맛집 50개이므로 저 길이가 50이라면 일단 정확하게 찾은 것 같습니다. 그중 첫 번째 것만 확인해보면 원하던 정보가 다 있는 걸로 보입니다.

```
In [33]:  print(soup.find_all('div', 'sammy')[0])

          <div class="sammy" style="position: relative;">
          <div class="sammyRank">1</div>
          <div class="sammyListing"><a href="/Chicago-Magazine/November-2012/Best-Sandwiches-in-
          Chicago-Old-Oak-Tap-BLT/"><b>BLT</b><br/>
          Old Oak Tap<br/>
          <em>Read more</em> </a></div>
          </div>
```

+++ 3-4 접근한 웹 페이지에서 원하는 데이터 추출하고 정리하기 +++

그럼 이제 div의 sammy 태그에서 우리가 원하는 정보를 얻는 과정을 보겠습니다.

```
In [34]:  tmp_one = soup.find_all('div', 'sammy')[0]
          type(tmp_one)
```

```
Out[34]:  bs4.element.Tag
```

find_all로 찾은 결과는 bs4.element.Tag라고 하는 형태로 이런 경우 그 변수에 다시 태그로 찾는 (find, find_all) 명령을 사용할 수 있습니다.

```
In [35]:  tmp_one.find(class_='sammyRank')
```

```
Out[35]:  <div class="sammyRank">1</div>
```

그래서 find 명령을 한 번 더 사용하고 sammyRank를 찾아보면 나타납니다. 여기서 text만 취하면 됩니다.

```
In [36]:    tmp_one.find(class_='sammyRank').get_text()

Out[36]:    '1'
```

get_text() 명령을 사용하면 됩니다. 그러면 랭킹은 얻을 수 있습니다.

```
In [37]:    tmp_one.find(class_='sammyListing').get_text()

Out[37]:    'BLT\r\nOld Oak Tap\nRead more'
```

이제 sammyListing을 얻으면 메뉴 이름과 가게 이름이 비록 같이 나오긴 했지만 얻게 되었습니다.

```
In [38]:    tmp_one.find('a')['href']

Out[38]:    '/Chicago-Magazine/November-2012/Best-Sandwiches-in-Chicago-Old-Oak-Tap-BLT/'
```

또 a 태그에서 href 정보를 가지고 클릭했을 때 연결될 주소도 저장할 수 있습니다.

코드 [37]의 경우는 메뉴 이름과 가게 이름이 같이 있어서 분리해야 합니다. 저 구조에서 쉽게 접근해
볼 수 있는 것 중 하나가 '정규식(Regular Express)'입니다. 정규식이라고 너무 어렵게 받아들일 필요
는 없습니다. 이 책의 기본적인 기조는 '필요한 건 의미만 파악되면 가져다 쓰자'입니다.

```
In [39]:    import re

            tmp_string = tmp_one.find(class_='sammyListing').get_text()

            re.split(('\n|\r\n'), tmp_string)

            print(re.split(('\n|\r\n'), tmp_string)[0])
            print(re.split(('\n|\r\n'), tmp_string)[1])

            BLT
            Old Oak Tap
```

먼저 당연히 정규식을 쓰기 위해 import re를 수행합니다. 그리고 re에서 사용할 명령은 딱 하나 split
입니다. 말 그대로 내가 지정한 특정 패턴이 일치하면 분리시킵니다. 저는 \n이거나, \r\n이면 분리시

키고 싶습니다. 그래서 OR 연산자(| - 통상 키보드에서 엔터 키 위에 있는 \ 기호와 함께 있는 문자)까지 사용해서 re.split(('\n|\r\n', tmp_string)이라고 명령했습니다. 그러면 그 결과가 두 개가 되는데 첫 번째 것을 메뉴 이름으로, 두 번째 것을 가게 이름으로 하면 됩니다.

또 코드 [38]의 결과가 다른 49개에 적용했을 때 항상 동일하지 않습니다. 그 결과가 어떤 경우는 상대 경로로, 또 어떤 경우는 절대경로로 나오기 때문입니다. 이럴 때 사용하는 것이 urllib에 있는 urljoin 이라는 명령입니다. 이 명령을 이용하면 절대경로로 잡힌 url은 그대로 두고 상대경로로 잡힌 url은 절대경로로 변경할 수 있습니다.

```
In [41]:  rank = []
          main_menu = []
          cafe_name = []
          url_add = []

          list_soup = soup.find_all('div', 'sammy')

          for item in list_soup:
              rank.append(item.find(class_='sammyRank').get_text())

              tmp_string = item.find(class_='sammyListing').get_text()

              main_menu.append(re.split(('\n|\r\n'), tmp_string)[0])
              cafe_name.append(re.split(('\n|\r\n'), tmp_string)[1])

              url_add.append(urljoin(url_base, item.find('a')['href']))
```

위 코드는 먼저 랭크 순위(rank), 메인 메뉴 이름(main_menu), 카페 이름(café_name), 각각의 접근 주소(url_add)를 저장할 빈 list를 두었습니다. 그리고 find_all('div', 'sammy')로 찾은 50개의 정보를 가지고 반복문(for)을 돌리면서 방금 했던 내용인 각각의 정보를 .append 명령으로 빈 리스트에 하나씩 추가하도록 했습니다. 이 코드가 다 수행되고 나면,

```
In [42]:  rank[:5]

Out[42]:  ['1', '2', '3', '4', '5']
```

순위도 잘 저장되어 있고,

```
In [43]:   main_menu[:5]
```

```
Out[43]:   ['BLT', 'Fried Bologna', 'Woodland Mushroom', 'Roast Beef', 'PB&L']
```

메뉴 이름도,

```
In [44]:   cafe_name[:5]
```

```
Out[44]:   ['Old Oak Tap', 'Au Cheval', 'Xoco', 'Al's Deli', 'Publican Quality Meats']
```

카페 이름도 잘 받아왔습니다.

```
In [45]:   url_add[:5]
```

```
Out[45]:   ['http://www.chicagomag.com/Chicago-Magazine/November-2012/Best-Sandwiches-in-Chicago-
           Old-Oak-Tap-BLT/',
            'http://www.chicagomag.com/Chicago-Magazine/November-2012/Best-Sandwiches-in-Chicago-
           Au-Cheval-Fried-Bologna/',
            'http://www.chicagomag.com/Chicago-Magazine/November-2012/Best-Sandwiches-in-Chicago-
           Xoco-Woodland-Mushroom/',
            'http://www.chicagomag.com/Chicago-Magazine/November-2012/Best-Sandwiches-in-Chicago-
           Als-Deli-Roast-Beef/',
            'http://www.chicagomag.com/Chicago-Magazine/November-2012/Best-Sandwiches-in-Chicago-
           Publican-Quality-Meats-PB-L/']
```

마지막으로 url도 잘 왔습니다.

```
In [46]:   len(rank), len(main_menu), len(cafe_name), len(url_add)
```

```
Out[46]:   (50, 50, 50, 50)
```

혹시나 하고 네 개의 변수의 길이를 조사해도 괜찮아 보입니다. 이제 이 데이터를 4개의 리스트에 저장할 수는 없으니 pandas를 이용하도록 하겠습니다.

In [47]: import pandas as pd

         data = {'Rank':rank, 'Menu':main_menu, 'Cafe':cafe_name, 'URL':url_add}
         df = pd.DataFrame(data)
         df.head()

이렇게 각 컬럼의 이름을 정의하고 해당 자료를 알려주면 됩니다.

Out[47]:

	Cafe	Menu	Rank	URL
0	Old Oak Tap	BLT	1	http://www.chicagomag.com/Chicago-Magazine/Nov...
1	Au Cheval	Fried Bologna	2	http://www.chicagomag.com/Chicago-Magazine/Nov...
2	Xoco	Woodland Mushroom	3	http://www.chicagomag.com/Chicago-Magazine/Nov...
3	Al's Deli	Roast Beef	4	http://www.chicagomag.com/Chicago-Magazine/Nov...
4	Publican Quality Meats	PB&L	5	http://www.chicagomag.com/Chicago-Magazine/Nov...

잘 나타난 것 같습니다. pandas로 정리도 잘 됐습니다. 그런데 하나 아쉬운 것은 컬럼의 순서입니다. 그래서 그 순서도 보기 좋게 정리합니다.

In [48]: df = pd.DataFrame(data, columns=['Rank','Cafe','Menu','URL'])
         df.head(5)

어렵지 않습니다.

Out[48]:

	Rank	Cafe	Menu	URL
0	1	Old Oak Tap	BLT	http://www.chicagomag.com/Chicago-Magazine/Nov...
1	2	Au Cheval	Fried Bologna	http://www.chicagomag.com/Chicago-Magazine/Nov...
2	3	Xoco	Woodland Mushroom	http://www.chicagomag.com/Chicago-Magazine/Nov...
3	4	Al's Deli	Roast Beef	http://www.chicagomag.com/Chicago-Magazine/Nov...
4	5	Publican Quality Meats	PB&L	http://www.chicagomag.com/Chicago-Magazine/Nov...

이렇게 결과가 나타납니다. 이렇게 일차적으로 한 페이지에서 각 원하는 부분의 데이터를 읽어와서 다시 원하는 형태로 정리를 완료했습니다. 여기서 한 단계 더 나가도록 하겠습니다. 그 전에 혹시 모르니 먼저 저장합니다.

```
In [49]:   df.to_csv('../data/03. best_sandwiches_list_chicago.csv', sep=',',
               encoding='UTF-8')
```

+++ 3-4 다수의 웹 페이지에 자동으로 접근해서 원하는 정보 가져오기 +++

3-3절까지 시카고 매거진에서 시카고의 베스트 샌드위치 가게 50개에 대한 정보를 가져오는 페이지를 만들었습니다. html 페이지로는 하나여서 페이지 간 이동은 필요가 없었습니다. 그저 한 페이지의 내용을 잘 이해하고 가져오면 되는데, 그림 3-7에서 이야기한 대로 세부 메뉴를 설명하는 곳을 클릭하면 각각의 또 다른 매거진 기사로 연결됩니다.

그림 3-10 그림 3-7에서 각 메뉴를 클릭했을 때 화면

그림 3-11 그림 3-10에서 화면을 하단으로 스크롤했을 때 화면

각 메뉴는 그림 3-10처럼 새로운 페이지로 열립니다. 그 페이지 하단으로 가면 그림 3-11에 나와 있는 형태로 출력됩니다. 이전 장에서 배운 대로 크롬 개발자 도구를 이용해서 그림 3-12처럼 태그를 찾으면 p 태그에 addy class인 것을 알 수 있습니다.

그림 3-12 가격과 주소 및 전화번호 정보가 있는 태그 확인하기

혹시 쉬었다가 진행하는 분이 있다면,

```
In [50]:  from bs4 import BeautifulSoup
          from urllib.request import urlopen

          import pandas as pd
```

이 모듈들을 import하면 됩니다.

```
In [51]:  df = pd.read_csv('../data/03. best_sandwiches_list_chicago.csv', index_col=0)
          df.head()
```

Out[51]:

	Rank	Cafe	Menu	URL
0	1	Old Oak Tap	BLT	http://www.chicagomag.com/Chicago-Magazine/Nov...
1	2	Au Cheval	Fried Bologna	http://www.chicagomag.com/Chicago-Magazine/Nov...
2	3	Xoco	Woodland Mushroom	http://www.chicagomag.com/Chicago-Magazine/Nov...
3	4	Al's Deli	Roast Beef	http://www.chicagomag.com/Chicago-Magazine/Nov...
4	5	Publican Quality Meats	PB&L	http://www.chicagomag.com/Chicago-Magazine/Nov...

이전에 작업했던 것을 읽어옵니다. 위 표에서 URL 컬럼에 있는 내용을 50개 읽어서 각 페이지에서 가게 주소, 대표 샌드위치 가격, 가게 전화번호를 얻는 것입니다. 그러면 첫 번째 URL 정보를 확인하고 연습 삼아 진행한 다음 50개에 대해 반복문을 적용하겠습니다.

```
In [52]:  df['URL'][0]
```

Out[52]: 'http://www.chicagomag.com/Chicago-Magazine/November-2012/Best-Sandwiches-in-Chicago-Old-Oak-Tap-BLT/'

첫 번째 URL이 있습니다. 시카고 매거진의 또 다른 페이지입니다. 이 주소를 Beautiful Soup로 읽습니다.

```
In [53]:  html = urlopen(df['URL'][0])
          soup_tmp = BeautifulSoup(html, "html.parser")
          soup_tmp
```

Out[53]: <!DOCTYPE doctype html>

```
<html lang="en">
<head>
<!-- Urbis magnitudo. Fabulas magnitudo. -->
<meta charset="utf-8"/>
<style>a.edit_from_site {display: none !important;}</style>
<title>
  1. Old Oak Tap BLT |
```

이 상태에서 그림 3-12에서 확인했던 태그를 이용해서 찾습니다.

```
In [54]:   print(soup_tmp.find('p', 'addy'))

           <p class="addy">
           <em>$10. 2109 W. Chicago Ave., 773-772-0406, <a href="http://www.theoldoaktap.
           com/">theoldoaktap.com</a></em></p>
```

원하는 정보가 다 있습니다. 주소와 가격과 전화번호까지 있습니다. 그럼 이 상태에서 텍스트(text)로 가지고 와서 빈 칸으로 나누면 될 것 같습니다.

```
In [55]:   price_tmp = soup_tmp.find('p', 'addy').get_text()
           price_tmp

Out[55]:   '\n$10. 2109 W. Chicago Ave., 773-772-0406, theoldoaktap.com'
```

일단 .get_text()로 가지고 왔습니다. 원하는 내용은 다 있습니다.

```
In [56]:   price_tmp.split()

Out[56]:   ['$10.', '2109', 'W.', 'Chicago', 'Ave.,', '773-772-0406,', 'theoldoaktap.com']
```

그리고 split()을 적용해보면 위 결과처럼 나타납니다. 여기서 빨리 눈치를 채야 하는 것은 가격은 제일 첫 번째라는 것입니다. 그리고 가운데가 주소의 체계에 따라 칸 수가 바뀔 수는 있지만 제일 뒤는 웹 주소고, 제일 뒤에서 두 번째는 전화번호입니다. 파이썬 리스트에서 제일 뒤는 -1로 호출할 수 있습니다. 일단 먼저 가격을 가지고 왔습니다.

```
In [57]:   price_tmp.split()[0]

Out[57]:   '$10.'
```

맨 뒤에 점(.)이 항상 붙어서 아래와 같이 사용하기로 합니다.

```
In [58]:   price_tmp.split()[0][:-1]

Out[58]:   '$10'
```

이제 코드 [105]를 기준으로 두 번째부터 맨 마지막에서 세 번째까지 선택하고 싶은데 그렇게 해도 list형인 것은 변함없습니다. 바로 하나의 문장을 만들고 싶은 것입니다. 이럴 때 사용하는 명령이 join 명령입니다.

```
In [59]:    ' '.join(price_tmp.split()[1:-2])

Out[59]:    '2109 W. Chicago Ave.,'
```

이렇게 사용할 수 있습니다. 바로 주소가 되는 것입니다.

```
In [60]:    price = []
            address = []

            for n in df.index[:3]:
                html = urlopen(df['URL'][n])
                soup_tmp = BeautifulSoup(html, 'lxml')

                gettings = soup_tmp.find('p', 'addy').get_text()

                price.append(gettings.split()[0][:-1])
                address.append(' '.join(gettings.split()[1:-2]))
```

페이지가 50개라 많지는 않지만 페이지가 열리는 시간이 좀 있어서 위 코드의 반복문처럼 3개([:3]) 만 돌려봅니다.

```
In [61]:    price

Out[61]:    ['$10', '$9', '$9.50']

In [62]:    address

Out[62]:    ['2109 W. Chicago Ave.,', '800 W. Randolph St.,', '445 N. Clark St.,']
```

그러면 그 결과로 위와 같이 가격과 주소와 전화번호가 잘 저장되는 것을 알게 되었습니다.

그러나 코드 [60]을 50개 페이지로 돌리면 아주 오랜 시간 동안 동작하는 듯 느껴져서 답답함을 느낄 수 있습니다. 그래서 흔히 반복문 안에 print(n)을 넣어서 어디쯤 진행되고 있는지 확인하게 됩니다. 그런데 최근 이런 불편함에 대해 한 가지 재미난 모듈이 발표되었습니다.

+++ 3-5 Jupyter Notebook에서 상태 진행바를 쉽게 만들어주는 tqdm 모듈 +++

최근 발표된 tqdm이라는 모듈이 있습니다. 아주 사용하기 심플하고 재미있는 모듈입니다. 주요 기능은 손쉽게 현 상태를 바(bar)의 형태로 표현해주는 것입니다. 이 내용을 저자 블로그에서 다룬 적이 있습니다.[3]

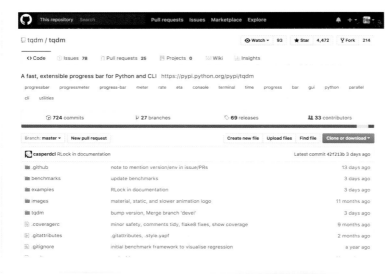

그림 3-13 tqdm의 github 페이지

설치는 conda install -c conda-forge tqdm이라는 명령으로 설치하면 됩니다.

---

[3] http://pinkwink.kr/1041

+++ 3-6 상태 진행바까지 적용하고 다시 샌드위치 페이지 50개에 접근하기 +++

3-5절의 상태 진행바가 적용되면 코드 하단에 아래와 같이 상태바가 진행되는 것을 확인할 수 있습니다. 그리고 또 하나 알 수 있는 것은 시카고 매거진에 접속하는 중에는 반복문 하나 실행하는 것을 iteration이 하나 진행되었다고 하는데, 한 iteration이 실행되는 시간이 s/it 단위로 표기되는 것을 알 수 있습니다.

22% 11/50 [00:19<01:07, 1.73s/it]

그래서 이제 코드 [61]에서 진행되는 정도를 잘 표현해주는 tqdm을 적용합니다. 물론 전체 50개 페이지를 핸들링하도록 합니다.

```
In [63]:   from tqdm import tqdm_notebook

           price = []
           address = []

           for n in tqdm_notebook(df.index):
               html = urlopen(df['URL'][n])
               soup_tmp = BeautifulSoup(html, 'lxml')

               gettings = soup_tmp.find('p', 'addy').get_text()

               price.append(gettings.split()[0][:-1])
               address.append(' '.join(gettings.split()[1:-2]))
```

100% 50/50 [01:20<00:00, 1.63s/it]

그러면 코드 [63]처럼 작성하면 됩니다. 저 코드가 실행되는데 총 1분 22초가 걸렸다는 것도 알 수 있습니다.

+++ 3-7 50개 웹 페이지에 대한 정보 가져오기 +++

일단 코드 [63]을 실행하면 50개 하위 페이지에 대해 가격과 주소를 얻을 수 있게 됩니다.

```
In [64]:   price

Out[64]:   ['$10',
            '$9',
            '$9.50',
            '$9.40',
            '$10',
            '$7.25',
            '$16',
            '$10',
            '$9',
            '$17',
```

```
In [65]:   address

Out[65]:   ['2109 W. Chicago Ave.,',
            '800 W. Randolph St.,',
            '445 N. Clark St.,',
            '914 Noyes St., Evanston,',
            '825 W. Fulton Mkt.,',
            '100 E. Walton',
            '1639 S. Wabash Ave.,',
            '2211 W. North Ave.,',
            '3619 W. North Ave.,',
            '3267 S. Halsted St.,',
            '2537 N. Kedzie Blvd.,',
            'Multiple',
```

코드 [65]에서 확인되지만 주소에 Multiple이라고 적히는 경우가 있다는 것에 주의해야 합니다.

```
In [67]:   len(price), len(address), len(df)

Out[67]:   (50, 50, 50)
```

기존에 만들고 작업하던 df와 새로운 정보를 가진 price와 address는 크기가 같습니다. 이제 df에 price와 address를 추가하면 됩니다.

```
In [68]:  df['Price'] = price
          df['Address'] = address

          df = df.loc[:, ['Rank', 'Cafe', 'Menu', 'Price', 'Address']]
          df.set_index('Rank', inplace=True)
          df.head()
```

Out[68]:

Rank	Cafe	Menu	Price	Address
1	Old Oak Tap	BLT	$10	2109 W. Chicago Ave.,
2	Au Cheval	Fried Bologna	$9	800 W. Randolph St.,
3	Xoco	Woodland Mushroom	$9.50	445 N. Clark St.,
4	Al's Deli	Roast Beef	$9.40	914 Noyes St., Evanston,
5	Publican Quality Meats	PB&L	$10	825 W. Fulton Mkt.,

그리고 Rank를 index로 잡도록 하겠습니다. 물론 적절히 컬럼의 순서도 잡았습니다.

```
In [69]:  df.to_csv('../data/03. best_sandwiches_list_chicago2.csv', sep=',',
          encoding='UTF-8')
```

중간중간 저장하는 것은 정신건강에 정말 좋은 일입니다. 이번 절까지 해서 한 잡지사의 샌드위치 맛집을 소개하는 페이지를 기본으로 두고, 그 페이지에서 링크된 50개의 페이지에까지 접속해서 원하는 정보를 가지고 와서 원하는 형태로 정리했습니다.

+++ 3-8 맛집 위치를 지도에 표기하기 +++

이 장의 메인 주제는 3-7절에서 끝났지만 추가로 지도에 각 맛집을 추가하는 내용을 이야기하려고 합니다.

```
In [70]:  import folium
          import pandas as pd
          import googlemaps
          import numpy as np
```

먼저 필요한 모듈을 import합니다. 정신건강을 위해 저장했던 데이터를 읽어오도록 하겠습니다.

```
In [71]: df = pd.read_csv('../data/03. best_sandwiches_list_chicago2.csv', index_col=0)
         df.head(5)
```

Out[71]:

Rank	Cafe	Menu	Price	Address
1	Old Oak Tap	BLT	$10	2109 W. Chicago Ave.,
2	Au Cheval	Fried Bologna	$9	800 W. Randolph St.,
3	Xoco	Woodland Mushroom	$9.50	445 N. Clark St.,
4	Al's Deli	Roast Beef	$9.40	914 Noyes St., Evanston,
5	Publican Quality Meats	PB&L	$10	825 W. Fulton Mkt.,

그리고 googlemaps를 키를 이용해서 읽어오겠습니다.

```
In [72]: gmaps_key = "****************"
         gmaps = googlemaps.Client(key=gmaps_key)
```

gmaps_key에 각자 지난 장에서 받은 구글맵 키를 입력하면 됩니다. 이제 50개 맛집의 위도, 경도 정보를 받아오도록 하겠습니다.

```
In [74]: lat = []
         lng = []

         for n in tqdm_notebook(df.index):
             if df['Address'][n] != 'Multiple':
                 target_name = df['Address'][n]+', '+'Cicago'
                 gmaps_output = gmaps.geocode(target_name)
                 location_output = gmaps_output[0].get('geometry')
                 lat.append(location_output['location']['lat'])
                 lng.append(location_output['location']['lng'])

             else:
                 lat.append(np.nan)
                 lng.append(np.nan)
```

✕ ▮▮▮▮▮▮▮▮▮▮▮▮▮▮▮▮▮▮▮▮▮▮▮▮▮▮ 100% 50/50 [00:38<00:00, 1.10it/s]

그리고 주소에 Multiple이 나타나지 않는 경우만 주소를 검색하도록 합니다.

```
In [77]:    mapping = folium.Map(location=[df['lat'].mean(), df['lng'].mean()],
                                  zoom_start=11)
                 folium.Marker([df['lat'].mean(), df['lng'].mean()],
                                  popup='center').add_to(mapping)

            mapping
```

Out[77]:

그리고 50개 맛집의 위도, 경도의 평균값을 중앙에 둡니다.

Out [77]와 조금 다른 위치가 잡힐 수 있습니다. 50개 중 하나의 가게가 구글 검색 결과에서 다른 지역 주소로 잡히는 경우가 있습니다.

```
In [78]:    mapping = folium.Map(location=[df['lat'].mean(), df['lng'].mean()],
                                  zoom_start=11)

            for n in df.index:
                if df['Address'][n] != 'Multiple':
                    folium.Marker([df['lat'][n], df['lng'][n]],
                                        popup=df['Cafe'][n]).add_to(mapping)

            mapping
```

그리고 50개 맛집의 위도, 경도를 지도에 표기하면 됩니다.

Out [78]:

이번 절까지는 Beautiful Soup라는 라이브러리를 이용해서 인터넷의 정보를 가져오는 작업을 수행했습니다. 단순히 한 페이지만 읽는 것이 아니라 메인 페이지에 연결된 다른 페이지들도 모두 대상으로 했습니다.

+++ 3-10 네이버 영화 평점 기준 영화의 평점 변화 확인하기 +++

네이버에서는 영화 평점을 보여주는 사이트가 있습니다. 여기서는 인기 있는 영화를 알아볼 수도 있지만 지난 날짜의 인기도 확인할 수 있습니다. https://goo.gl/f5cHRG에 접근해보면 영화 평점순으로 정렬되어 있는 정보를 만날 수 있습니다(그림 3-14). 여기서 크롬 개발자 도구를 사용해서 영화 제목이 나오는 부분의 태그를 확인합니다.

그림 3-14 네이버의 영화 평점 사이트

그림 3-15 영화 제목이 나오는 곳의 태그를 찾는 장면

```
In [1]:   from bs4 import BeautifulSoup
          import pandas as pd
```

우선 간단하게 Beautiful Soup와 pandas를 import합니다.

```
In [2]:   from urllib.request import urlopen

          url_base = "http://movie.naver.com/"
          url_syb = "movie/sdb/rank/rmovie.nhn?sel=cur&date=20170804"

          page = url_base+url_sub

          soup = BeautifulSoup(page, "html.parser")
          soup
```

해당 주소를 한번 읽어보겠습니다. 앞에서도 이야기했지만 책으로 출판하다 보니 코드가 길어 스크롤되는 문제가 있어서 url_base+url_sub와 같이 표현한 것뿐입니다.

```
In [3]:   soup.find_all('div', 'tit5')
```

```
Out[3]:   [<div class="tit5">
          <a href="/movie/bi/mi/basic.nhn?code=62586" title="다크 나이트">다크 나이트</a>
          </div>, <div class="tit5">
          <a href="/movie/bi/mi/basic.nhn?code=164290" title="킹 오브 프리즘 프라이드 더 히어로">킹 오
          브 프리즘 프라이드 더 히어로</a>
```

```
</div>, <div class="tit5">
<a href="/movie/bi/mi/basic.nhn?code=152160" title="킹 오브 프리즘">킹 오브 프리즘</a>
</div>, <div class="tit5">
<a href="/movie/bi/mi/basic.nhn?code=10448" title="오즈의 마법사">오즈의 마법사</a>
</div>, <div class="tit5">
```

그림 3-15에서 찾아 둔 태그를 이용해서 전부 찾으면(find_all) 됩니다.

In [6]:   soup.find_all('div', 'tit5')[0].a.string

Out[6]:   **'다크 나이트'**

이렇게 제목만 찾을 수 있습니다.

In [9]:   soup.find_all('td', 'point')[0].string

Out[9]:   **'9.32'**

그 다음은 포인트를 찾을 수 있습니다.

In [12]: date = pd.date_range('2017-5-1', periods=100, freq='D')
          date

Out[12]: DatetimeIndex(['2017-05-01', '2017-05-02', '2017-05-03', '2017-05-04',
                         '2017-05-05', '2017-05-06', '2017-05-07', '2017-05-08',
                         '2017-05-09', '2017-05-10', '2017-05-11', '2017-05-12',
                         '2017-05-13', '2017-05-14', '2017-05-15', '2017-05-16',
                         '2017-05-17', '2017-05-18', '2017-05-19', '2017-05-20',
                         '2017-05-21', '2017-05-22', '2017-05-23', '2017-05-24',
                         '2017-05-25', '2017-05-26', '2017-05-27', '2017-05-28',
                         '2017-05-29', '2017-05-30', '2017-05-31', '2017-06-01',
                         '2017-06-02', '2017-06-03', '2017-06-04', '2017-06-05',
                         '2017-06-06', '2017-06-07', '2017-06-08', '2017-06-09',
                         '2017-06-10', '2017-06-11', '2017-06-12', '2017-06-13',
```

이제 날짜를 5월 1일부터 100일간으로 정의하고 그 날짜에 해당하는 영화 정보 전체를 찾도록 하겠습니다.
```

```
In [13]:   import urllib
           from tqdm import tqdm_notebook

           movie_date = []
           movie_name = []
           movie_point = []

           for today in tqdm_notebook(date):
               html = "http://movie.naver.com/" + \
                                   "movie/sdb/rank/rmovie.nhn?sel=cur&date={date}"
               response = urlopen(html.format(date=
                                   urllib.parse.quote(today.strftime('%Y%m%d'))))
               soup = BeautifulSoup(response, "html.parser")

               end = len(soup.find_all('td', 'point'))

               movie_date.extend([today for n in range(0, end)])
               movie_name.extend([soup.find_all('div', 'tit5')[n].a.string for n in range(0, end)])
               movie_point.extend([soup.find_all('td', 'point')[n].string for n in range(0, end)])
```

× ▬▬▬▬▬▬▬▬▬▬▬▬▬▬▬▬▬▬▬▬▬▬▬▬▬ **100% 100/100 [02:20<00:00, 1.40s/it]**

어렵지 않습니다. 변수 html을 지정할 때 중괄호 {}로 date라고 잡은 것은 그 밑에 response라는 변수에서 {date}를 변수로 취급하고 내용을 바꿀 것이기 때문입니다. 그리고 나서 제목과 포인트를 읽어왔습니다.

```
In [15]:   movie = pd.DataFrame({'date':movie_date, 'name':movie_name, 'point':movie_point})

           movie.head()
```

Out[15]:

	date	name	point
0	2017-05-01	히든 피겨스	9.38
1	2017-05-01	사운드 오브 뮤직	9.36
2	2017-05-01	시네마 천국	9.29
3	2017-05-01	미스 슬로운	9.26
4	2017-05-01	잉여들의 히치하이킹	9.25

읽은 내용을 pandas로 저장합니다. 이 내용에는 날짜별로 영화와 포인트가 저장되어 있을 것입니다. 만약 날짜가 아니라 영화별로 점수의 합산으로 데이터를 보고 싶다면 pivot_table을 사용하면 됩니다.

```
In [18]:    import numpy as np

            movie_unique = pd.pivot_table(movie, index=['name'], aggfunc=np.sum)
            movie_best = movie_unique.sort_values(by='point', ascending=False)
            movie_best.head()
```

name	point
댄서	914.60
서서평, 천천히 평온하게	889.64
오두막	861.63
라라랜드	858.89
너의 이름은.	738.42

여기서 aggfunc으로 np.sum을 이용해서 합산을 해야 영화별 점수의 합계로 정렬될 것입니다. 5월 1일부터 100일간 점수의 합산으로 볼 때 코드 [18]의 결과를 보면 고득점 영화 1위부터 5위가 보입니다.

```
In [19]:    tmp = movie.query('name == ["노무현입니다"]')
            tmp
```

Out[19]:

	date	name	point
1162	2017-05-25	노무현입니다	9.20
1215	2017-05-26	노무현입니다	8.97
1255	2017-05-27	노무현입니다	9.04
1298	2017-05-28	노무현입니다	9.04
1340	2017-05-29	노무현입니다	9.05
1381	2017-05-30	노무현입니다	9.05
1424	2017-05-31	노무현입니다	9.03

혹은 위 코드처럼 '노무현입니다'라는 영화만 추려서 확인할 수 있습니다. 날짜별 평점의 변화를 확인할 수 있습니다.

```
In [20]:    import matplotlib.pyplot as plt
            %matplotlib inline

            plt.figure(figsize=(12,8))
```

```
plt.plot(tmp['date'], tmp['point'])
plt.legend(loc='best')
plt.grid()
plt.show()
```

당연히 이것만 날짜별로 그려볼 수 있습니다.

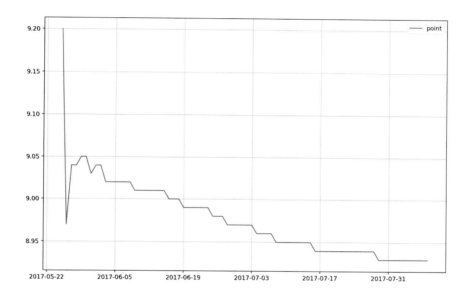

결과는 위 그래프와 같습니다.

+++ 3-11 영화별 날짜 변화에 따른 평점 변화 확인하기 +++

```
In [22]:   movie_pivot = pd.pivot_table(movie, index=["date"], columns=['name'], values=['point'])

           movie_pivot.head()
```

Out[22]:

name	point										...					
	10분	47 미터	500일의 썸머	7년-그들이 없는 언론	7번째 내가 죽던 날	7인의 사무라이	8 마일	가디언즈 오브 갤럭시	가디언즈 오브 갤럭시 VOL. 2	겟 아웃	...	하울의 움직이는 성	하이큐!! 끝과 시작	한공주	해리가 샐리를 만났을 때	핵소 고지
date																
2017-05-01	8.89	NaN	NaN	NaN	NaN	NaN	NaN	8.56	NaN	NaN	...	NaN	NaN	8.78	8.89	NaN
2017-05-02	8.89	NaN	NaN	NaN	NaN	NaN	NaN	8.56	NaN	NaN	...	NaN	NaN	8.78	8.89	NaN
2017-05-03	8.89	NaN	NaN	NaN	NaN	NaN	NaN	NaN	9.22	NaN	...	NaN	NaN	8.78	8.89	NaN
2017-05-04	8.89	NaN	NaN	NaN	NaN	NaN	NaN	NaN	9.15	NaN	...	NaN	NaN	8.78	NaN	NaN
2017-05-05	8.89	NaN	NaN	NaN	NaN	NaN	NaN	NaN	9.08	NaN	...	NaN	NaN	8.78	NaN	NaN

날짜별로 정리되어 있던 데이터를 pivot_table을 이용해서 코드 [22]에서처럼 손쉽게 세로축으로 날짜를, 가로축에 영화 제목을 넣을 수 있습니다.

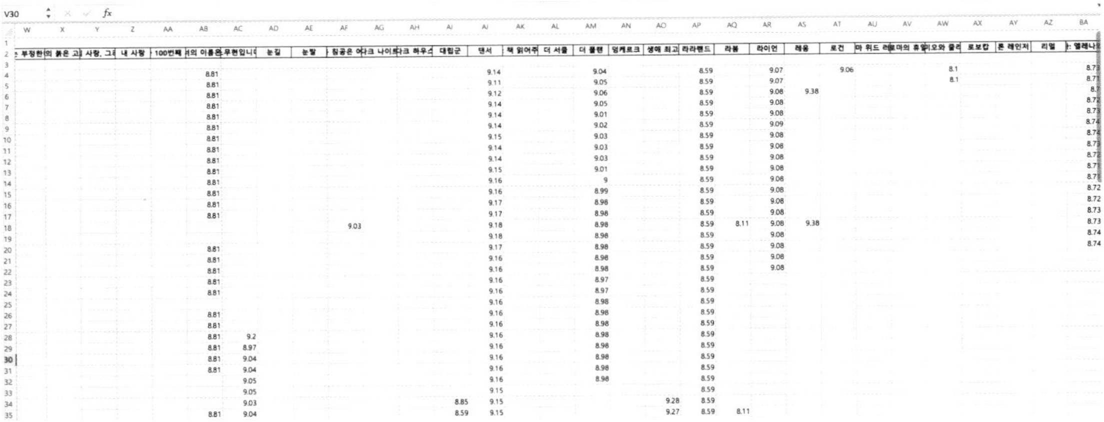

그림 3-16 코드 [22]의 결과를 엑셀로 저장해서 확인한 결과

코드 [22]의 결과가 뭔가 Jupyter Notebook 화면에서는 판독하기 어려울 수 있지만 이를 엑셀에서 읽으면 그림 3-16처럼 된 데이터입니다.

```
In [23]:  movie_pivot.columns = movie_pivot.columns.droplevel()
```

In [24]:   movie_pivot.head()

Out[24]:

name	10분	47 미터	500일 의 썸머	7년- 그들이 없는 언론	7번째 내가 죽 던 날	7인의 사 무라이	8 마일	가디언즈 오브 갤 럭시	가디언 즈 오브 갤럭시 VOL. 2	겟 아웃	...	하울의 움직이는 성	하이 큐!! 끝 과 시작	한공주	해리가 샐리를 만났을 때	핵소 고지
date																
2017- 05-01	8.89	NaN	NaN	NaN	NaN	NaN	NaN	8.56	NaN	NaN	...	NaN	NaN	8.78	8.89	NaN
2017- 05-02	8.89	NaN	NaN	NaN	NaN	NaN	NaN	8.56	NaN	NaN	...	NaN	NaN	8.78	8.89	NaN

이 데이터에서 pivot_table의 결과로 붙은 컬럼 제목을 하나 정리하겠습니다.

```python
In [25]:    import platform
            from matplotlib import font_manager, rc

            path = "c:/Windows/Fonts/malgun.ttf"
            if platform.system() == 'Darwin':
                rc('font', family='AppleGothic')
            elif platform.system() == 'Windows':
                font_name = font_manager.FontProperties(fname=path).get_name()
                rc('font', family=font_name)
            else:
                print('Unknown system... sorry~~~~')
```

matplotlib에서의 한글 문제를 설정하고,

```python
In [26]:    movie_pivot.plot(y=['군함도', '노무현입니다', '택시운전사', '다크 나이트'],
                             figsize=(12,6))
            plt.legend(loc='best')
            plt.grid()
            plt.show()
```

관심 있는 영화 몇 개를 지정해서 날짜별 변화를 확인해보겠습니다.

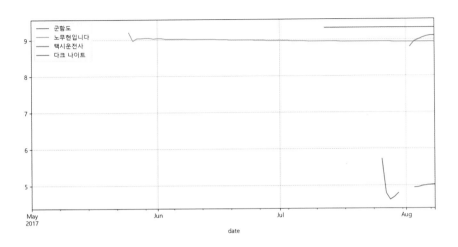

결과는 위와 같습니다. '노무현입니다'와 '택시운전사'의 성과가 눈에 보입니다. 그리고 그 변화 추이도 알 수 있습니다. 한참 논란이 되는 '군함도'의 평점 결과도 나타나고 있습니다. 비록 늦은 감이 분명 있지만, 이런 영화(노무현입니다, 택시운전사)들이 주목받고 높은 평점을 유지한다는 사실을 직접 확인할 수 있다는 것이 참으로 다행입니다.

4장 셀프 주유소는 정말 저렴할까

4장 + 셀프 주유소는 정말 저렴할까

이번 장에서는 아주 간단한 질문에 답하는 것을 함께 해보려고 합니다. 바로 누군가 '셀프 주유소는 정말 저렴한가?'라고 물었다면 데이터를 만지는 사람들은 어떻게 해야 할까요. 답은 간단합니다. 주유소의 가격을 조사해서 셀프 주유소와 아닌 주유소를 구분해서 비교하면 그만입니다. 요즘 데이터 분석이라고 하면 마케팅 분야에서만 언급되고, 또 그래서 데이터 분석가가 되는 조건 같은 인터넷에 떠도는 문서를 보면 마케팅을 모르면 데이터 분석을 하는 것이 의미가 없는 것처럼 표현되는 것이 안타깝습니다. 의견, 가설, 사실을 데이터로 표현하고 검증하는 것도 데이터 분석가가 하는 일입니다. 이번에는 소위 팩트 체크라는 것을 데이터 분석으로 해보려고 합니다. 주제는 셀프 주유소는 정말 저렴한지입니다.

3장에서 우리는 Beautiful Soup를 사용했습니다. 그것만 가지고도 많은 일을 할 수 있습니다. 그런데 몇 가지 문제로 인해 Beautiful Soup만으로는 접근할 수 없는 인터넷의 정보가 있습니다. 이번 장에서 다룰 주제가 그렇습니다. 우선 주유소의 가격을 비교하는 정부 사이트인 Opinet에 접속해서 정보를 모아야 합니다.

그림 4-1 주유소 가격 정보를 알려주는 Opinet

그림 4-1에 있는 주유소 가격 정보를 알려주는 사이트에서 '주유소/충전소 찾기'를 선택한 후 그림 4-2에 있듯이 지역 정보를 선택하고 조회 버튼을 눌러도 웹 브라우저상의 주소가 바뀌지를 않습니다.

이렇게 접근 주소가 없으면 Beautiful Soup에서는 처리할 수 없습니다. 그래서 사용하는 것이 바로 Selenium입니다.

그림 4-2 지역별 주유 정보를 조회해도 주소가 바뀌지 않는 장면

Selenium은 아주 멋진 라이브러리지만 좀 더 사용법을 익혀야 합니다. 우리는 Selenium을 알아가는 과정에서 셀프 주유소가 정말 저렴한지 확인할 것입니다.

+++ 4-1 Selenium 사용하기 +++

Selenium은 Anaconda에 포함된 모듈이 아니기 때문에 별도로 설치해야 합니다. 터미널에서 pip install selenium만으로 쉽게 설치됩니다. 그러나 Seleinum은 모듈 설치만으로는 동작하지 않습니다. 사용하는 브라우저에 맞춰 웹 드라이버를 다운받아야 합니다. 이 책에서는 구글 크롬을 대상으로 하고 있어서 크롬 웹 드라이버[1] 를 다운받습니다. 혹은 구글에서 Chrome Driver라고 검색합니다.

그림 4-3에서 보면 책을 집필하고 있는 현 시점 Chrome Driver의 버전은 2.33입니다. 자신의 운영체

---

[1] https://goo.gl/x5Wo5A

제에 맞춰 다운받으면 됩니다. 윈도우 유저는 32bit로 받으면 됩니다. 그리고 처음 시작할 때 폴더 경로 이야기했는데요. data 폴더와 source_code 폴더가 위치하고 있는 곳에 동일하게 driver라는 폴더를 그림 4-4와 같이 만들겠습니다.

그림 4-3 Chrome WebDriver 다운로드 페이지

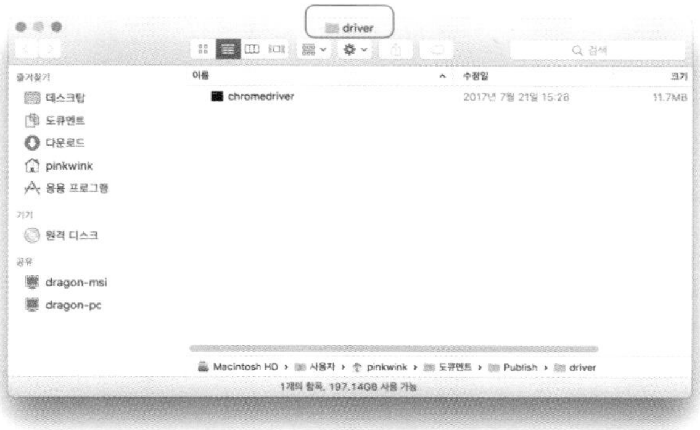

그림 4-4 driver 폴더 생성

이제 모듈도 설치했고, 웹 드라이버도 다운받았으니 코드를 이용해서 테스트를 시작합니다.

```
In [1]:  from selenium import webdriver
```

먼저 Selenium에서 webdriver를 import합니다. 그리고, 네이버(http://naver.com)에 접속해보겠습니다.

```
In [2]:    driver = webdriver.Chrome('../driver/chromedriver')
           driver.get("http://naver.com")
```

한 가지 팁을 드리면 저는 webdriver.Chrome('../dri까지 입력한 다음 Tab을 눌러봅니다. 폴더 경로가 올바르면 나머지 글자를 완성합니다. 그리고 다시 /ch까지 입력하다가 Tab을 눌러봅니다. 그래서 자동 완성되거나 혹은 팝업이 뜨면서 선택하게 해주면 잘 찾아가고 있다는 것입니다. 그렇게 실행한 코드 [2]에서 별표(*)가 사라지고 번호가 뜨면 분명 여러분의 PC 화면 어딘가 새로운 크롬이 실행되어 있을 겁니다.

그림 4-5 크롬 드라이버에 의해 조작되는 브라우저

그림 4-5처럼 화면 상단에 'Chrome이 자동화된 테스트 소프트웨어에 의해 제어되고 있습니다'라는 문구와 함께 웹 브라우저가 또 하나 떠 있을 텐데, 저 웹 브라우저는 우리가 코드로 움직일 브라우저입니다. 저기서 보이는 내용을 이제 우리가 가져오는 것입니다. 그래서 가급적 그림 4-5의 크롬 드라이버에 의해 생성된 브라우저는 손으로 조작해서는 안 됩니다. 코드를 작성할 때 혼선이 생길 수 있기 때문입니다. 그래도 XPath를 확보한다든지, 태그를 확인한다든지 등의 이유로 크롬 개발자 도구를 실행해야 할 수 있습니다. 그럴 때는 그림 4-6처럼 동일 화면을 별도로 실행해서 작업하는 것이 좋습니다.

```
In [3]:    driver.save_screenshot('../images/001.jpg')
```

Out[3]:   True

Selenium은 save_screenshot 명령으로 화면을 캡처할 수 있습니다. 단, 여기서 경로에 사용한 images 폴더는 미리 만들어둬야 합니다.

그림 4-6 크롬 드라이버와 동일 화면을 별도로 실행해서 html 등 코드 분석에 사용하자

그림 4-7 네이버 로그인 화면

그림 4-8 네이버 로그인 창의 ID를 확인하는 화면

```
In [4]:  elem_login = driver.find_element_by_id("id")
         elem_login.clear()
         elem_login.send_keys("pinkwink")

         elem_login = driver.find_element_by_id("pw")
         elem_login.clear()
         elem_login.send_keys("***********")
```

네이버 로그인 정보를 입력하고는 곳이 있습니다(그림 4-7). 크롬 드라이버로 네이버에 로그인하고 싶다면 당연히 ID와 비밀번호를 입력해야 합니다. 그림 4-8과 같이 크롬 개발자 도구를 이용해서 ID를 입력하는 부분과 비밀번호를 입력하는 부분의 html 소스 코드를 확인해보면 id=이라는 항목에 id 혹은 pw라고 되어 있습니다. Selenium이 제공하는 명령 중 find_element_by_id를 이용해서 id와 pw를 찾으면 됩니다. 이미 그 전에 어떤 글자가 입력되어 있을 수 있기 때문에 clear() 명령으로 해당 id가 위치한 입력창의 내용을 지우고 send_keys 명령으로 자신의 ID와 비밀번호를 입력하면 됩니다. 코드 [4]에 암호 부분의 별표(*)는 임의로(저자의 암호를 보여줄 수 없으니) 입력한 것이고, 실제로는 여러분의 암호와 비밀번호를 입력해야 합니다. 그러면 그림 4-9와 같이 로그인 정보가 입력되어 있을 겁니다.

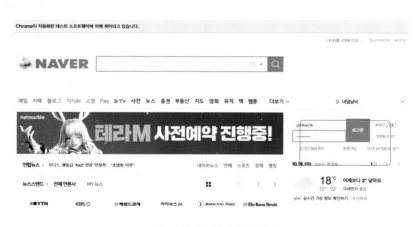

그림 4-9 로그인 정보가 입력된 화면

그러나 아직 우리는 로그인을 못했습니다. 아이디와 비밀번호를 입력한 후에 로그인 버튼을 누르거나 엔터 키를 입력해야만 로그인되기 때문입니다. Selenium에서 로그인 버튼을 누르는 동작을 어떻게 하는지 알아보겠습니다.

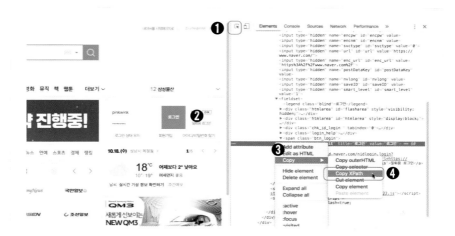

그림 4-10 로그인 버튼의 XPath를 복사하는 과정

그림 4-10에서 ①번 버튼을 클릭하고 ②번 로그인 버튼을 클릭하면 특정 코드가 하이라이트되어 있을 겁니다(③). 그곳에서 마우스 오른쪽 버튼을 누르고 Copy 항목으로 가서 Copy XPath를 선택하면 로그인 버튼의 XPath를 복사할 수 있습니다.

```
In [5]:   xpath = """//*[@id="frmNIDLogin"]/fieldset/span/input"""
          driver.find_element_by_xpath(xpath).click()
```

그리고 코드 [5]를 작성하면서 방금 복사한 XPath를 xpath = 뒤에 붙여넣기(ctrl+v)를 하면 됩니다. 보이는 웹 페이지 내용을 XML 언어의 형식으로 보여주는 기법으로 웹 페이지의 모든 내용을 XPath로 접근 가능한 위치 정보를 확인할 수 있습니다. 그림 4-10의 과정으로 알아낸 XPath는 우리가 접근해야 할 로그인 버튼의 위치를 알려주는 것입니다. 이를 코드 [5]에서 find_element_by_xpath 명령으로 로그인 버튼의 위치를 알아내고, 그 뒤에 click() 명령으로 클릭하는 효과를 줄 수 있습니다.

그러나 네이버에서는 간혹 별도의 로그인 페이지로 연결되는 경우가 있습니다. 책에서 그런 경우를 모두 다룰 수는 없지만 만약 별도의 로그인 창으로 연결되는 경우라도 그림 4-8과 그림 4-10의 과정으로 아이디와 비번을 입력하는 위치의 정보와 로그인 버튼에 대한 위치 정보는 동일하게 알 수 있습니다. 이렇게 하면 그림 4-11과 같이 로그인이 완료되는 것을 확인할 수 있습니다. 이미 로그인된 상태이므로 메일(mail.naver.com)에 접근해보겠습니다.

In [6]: driver.get("http://mail.naver.com")

이렇게 주소만 변경하면 됩니다.

그림 4-11 로그인이 완료된 화면

그림 4-12 네이버 메일에 접근한 화면

이렇게 그림 4-12의 메일함에 접근했습니다. 여기서 원하는 곳으로 이동했다면 Beautiful Soup를 이용해서 페이지 내용을 읽어오게 됩니다.

In [7]: from bs4 import BeautifulSoup

```
html = driver.page_source
soup = BeautifulSoup(html, 'html.parser')
```

driver.page_source를 사용하면 현재 Selenium이 접근한 페이지의 소스를 넘겨 받을 수 있습니다.

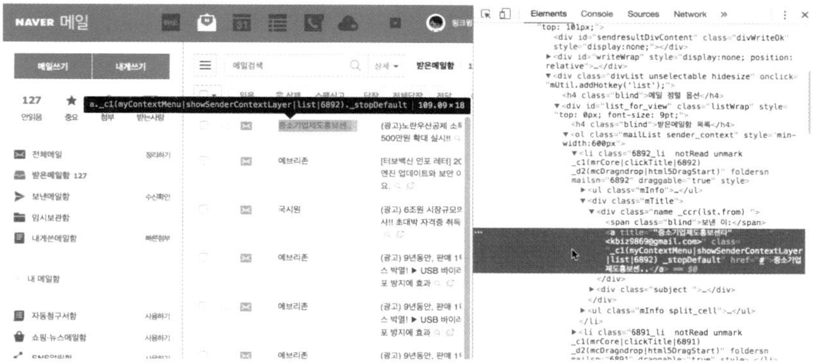

그림 4-13 메일에서 보낸 사람을 나타내는 곳의 태그 확인

이제 크롬 개발자 도구를 이용해서 메일을 보낸 사람이 나타나는 곳의 태그를 그림 4-13처럼 확인해 둡니다.

```
In [8]:   raw_list = soup.find_all('div', 'name _ccr(lst.from) ')
          raw_list
```

이전 장에서 열심히 사용했던 find_all 명령을 사용하면 됩니다.

```
In [9]:   send_list = [raw_list[n].find('a').get_text() for n in range(0, len(raw_list))]
          send_list
```

이렇게 손쉽게 현재 화면에 대해 메일을 보낸 사람의 리스트를 확보할 수 있습니다.

이번 절에서는 Selenium을 어떻게 사용할 것인지에 대해서 이야기했습니다. 아직 더 많은 경우의 수가 있기 때문에 자세히 내용을 학습해야 하지만 일단 다음 절에서 이번 장의 주제를 다루면서 이야기를 이어가도록 하겠습니다. 여기서 코드 [9]까지 실행하고 크롬 드라이버를 닫아야 합니다.

```
In [10]:   driver.close()
```

close() 명령을 이용해서 실행된 크롬드라이버를 종료할 수 있습니다.

+++ 4-2 서울시 구별 주유소 가격 정보 얻기 +++

4-1절에서 배운 Selenium의 지식만으로 https://goo.gl/VH1A5t에 접속해서 서울시 구별 주유소 정
보를 받아오도록 하겠습니다. 우리는 여전히 학습의 목표도 가지고 있으므로 전국으로 검증하면 좋
겠지만 서울시 정보만으로 일단 만족하겠습니다.

```
In [11]:   driver = webdriver.Chrome('../driver/chromedriver')
           driver.get("http://naver.com")
```

처음 접속하면 크롬 드라이버에서 그림 4-14의 화면이 나타날 것입니다. 이 화면에서 우리는 서울시
만 검색할 것이니 지역에 있는 서울은 건드리지 않겠지만 영등포구라는 글자가 있는 부분은 바꿔줘야
합니다. 리스트 박스 형태로 되어 있어서 해당 리스트의 내용을 받아와서 순차적으로 반환해주면 됩
니다. 먼저 그림 4-14에서 영등포구라는 글자가 보이는 리스트 박스의 XPath를 알면 됩니다.

그림 4-14 Opinet에 처음 접속했을 때 화면

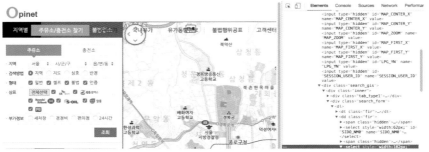

그림 4-15 구를 선택하는 리스트 박스에서 XPath를 알아내는 장면

그림 4-15처럼 크롬 개발자 도구를 이용해서 영등포구라는 구 이름이 위치하는 곳을 클릭하면 나타나는 우측 코드에서 마우스 오른쪽 버튼으로 XPath를 복사하기를 그림 4-10처럼 진행하면 됩니다.

```
In [12]:  gu_list_raw = driver.find_element_by_xpath("""//*[@id="SIGUNGU_NM0"]""")
          gu_list = gu_list_raw.find_elements_by_tag_name("option")
```

그렇게 확보한 XPath를 이용해서 element를 찾고 gu_list_raw 변수에 저장합니다. 그림 4-15를 보면 select 밑에 option이라는 태그에 구 이름이 저장되어 있는 것을 알 수 있습니다. 그 구 리스트는 find_elements_by_tag_name으로 option이라는 태그를 찾으면 됩니다. 이때 elements라고 복수형이 표현되었다는 것에 주의해야 합니다. 비영어권 국가 개발자에게는 슬프지만 Selenium 개발진은 단수형 명령에서는 하나만, 복수형에서는 찾은 것 전부를 리스트형으로 반환해줍니다.

```
In [14]:  gu_names = [option.get_attribute("value") for option in gu_list]
          gu_names.remove('')
          gu_names
```

```
Out[14]:  ['가평군',
           '고양시',
           '고양시덕양구',
           '고양시일산동구',
           '고양시일산서구',
           '과천시',
           '광명시',
           '광주시',
           '구리시',
           '군포시',
           '김포시',
           '남양주시',
           '동두천시',
           '부천시',
           '부천시소사구',
           '부천시오정구',
           '부천시원미구',
           '성남시',
           '성남시분당구',
           '성남시수정구',
           '성남시중원구',
           '수원시',
```

```
'수원시권선구',
'수원시영통구',
'수원시장안구',
'수원시팔달구',
'시흥시',
'안산시',
'안산시단원구',
'안산시상록구',
'안성시',
```

그렇게 얻은 결과가 나타납니다. 구 이름을 전체적으로 다 알았네요. 그 구 이름이 있는 태그에 위 코드에서 저장한 gu_names에서 첫 번째 것을 한번 시험 삼아 입력하겠습니다.

```
In [15]:    element = driver.find_element_by_id("SIGUNGU_NM0")
            element.send_keys(gu_names[0])
```

그림 4-16 구 이름의 리스트에 특정 값을 입력한 모습

그러면 그림 4-16에서처럼 구 이름 부분이 변경된 것을 알 수 있습니다. 그리고 조회 버튼을 누르면 됩니다. 조회 버튼의 XPath도 그림 4-15에서처럼 알아내면 됩니다.

```
In [16]:    xpath = """//*[@id="searRgSelect"]"""
            element_sel_gu = driver.find_element_by_xpath(xpath).click()
```

그리고 해당 XPath를 찾아서 click()을 붙여주면 됩니다. 그리고 나면 그림 4-17에 있는 결과가 나타나는데 거기서 '엑셀 저장' 버튼을 눌러서 엑셀로 내용을 저장해야 합니다. 역시 지금까지 한 것처럼 XPath를 알아내서 엑셀 저장 버튼을 누르면 됩니다.

그림 4-17 구 이름을 선택한 후 나타나는 엑셀 저장 버튼

```
In [17]:    xpath = """//*[@id="glopopd_excel"]"""
            element_get_excel = driver.find_element_by_xpath(xpath).click()
```

이렇게 엑셀로 저장 버튼까지 누르고 나면 당연히 크롬 드라이버가 실행하는 브라우저가 지정된 다운
로드 폴더에 파일을 다운로드하게 됩니다. 그렇게 그림 4-18에서 보듯 다운로드를 하면 한 과정이 모
두 끝납니다. 이제 코드 [15]부터 코드 [17]까지를 코드 [14]에서 구한 구 이름별로 실행해서 저장하
면 됩니다. 그 전에 그림 4-18에서 받은 파일은 꼭 삭제해야 합니다.

그림 4-18 엑셀로 다운로드한 결과

```
In [18]:    import time
            from tqdm import tqdm_notebook

            for gu in tqdm_notebook(gu_names):
                element = driver.find_element_by_id("SIGUNGU_NM0")
                element.send_keys(gu)

                time.sleep(2)
```

```
xpath = """//*[@id="searRgSelect"]"""
element_sel_gu = driver.find_element_by_xpath(xpath).click()

time.sleep(1)

xpath = """//*[@id="glopopd_excel"]"""
element_get_excel = driver.find_element_by_xpath(xpath).click()

time.sleep(1)
```

이제 서울시 25개 구에 대해 반복문을 수행하면 됩니다. 적절히 중간중간에 기다리라는 time.sleep 명령을 사용했으며 25개 구에 대한 주유소 기름값을 저장한 엑셀 파일은 그림 4-19에 있는 다운로드 폴더에 저장되었습니다.

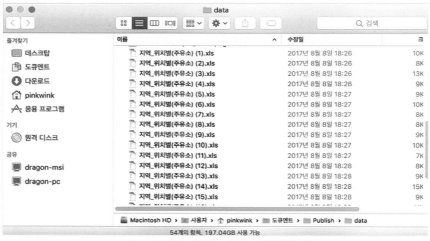

그림 4-19 다운로드된 주유 가격이 저장된 엑셀 파일

In [19]:   driver.close()

이제 크롬 드라이버는 닫고 저장된 엑셀 파일로 셀프 주유소가 실제로 저렴한지 여부를 확인해보겠습니다.

+++ 4-3 구별 주유 가격에 대한 데이터의 정리 +++

4-2절에서 받은 25개의 엑셀 파일을 우리가 다루는 data 폴더로 옮깁니다. 이전에 배운 엑셀 파일을 read하는 명령으로 하나하나 읽으면 25줄을 입력해야 하지만 파이썬에는 이를 해결해줄 좋은 모듈이 있습니다. 이번 절부터 소스 코드 번호를 다시 [1]부터 시작하여 새로운 파일로 작성하겠습니다.

```
In [1]:   import pandas as pd
          from glob import glob
```

pandas와 파일 glob라고 하는 파일 경로 등을 쉽게 접근할 수 있게 해주는 모듈을 import합니다. Glob도 많은 기능이 있지만,

```
In [2]:   glob('../data/지역*.xls')
```

위와 같이 /data 폴더 안에 지역으로 시작하는 xls 파일 전체를 의미하는 ../data/지역*.xls과 같은 명령을 사용할 수 있습니다. 위 코드 [2]의 결과는 아래와 같습니다.

```
Out[2]:   ['../data/지역_위치별(주유소) (1).xls',
           '../data/지역_위치별(주유소) (10).xls',
           '../data/지역_위치별(주유소) (11).xls',
           '../data/지역_위치별(주유소) (12).xls',
           '../data/지역_위치별(주유소) (13).xls',
           '../data/지역_위치별(주유소) (14).xls',
           '../data/지역_위치별(주유소) (15).xls',
           '../data/지역_위치별(주유소) (16).xls',
           '../data/지역_위치별(주유소) (17).xls',
           '../data/지역_위치별(주유소) (18).xls',
           '../data/지역_위치별(주유소) (19).xls',
           '../data/지역_위치별(주유소) (2).xls',
           '../data/지역_위치별(주유소) (20).xls',
           '../data/지역_위치별(주유소) (21).xls',
           '../data/지역_위치별(주유소) (22).xls',
           '../data/지역_위치별(주유소) (23).xls',
           '../data/지역_위치별(주유소) (24).xls',
```

```
In [3]:   stations_files = glob('../data/지역*.xls')
          stations_files
```

이제 station_files 변수에 각 엑셀 파일의 경로와 이름을 리스트로 저장합니다.

```
In [4]:  tmp_raw = []

         for file_name in stations_files:
             tmp = pd.read_excel(file_name, header=2)
             tmp_raw.append(tmp)

         station_raw = pd.concat(tmp_raw)
```

그리고 read_excel로 각 파일을 반복문을 이용해서 읽은 후 tml_raw 변수에 append시킵니다. 반복문이 끝나고 나면 concat 명령으로 쉽게 하나로 합칠 수 있습니다. 방금 여러분들은 25개 엑셀 파일을 하나로 합쳤습니다.

```
In [5]:  station_raw.info()

         <class 'pandas.core.frame.DataFrame'>
         Int64Index: 545 entries, 0 to 45
         Data columns (total 10 columns):
         지역        545 non-null object
         상호        545 non-null object
         주소        545 non-null object
         상표        545 non-null object
         전화번호      545 non-null object
         셀프여부      545 non-null object
         고급휘발유     545 non-null object
         휘발유       545 non-null object
         경유        545 non-null object
         실내등유      545 non-null object
         dtypes: object(10)
         memory usage: 46.8+ KB
```

총 545개의 주유소 정보가 저장된 것을 알 수 있습니다. 그러나 가격 정보가 숫자형(int, float)이 아니어서 나중에 처리해야 하겠습니다.

```
In [6]:  station_raw.head()
```

Out[6]:

	지역	상호	주소	상표	전화번호	셀프여부	고급휘발유	휘발유	경유	실내등유
0	서울특별시	구천면주유소	서울 강동구 구천면로 357 (암사동)	현대오일뱅크	02-441-0536	N	-	1456	1267	-
1	서울특별시	GS칼텍스㈜직영 신월주유소	서울 강동구 양재대로 1323 (성내동)	GS칼텍스	02-475-2600	N	1767	1458	1267	-
2	서울특별시	광성주유소	서울 강동구 올림픽로 673 (천호동)	S-OIL	02-470-5133	N	-	1468	1268	1100
3	서울특별시	㈜퍼스트오일 코알라주유소	서울특별시 강동구 올림픽로 556 (성내동)	S-OIL	02-484-1162	Y	-	1488	1288	-
4	서울특별시	㈜소모에너지엔테크놀러지 성내주유소	서울 강동구 올림픽로 578 (성내동)	GS칼텍스	02-479-3838	Y	-	1488	1288	-

최근 변경된 Jupyter Notebook의 pandas 테이블을 보여주는 방식은 예쁘게 출력되도록 변경된 것 같습니다. 그리고 주유소 정보를 보면 셀프 여부와 가격 등의 정보가 있는 것을 확인했습니다.

```
In [7]: stations = pd.DataFrame({'Oil_store':station_raw['상호'],
                                 '주소':station_raw['주소'],
                                 '가격':station_raw['휘발유'],
                                 '셀프':station_raw['셀프여부'],
                                 '상표':station_raw['상표']   })
        stations.head()
```

이제 원하는 컬럼만 가지고 오고 이름도 다시 정의해서 stations라는 변수에 저장하겠습니다. 경우나 고급휘발유도 대상으로 하고 싶지만 우리는 학습의 목적이므로 휘발유만 대상으로 하겠습니다.

Out[7]:

	Oil_store	가격	상표	셀프	주소	외국인비율	고령자비율
0	구천면주유소	1456	현대오일뱅크	N	서울 강동구 구천면로 357 (암사동)	8.663598	13.006191
1	GS칼텍스㈜직영 신월주유소	1458	GS칼텍스	N	서울 강동구 양재대로 1323 (성내동)	7.342345	12.925255
2	광성주유소	1468	S-OIL	N	서울 강동구 올림픽로 673 (천호동)	7.007998	12.689506

3	(주)퍼스트오일 코알라주유소	1488	S-OIL	Y	서울특별시 강동구 올 림픽로 556 (성내동)	6.700690	15.583909
4	(주)소모에너지엔 테크놀러지성내주유소	1488	GS칼텍스	Y	서울 강동구 올림픽로 578 (성내동)	6.038828	14.836427

여기에 추가로 주소에서 구 이름만 추출합니다. 그래서 구별 주유 가격도 조사하겠습니다.

```
In [8]:  stations['구'] = [eachAddress.split()[1] for eachAddress in stations['주소']]
         stations.head()
```

코드 [7]의 출력을 보면 주소 컬럼의 주소를 봤을 때 빈 칸을 기준으로 분리(split)시키고 두 번째 단어를 선택하면 구 이름이 될 것 같습니다.

Out[8]:

	Oil_store	가격	상표	셀프	주소	구
0	구천면주유소	1456	현대오일뱅크	N	서울 강동구 구천면로 357 (암사동)	강동구
1	GS칼텍스㈜직영 신월주유소	1458	GS칼텍스	N	서울 강동구 양재대로 1323 (성내동)	강동구
2	광성주유소	1468	S-OIL	N	서울 강동구 올림픽로 673 (천호동)	강동구
3	(주)퍼스트오일 코알라주유소	1488	S-OIL	Y	서울특별시 강동구 올 림픽로 556 (성내동)	강동구
4	(주)소모에너지엔 테크놀러지성내주유소	1488	GS칼텍스	Y	서울 강동구 올림픽로 578 (성내동)	강동구

일단 head()만 조사했을 때는 이상 없어 보입니다만 5백여 개나 되는 데이터를 다 보기에는 난감합니다. 이때는 unique() 검사를 수행하면 됩니다.

```
In [9]:  stations['구'].unique()
```

```
Out[9]:  array(['강동구', '동대문구', '동작구', '마포구', '서대문구', '서초구', '성동구', '서울특별시', '성북구',
                '송파구', '양천구', '영등포구', '강북구', '용산구', '은평구', '종로구', '중구', '중랑구',
                '강서구', '관악구', '광진구', '구로구', '금천구', '노원구', '도봉구', '특별시', '강남구'],
               dtype=object)
```

그 결과를 보면 '서울특별시'와 '특별시'라는 항목이 구 이름이 아닌데 들어 있다는 것을 확인할 수 있습니다.

```
In [10]:   stations[stations['구']=='서울특별시']
```

	Oil_store	가격	상표	셀프	주소	구
13	SK네트웍스(주)효진주유소	1539	SK에너지	N	1 서울특별시 성동구 동일로 129 (성수동2가)	서울특별시

Out[10]: 의 내용으로 표시

서울특별시로 확인해보니 애초 주소가 입력될 때 알 수 없는 글자가 하나 들어가서 칸 수가 맞지 않았습니다.

```
In [11]:   stations.loc[stations['구']=='서울특별시', '구'] = '성동구'
           stations['구'].unique()
```

예외 상황으로 보고 직접 변경합니다.

```
In [12]:   stations[stations['구']=='특별시']
```

	Oil_store	가격	상표	셀프	주소	구
8	서현주유소	1429	S-OIL	Y	서울 특별시 도봉구 방학로 142	특별시

또, 특별시로 되었던 것도 검색했습니다. 이번에는 서울특별시라고 적지 않고 서울과 특별시를 띄어쓰기를 해서 발생한 문제입니다.

```
In [13]:   stations.loc[stations['구']=='특별시', '구'] = '도봉구'
           stations['구'].unique()
```

이것도 예외 처리를 하도록 합니다.

```
In [14]:   stations[stations['가격']=='-']
```

한 가지 문제가 더 있는데 바로 가격이 기록된 컬럼이 숫자형이 아니었다는 것입니다. 그래서 확인했더니 가격이 기록되지 않은 경우 '-' 문자를 기입한 듯합니다.

	Oil_store	가격	상표	셀프	주소	구
21	삼미상사(주)공유주유소	-	SK에너지	N	서울 동대문구 한천로 100 (장안동)	동대문구
40	한강에너지(주)퍼스트파크주유소	-	SK에너지	Y	서울 서초구 헌릉로 177 (내곡동)	서초구
41	오토테크	-	GS칼텍스	N	서울 서초구 효령로 356 (서초동)	서초구
34	하나주유소	-	S-OIL	N	서울특별시 영등포구 도림로 236 (신길동)	영등포구
13	(주)에이앤이청담주유소	-	SK에너지	Y	서울특별시 강북구 도봉로 155 (미아동)	강북구
16	(주)우남에너지 동천주유소	-	S-OIL	N	서울특별시 중랑구 동일로 654 (면목동) S-oil 동천주유소	중랑구
17	대농제2주유소	-	SK에너지	N	서울특별시 중랑구 사가정로 341 (면목동)	중랑구

이 주유소들에 대해 우리가 가격을 일일이 확인할 수는 없으니 가격 정보가 기입하지 않은 주유소는 대상에서 제외하도록 하겠습니다.

```
In [15]:   stations = stations[stations['가격'] != '-']
           stations.head()
```

	Oil_store	가격	상표	셀프	주소	구
0	구천면주유소	1456	현대오일뱅크	N	서울 강동구 구천면로 357 (암사동)	강동구
1	GS칼텍스㈜직영 신월주유소	1458	GS칼텍스	N	서울 강동구 양재대로 1323 (성내동)	강동구
2	광성주유소	1468	S-OIL	N	서울 강동구 올림픽로 673 (천호동)	강동구
3	(주)퍼스트오일 코알라주유소	1488	S-OIL	Y	서울특별시 강동구 올림픽로 556 (성내동)	강동구
4	(주)소모에너지엔 테크놀러지성내주유소	1488	GS칼텍스	Y	서울 강동구 올림픽로 578 (성내동)	강동구

아직 가격 정보가 숫자형으로 변환되지는 않았습니다.

```
In [16]:   stations['가격'] = [float(value) for value in stations['가격']]
```

이제 변수 stations의 가격 컬럼은 float형으로 변경되었습니다.

```
In [17]:   stations.reset_index(inplace=True)
           del stations['index']
```

그리고 25개의 엑셀을 합쳤기 때문에 index가 중복될 수 있습니다. 그래서 reset_index 명령으로 인덱스를 처음부터 다시 기록하도록 합니다. 그러면 다시 index라는 컬럼이 하나 더 생성되는데 그 부분을 제거하도록 합니다.

```
In [18]:   stations.info()

           <class 'pandas.core.frame.DataFrame'>
           RangeIndex: 538 entries, 0 to 537
           Data columns (total 6 columns):
           Oil_store      538 non-null object
           가격            538 non-null float64
           상표            538 non-null object
           셀프            538 non-null object
           주소            538 non-null object
           구             538 non-null object
           dtypes: float64(1), object(5)
           memory usage: 25.3+ KB
```

이제 어느 정도 데이터가 준비됐습니다.

+++ 4-4 셀프 주유소는 정말 저렴한지 boxplot으로 확인하기 +++

앞 절까지 수행한 일로 우리는 셀프 주유소가 정말 저렴한지 확인할 수 있는 데이터를 모두 준비했습니다. 이번에는 아주 간단하게 그래프를 통해 셀프 주유소가 저렴한지 확인하겠습니다.

```
In [20]:   import matplotlib.pyplot as plt
           import seaborn as sns
           %matplotlib inline

           import platform

           path = "c:/Windows/Fonts/malgun.ttf"
           from matplotlib import font_manager, rc
           if platform.system() == 'Darwin':
               rc('font', family='AppleGothic')
           elif platform.system() == 'Windows':
               font_name = font_manager.FontProperties(fname=path).get_name()
               rc('font', family=font_name)
           else:
               print('Unknown system... sorry~~~~')
```

그전에 한글 문제를 해결하는 코드를 준비합니다.

In [21]: `stations.boxplot(column='가격', by='셀프', figsize=(12,8));`

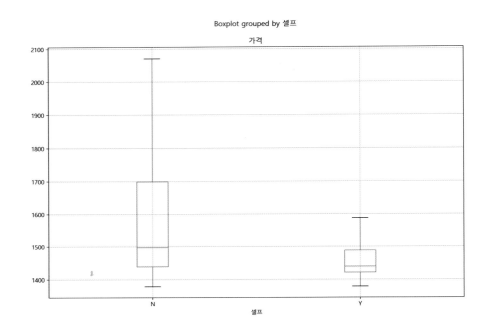

boxplot[2]으로 간편하게 셀프 컬럼을 기준으로 가격 분포를 확인할 수 있게 되었습니다. 코드 [21]의 결과를 보면 직사각형이 데이터의 대다수가 몰려 있는 곳이라는 것은 직관적으로 알 수 있습니다. 전반적으로 셀프 주유소인 경우가 가격이 낮게 되어 있습니다.

In [22]:
```
plt.figure(figsize=(12,8))
sns.boxplot(x="상표", y="가격", hue="셀프", data=stations, palette="Set3")
plt.show()
```

이번에는 주유소의 상표별로 셀프 주유소가 얼마나 저렴한지 확인해보겠습니다.

---

[2] boxplot을 그리는 법에 대해서는 https://goo.gl/RwJvTi 참조

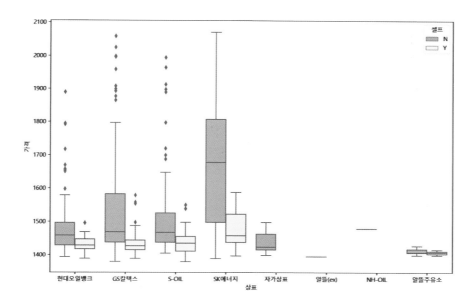

현대 오일뱅크, GS칼텍스, S-Oil, SK에너지 모두 셀프 주유소가 저렴합니다. SK에너지는 그중 가격대가 가 장 높게 형성되어 있는 것을 알 수 있습니다.

```
In [23]:  plt.figure(figsize=(12,8))
          sns.boxplot(x="상표", y="가격", data=stations, palette="Set3")
          sns.swarmplot(x="상표", y="가격", data=stations, color=".6")
          plt.show()
```

Swarmplot을 같이 그려보면 좀 더 확실히 데이터의 분포를 볼 수 있습니다. 셀프 주유소 말고 상표별 데이터를 확인했는데 SK에너지가 높은 가격대를 형성하는 주유소가 많았습니다. 전반적으로는 현대 오일뱅크가 4대 주유 브랜드 중에서는 저렴하다는 것을 확인할 수 있습니다.

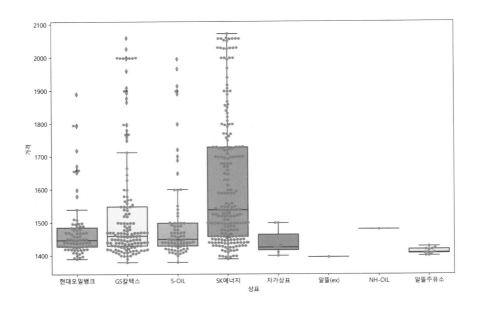

이렇게 해서 셀프 주유소는 대체로 저렴하다고 이야기할 수 있겠습니다. 여기서 한 단계 더 나아가서 서울시 구별 주유 가격, 서울에서 높은 가격의 주유소나 낮은 가격의 주유소에 대해서도 확인해보겠습니다.

+++ 4-5 서울시 구별 주유 가격 확인하기 +++

```
In [24]:    import json
            import folium
            import googlemaps
            import warnings
            warnings.simplefilter(action = "ignore", category = FutureWarning)
```

먼저 지도를 그리기 위해 필요한 모듈을 import합니다. 이제 서울시에서 가장 주유 가격이 비싼 주유소를 보겠습니다. 현재 집필 날짜인 17년 8월 9일 아침 기준입니다. 코드 [25]의 결과를 보면 '중구', '강남구', '종로구', '용산구'가 눈에 보입니다.

In [25]: `stations.sort_values(by='가격', ascending=False).head(10)`

Out[25]:

	Oil_store	가격	상표	셀프	주소	구
331	서남주유소	2071.0	SK에너지	N	서울 중구 통일로 30 (봉래동1가)	중구
330	필동주유소	2059.0	GS칼텍스	N	서울특별시 중구 퇴계로 196 (필동2가)	중구
537	뉴서울(강남)	2058.0	SK에너지	N	서울 강남구 언주로 716 (논현동)	강남구
289	갈월동주유소	2056.0	SK에너지	N	서울특별시 용산구 한강대로 322 (갈월동)	용산구
319	재동주유소	2056.0	SK에너지	N	서울특별시 종로구 율곡로 58	종로구
329	통일주유소	2056.0	SK에너지	N	서울 중구 동호로 296 (장충동2가)	중구
291	청파주유소	2056.0	SK에너지	N	서울특별시 용산구 청파로 311 (청파동1가)	용산구
290	강변주유소	2056.0	SK에너지	N	서울특별시 용산구 원효로 9 (청암동)	용산구
288	흥국주유소	2055.0	SK에너지	N	서울 용산구 한남대로 204 (한남동)	용산구
328	장충주유소	2051.0	SK에너지	N	서울 중구 장충단로 202 (장충동1가)	중구

In [26]: `stations.sort_values(by='가격', ascending=True).head(10)`

Out[26]:

	Oil_store	가격	상표	셀프	주소	구
293	신사제일주유소	1379.0	GS칼텍스	N	서울특별시 은평구 증산로 423 (신사동)	은평구
292	다회주유소	1379.0	S-OIL	Y	서울 은평구 증산로 441	은평구
296	(주)삼표에너지 수색주유소	1389.0	GS칼텍스	Y	서울 은평구 수색로 198 (증산동)	은평구
294	타이거주유소	1389.0	SK에너지	N	서울 은평구 수색로 188 (증산동)	은평구
295	(주)명연에너지 수색훼미리주유소	1389.0	현대오일뱅크	Y	서울 은평구 수색로 236 (수색동)	은평구
66	(주)가재울 뉴타운주유소	1393.0	현대오일뱅크	Y	서울특별시 서대문구 모래내로 205(남가좌동)	서대문구
41	서경주유소	1394.0	현대오일뱅크	Y	서울 동작구 대림로 46 (신대방동)	동작구
421	풀페이주유소	1395.0	SK에너지	N	서울특별시 구로구 경인로 41	구로구
420	신오류	1395.0	SK에너지	N	서울 구로구 경인로 161 (오류동)	구로구
84	만남의광장주유소	1395.0	알뜰(ex)	N	서울 서초구 양재대로12길 73-71 (원지동)	서초구

이번에는 서울시에서 가장 낮은 주유 가격의 주유소입니다. '은평구', '서대문구', '구로구'가 보입니다. 이런 개별 데이터를 가지고 구별 정보를 이야기하기는 어렵습니다.

```
In [27]:  import numpy as np
          gu_data = pd.pivot_table(stations, index=["구"], values=["가격"],
                                    aggfunc=np.mean)
          gu_data.head()
```

Out[27]:

구	가격
강남구	1713.500000
강동구	1562.500000
강북구	1428.307692
강서구	1483.257143
관악구	1499.882353

pivot_table을 이용해서 구별 가격 정보로 변경하고 가격은 평균값으로 정리하겠습니다.

```
In [28]:  geo_path = '../data/02. skorea_municipalities_geo_simple.json'
          geo_data = json.load(open(geo_path, encoding='utf-8'))

          map = folium.Map(location=[37.5502, 126.982], zoom_start=10.5,
                           tiles='Stamen Toner')
          map.choropleth(geo_str = geo_str,
                         data = gu_data,
                         columns=[gu_data.index, '가격'],
                         fill_color='PuRd', #PuRd, YlGnBu
                         key_on='feature.id')
          map
```

이를 서울시 구별 정보에 대해 지도로 표현하겠습니다. 평균적으로 중구, 중랑구, 서초구, 강남구가 주유 가격이 아주 높아 보입니다.

Out[28]: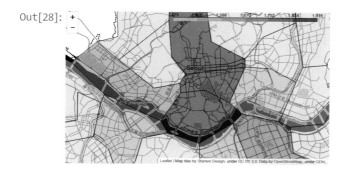

+++ 4-6 서울시 주유 가격 상하위 10개 주유소 지도에 표기하기+++

주유 가격 상위 10개 주유소를 oil_price_top10 이름으로 저장합니다.

```
In [29]:   oil_price_top10 = stations.sort_values(by='가격', ascending=False).head(10)
           oil_price_top10
```

역시 하위 10개에 대해서도 oil_price_bottom10에 저장합니다.

```
In [30]:   oil_price_bottom10 = stations.sort_values(by='가격', ascending=True).head(10)
           oil_price_bottom10
```

```
In [31]:   gmap_key = "AIzaSyBYEVIJWcjLeFeZs7aEaV_f0pVhM4D2x68"
           gmaps = googlemaps.Client(key=gmap_key)
```

앞 장에서 확보했던 Google Maps API용 Key를 입력합니다.

```
In [32]:   from tqdm import tqdm_notebook

           lat = []
           lng = []

           for n in tqdm_notebook(oil_price_top10.index):
               try:
                   tmp_add = str(oil_price_top10['주소'][n]).split('(')[0]
```

```
        tmp_map = gmaps.geocode(tmp_add)

        tmp_loc = tmp_map[0].get('geometry')
        lat.append(tmp_loc['location']['lat'])
        lng.append(tmp_loc['location']['lng'])

    except:
        lat.append(np.nan)
        lng.append(np.nan)
        print("Here is nan !")

oil_price_top10['lat'] = lat
oil_price_top10['lng'] = lng
oil_price_top10
```

이제 주유 가격 상위 10개 주유소에 대해 위도, 경도 정보를 읽어옵니다. 혹시 알 수 없는 문제, 이를테면 구글맵에서 주소를 검색할 수 없다든지 하는 문제로 에러가 나는 것에 대비해서 try - except 구문을 사용했습니다. try 구문을 실행하다가 에러가 나면 except 구문에서 지정된 코드를 실행하게 되는데 이 경우는 NaN을 저장하도록 했습니다.

Out[32]:

	Oil_store	가격	상표	셀프	주소	구	lat	lng
331	서남주유소	2071.0	SK에너지	N	서울 중구 통일로 30 (봉래동1가)	중구	37.558348	126.972090
330	필동주유소	2059.0	GS칼텍스	N	서울특별시 중구 퇴계로 196 (필동2가)	중구	37.560850	126.993653
537	뉴서울(강남)	2058.0	SK에너지	N	서울 강남구 언주로 716 (논현동)	강남구	37.517636	127.035756

```
In [33]:  lat = []
          lng = []

          for n in tqdm_notebook(oil_price_bottom10.index):
              try:
                  tmp_add = oil_price_bottom10['주소'][n].split('(')[0]
                  tmp_map = gmaps.geocode(tmp_add)

                  tmp_loc = tmp_map[0]['geometry']
                  lat.append(tmp_loc['location']['lat'])
                  lng.append(tmp_loc['location']['lng'])
```

```
    except:
        lat.append(np.nan)
        lng.append(np.nan)
        print("Here is nan !")

oil_price_bottom10['lat'] = lat
oil_price_bottom10['lng'] = lng
oil_price_bottom10
```

동일하게 주유 가격이 가장 낮은 10개 주유소에 대해서도 작업을 수행했습니다.

Out[33]:

	Oil_store	가격	상표	셀프	주소	구	lat	lng
293	신사제일주유소	1379.0	GS칼텍스	N	서울특별시 은평구 증산로 423 (신사동)	은평구	37.594051	126.913921
292	다회주유소	1379.0	S-OIL	Y	서울 은평구 증산로 441	은평구	37.595592	126.914451
296	(주)삼표에너지 수색주유소	1389.0	GS칼텍스	Y	서울 은평구 수색로 198 (증산동)	은평구	37.579036	126.901231

```
In [34]:  map = folium.Map(location=[37.5202, 126.975], zoom_start=10.5)

          for n in oil_price_top10.index:
              if pd.notnull(oil_price_top10['lat'][n]):
                  folium.CircleMarker([oil_price_top10['lat'][n], oil_price_top10['lng'][n]],
                                      radius=15, color='#CD3181',
                                      fill_color='#CD3181').add_to(map)

          for n in oil_price_bottom10.index:
              if pd.notnull(oil_price_bottom10['lat'][n]):
                  folium.CircleMarker([oil_price_bottom10['lat'][n],
                                       oil_price_bottom10['lng'][n]],
                                      radius=15, color='#3186cc',
                                      fill_color='#3186cc').add_to(map)

          map
```

이제 코드 [32], [33]에서 혹시 에러가 나면 NaN으로 처리한 것에 대해 notnull 명령을 이용해서 NaN이 아닐 때만 지도에 표기하도록 합니다.

Out[34]: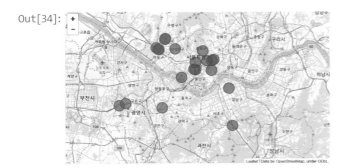

코드 [28]의 결과와 비교하면 대체로 '중구', '중랑구'에 비싼 주유소가 몰려 있고, '은평구', '구로구'에 저렴한 주유소가 몰려 있다는 것을 알 수 있습니다. 광화문 일대로 자동차를 운전해서 들어간다면 미리 기름을 채우면 좋다는 추론을 할 수 있습니다.

5장 우리나라 인구 소멸 위기 지역 분석

5장 + 우리나라 인구 소멸 위기 지역 분석

이번에는 우리나라의 인구 소멸 위기 지역에 대해 조사하겠습니다. 인구 소멸 위기 지역을 시각화해서 위기감을 일으키는 것이 목적입니다. 그러기 위해서는 이전에 했던 서울시 지도가 아니라 대한민국 지도가 그려져야 합니다. 이번 절에서는 대한민국 지도를 그리고 그 위에 인구 소멸 위기 지역에 대해 매핑해서 시각화하는 것을 최종 목표로 합니다.

+++ 5-1 목표 명확히 하기 +++

이상호 한국고용정보원 연구원의 〈한국의 지방소멸에 관한 7가지 분석〉이라는 보고서에서 사용한 방법으로, 인구 소멸 지역의 정의를 65세 이상 노인 인구와 20~39세 여성 인구를 비교해서 젊은 여성 인구가 노인 인구의 절반에 미달할 경우 인구 소멸 위험 지역으로 분류하는 방법입니다.

이 방식에 따라 먼저 각 지역별 20~30대 여성 인구수를 파악해야 하며, 또 65세 이상 노인 인구수를 파악해야 합니다. 또한 인구 소멸 위기 지역인지 파악해야 합니다. 그리고 한 단계 더 나아가 한국 지도에 시각화하기 위해 한국 지도를 그리는 법을 확보해야 합니다. 한국 지도 그리는 법은 앞서 사용한 Folium을 이용한 방법과 또 다른 방법 모두 확인해보겠습니다.

+++ 5-2 인구 데이터 확보하고 정리하기 +++

그림 5-1 국가통계포털

그림 5-1은 국가통계포털[1]에 접속한 화면입니다. 여기서 인구 가구 > 인구부문 > 총조사 인구 총괄 > 총조사인구(2015) > 성 연령 및 세대구성별 인구 - 시군구를 선택하고 다시 각 지역별 항목과 필요한 연령대별 항목을 선택해서 데이터를 받아야 합니다. 물론 이렇게 직접 받아서 해야 하는데, 지금은 이 과정을 일일이 설명하는 것도 쉽지 않고 또 파이썬을 배우는 1차 목표를 놔두고 책과 데이터를 일치시키는 문제로 시간을 보내는 것도 어려운 일입니다. 그래서 이 책의 데이터를 보관하는 github[2]으로 가서 05. population_raw_data.xlsx를 다운받아 data 폴더에 복사합니다.

	A	B	C	D	E	F	G	H	I	J	K	L	M	N
1	행정구역(동읍면)별(1)	행정구역(동읍면)별(2)	항목	2016										
2				계	20 - 24세	25 - 29세	30 - 34세	35 - 39세	65 - 69세	70 - 74세	75 - 79세	80 - 84세	85 - 89세	90 -
3	전국	소계	총인구수 (명)	51,696,216	3,541,061	3,217,367	3,517,868	4,016,272	2,237,345	1,781,229	1,457,890	909,130	416,164	14
4			남자인구수 (명)	25,827,594	1,877,127	1,682,988	1,806,754	2,045,265	1,072,395	806,680	600,607	319,391	113,221	3
5			여자인구수 (명)	25,868,622	1,663,934	1,534,379	1,711,114	1,971,007	1,164,950	974,549	857,283	589,739	302,943	10
6	서울특별시	소계	총인구수 (명)	9,930,616	690,728	751,973	803,507	817,467	448,956	350,580	251,961	141,649	66,067	2
7			남자인구수 (명)	4,876,789	347,534	372,249	402,358	410,076	211,568	163,766	112,076	54,033	19,595	
8			여자인구수 (명)	5,053,827	343,194	379,724	401,149	407,391	237,388	186,814	139,885	87,616	46,472	1
9		종로구	총인구수 (명)	152,737	11,379	11,891	10,684	10,379	7,411	6,636	5,263	3,104	1,480	
10			남자인구수 (명)	75,201	5,620	6,181	5,387	5,034	3,411	3,009	2,311	1,289	506	
11			여자인구수 (명)	77,536	5,759	5,710	5,297	5,345	4,000	3,627	2,952	1,815	974	
12		중구	총인구수 (명)	125,249	8,216	9,529	10,332	10,107	6,399	5,313	4,127	2,502	1,260	
13			남자인구수 (명)	62,204	4,142	4,792	5,192	5,221	3,113	2,405	1,752	929	414	
14			여자인구수 (명)	63,045	4,074	4,737	5,140	4,886	3,286	2,908	2,375	1,573	846	
15		용산구	총인구수 (명)	230,241	14,317	16,972	19,032	19,127	10,675	9,093	7,477	4,553	2,254	
16			남자인구수 (명)	111,601	6,937	8,373	9,455	9,434	4,834	3,975	3,094	1,739	750	
17			여자인구수 (명)	118,640	7,380	8,599	9,577	9,693	5,841	5,118	4,383	2,814	1,504	
18		성동구	총인구수 (명)	299,259	20,813	23,383	25,507	25,979	12,938	10,734	7,989	4,450	1,944	
19			남자인구수 (명)	148,326	10,609	11,848	12,692	13,154	6,090	4,863	3,480	1,698	580	
20			여자인구수 (명)	150,933	10,204	11,535	12,815	12,825	6,848	5,871	4,509	2,752	1,364	

그림 5-2 국가통계포털에서 다운받은 인구 현황

```
In [1]:   import pandas as pd
          import numpy as np

          import platform
          import matplotlib.pyplot as plt

          %matplotlib inline

          path = "c:/Windows/Fonts/malgun.ttf"
```

---

[1] http://kosis.kr/index/index.jsp
[2] https://goo.gl/5wWzLL

```
from matplotlib import font_manager, rc
if platform.system() == 'Darwin':
    rc('font', family='AppleGothic')
elif platform.system() == 'Windows':
    font_name = font_manager.FontProperties(fname=path).get_name()
    rc('font', family=font_name)
else:
    print('Unknown system... sorry~~~~')

plt.rcParams['axes.unicode_minus'] = False
```

이제 각 장이 진행될수록 코드 [1]이 익숙해질 것입니다. 항상 매 장마다 새롭게 Jupyter Notebook 파일을 만들어서 시작한다고 생각하기 때문에 이러한 설정으로 매번 진행하게 됩니다.

```
In [2]:  population = pd.read_excel('../data/05. population_raw_data.xlsx', header=1)
         population.fillna(method='pad', inplace=True)

         population.rename(columns = {'행정구역(동읍면)별(1)':'광역시도',
                                      '행정구역(동읍면)별(2)':'시도',
                                      '계':'인구수'}, inplace=True)

         population = population[(population['시도'] != '소계')]

         population
```

그림 5-2에 보이지만 복잡한 형태의 엑셀 형식이므로 설정을 해야 할 것이 몇 줄 됩니다. 먼저 두 번째 줄부터 읽어야 하고, 빈 셀에 대해 NaN 처리를 하지 않고 그 앞 내용으로 채우도록 합니다. 그리고 적절히 컬럼의 이름을 바꾸고 중간중간에 있는 '소계'라는 항목도 삭제했습니다.

Out [2]:

	광역시도	시도	항목	인구수	20 - 24세	25 - 29세	30 - 34세	35 - 39세	65 - 69세	70 - 74세	75 - 79세	80 - 84세
6	서울특별시	종로구	총인구수 (명)	152737.0	11379.0	11891.0	10684	10379.0	7411.0	6636.0	5263	3104.0
7	서울특별시	종로구	남자인구수 (명)	75201.0	5620.0	6181.0	5387	5034.0	3411.0	3009.0	2311	1289.0
8	서울특별시	종로구	여자인구수 (명)	77536.0	5759.0	5710.0	5297	5345.0	4000.0	3627.0	2952	1815.0

그렇게 얻은 결과 중 일부입니다. 웹 브라우저에서는 스크롤해야 할 정도의 양이 될 것입니다.

```
In [3]:  population.is_copy = False

         population.rename(columns = {'항목':'구분'}, inplace=True)

         population.loc[population['구분'] == '총인구수 (명)', '구분'] = '합계'
         population.loc[population['구분'] == '남자인구수 (명)', '구분'] = '남자'
         population.loc[population['구분'] == '여자인구수 (명)', '구분'] = '여자'

         population
```

그리고 원래 '항목'으로 되어 있던 컬럼을 '구분'으로 이름을 바꾸고, '총인구수(명)'와 같이 긴 이름을 간단하게 '합계', '남자', '여자'로 바꾸도록 합니다.

Out [3]:

	광역시도	시도	구분	인구수	20 - 24세	25 - 29세	30 - 34세	35 - 39세	65 - 69세	70 - 74세	75 - 79세	80 - 84세
6	서울특별시	종로구	합계	152737.0	11379.0	11891.0	10684	10379.0	7411.0	6636.0	5263	3104.0
7	서울특별시	종로구	남자	75201.0	5620.0	6181.0	5387	5034.0	3411.0	3009.0	2311	1289.0
8	서울특별시	종로구	여자	77536.0	5759.0	5710.0	5297	5345.0	4000.0	3627.0	2952	1815.0

컬럼 이름은 잘 정리가 되었습니다.

+++ 5-3 인구 소멸 위기 지역 계산하고 데이터 정리하기 +++

5-1절에서 이야기한 것처럼 인구 소멸 위기 지역을 알기 위해서는 먼저 20-30대의 인구를 알아야 합니다. 그리고 65세 이상 인구수도 알아야 합니다.

```
In [4]:  population['20-39세'] = population['20 - 24세'] + population['25 - 29세'] + \
                                population['30 - 34세'] + population['35 - 39세']

         population['65세이상'] = population['65 - 69세'] + population['70 - 74세'] + \
                                population['75 - 79세'] + population['80 - 84세'] + \
                                population['85 - 89세'] + population['90 - 94세'] + \
                                population['95 - 99세'] + population['100+']

         population.head(10)
```

아주 손쉽게 계산할 수 있습니다.

Out [4]:

25 - 29세	30 - 34세	35 - 39세	65 - 69세	70 - 74세	75 - 79세	80 - 84세	85 - 89세	90 - 94세	95 - 99세	100+	20-39세	65세이상
11891.0	10684	10379.0	7411.0	6636.0	5263	3104.0	1480.0	602.0	234	220.0	44333.0	24950.0
6181.0	5387	5034.0	3411.0	3009.0	2311	1289.0	506.0	207.0	89	73.0	22222.0	10895.0
5710.0	5297	5345.0	4000.0	3627.0	2952	1815.0	974.0	395.0	145	147.0	22111.0	14055.0

그 결과는 쉽게 얻을 수 있습니다. 이제 이 많은 컬럼들 중에서 일부만 선택해야 합니다. 그리고 결정적으로 '합계', '남자', '여자'로 되어 있는 구분도 정리해야 합니다. 이럴 때 사용하는 마법 키워드를 우리는 하나 알고 있습니다.

```
In [5]:    pop = pd.pivot_table(population,
                    index = ['광역시도', '시도'],
                    columns = ['구분'],
                    values = ['인구수', '20-39세', '65세이상'])
           pop
```

바로 pivot_table입니다. 광역시도와 시도를 index로 잡고, 인구수와 20-39세, 65세 이상만 데이터로 가져오도록 합니다.

Out[5]:

광역시도	시도	20-39세			65세이상			인구수		
	구분	남자	여자	합계	남자	여자	합계	남자	여자	합계
강원도	강릉시	26286.0	23098.0	49384.0	15767.0	21912.0	37679.0	106231.0	107615.0	213846.0
	고성군	4494.0	2529.0	7023.0	2900.0	4251.0	7151.0	15899.0	14215.0	30114.0
	동해시	11511.0	9753.0	21264.0	6392.0	8732.0	15124.0	47166.0	46131.0	93297.0
	삼척시	8708.0	7115.0	15823.0	5892.0	8718.0	14610.0	35253.0	34346.0	69599.0

그 결과 중 일부입니다. 이제 대망의 인구 소멸 비율을 계산할 수 있습니다. 20-39세 여성 인구와 65세 이상 인구를 지역별로 알게 되었기 때문입니다.

```
In [6]:    pop['소멸비율'] = pop['20-39세','여자'] / (pop['65세이상','합계'] / 2)
           pop.head()
```

아주 간단히 계산합니다.

Out[6]:

		20-39세			65세이상			인구수			소멸비율
	구분	남자	여자	합계	남자	여자	합계	남자	여자	합계	
광역시도	시도										
강원도	강릉시	26286.0	23098.0	49384.0	15767.0	21912.0	37679.0	106231.0	107615.0	213846.0	1.226041
	고성군	4494.0	2529.0	7023.0	2900.0	4251.0	7151.0	15899.0	14215.0	30114.0	0.707314
	동해시	11511.0	9753.0	21264.0	6392.0	8732.0	15124.0	47166.0	46131.0	93297.0	1.289738

이렇게 좋은 결과를 가진 것을 알 수 있습니다.

In [7]: pop['소멸위기지역'] = pop['소멸비율'] < 1.0
         pop.head()

5-1절에서 확인한 인구 소멸 위기 지역에 대한 정의에 의해 코드 [6]에서 계산한 소멸비율이 1 이하면 소멸위기지역이라고 기록합니다.

Out[7]:

20-39세			65세이상			인구수			소멸비율	소멸위기지역
남자	여자	합계	남자	여자	합계	남자	여자	합계		
26286.0	23098.0	49384.0	15767.0	21912.0	37679.0	106231.0	107615.0	213846.0	1.226041	False
4494.0	2529.0	7023.0	2900.0	4251.0	7151.0	15899.0	14215.0	30114.0	0.707314	True
11511.0	9753.0	21264.0	6392.0	8732.0	15124.0	47166.0	46131.0	93297.0	1.289738	False

In [8]: pop[pop['소멸위기지역']==True].index.get_level_values(1)

그리고 해당 지역의 리스트를 뽑았습니다. 대한민국에서 인구 소멸 위기 지역으로 분류된 곳은 다음 과 같습니다.

Out[8]: 고성군, 삼척시, 양양군, 영월군, 정선군, 평창군, 홍천군, 횡성군, 가평군, 양평군, 연천군, 거창군, 고성군, 남해군, 밀양시, 산청군, 의령군, 창녕군, 하동군, 함안군, 함양군, 합천군, 고령군, 군위군, 문경시, 봉화군, 상주시, 성주군, 영덕군, 영양군, 영주시, 영천시, 예천군, 울릉군, 울진군, 의성군, 청도군, 청송군, 부산 동 구, 영도구, 강화군, 옹진군, 강진군, 고흥군, 곡성군, 구례군, 담양군, 보성군, 신안군, 영광군, 영암군, 완도

군, 장성군, 장흥군, 진도군, 함평군, 해남군, 화순군, 고창군, 김제시, 남원시, 무주군, 부안군, 순창군, 임실군, 장수군, 정읍시, 진안군, 공주시, 금산군, 논산시, 보령시, 부여군, 서천군, 예산군, 청양군, 태안군, 홍성군, 괴산군, 단양군, 보은군, 영동군, 옥천군

총 83개 지자체입니다. 이렇게 이름만 나열하는 것은 뭔가 부족해 보입니다. 지도로 시각화하기 위해 조금 더 작업을 진행하겠습니다.

```
In [9]:   pop.reset_index(inplace=True)
          pop.head()
```

Out[9]:

구분	광역시도	시도	20-39세			65세이상			인구수			소멸비율	소멸위기지역
			남자	여자	합계	남자	여자	합계	남자	여자	합계		
0	강원도	강릉시	26286.0	23098.0	49384.0	15767.0	21912.0	37679.0	106231.0	107615.0	213846.0	1.226041	False
1	강원도	고성군	4494.0	2529.0	7023.0	2900.0	4251.0	7151.0	15899.0	14215.0	30114.0	0.707314	True
2	강원도	동해시	11511.0	9753.0	21264.0	6392.0	8732.0	15124.0	47166.0	46131.0	93297.0	1.289738	False
3	강원도	삼척시	8708.0	7115.0	15823.0	5892.0	8718.0	14610.0	35253.0	34346.0	69599.0	0.973990	True
4	강원도	속초시	9956.0	8752.0	18708.0	5139.0	7613.0	12752.0	40288.0	41505.0	81793.0	1.372647	False

먼저 pivot_table에 의해 다단으로 구성된 index를 다시 초기화합니다.

```
In [10]:   tmp_coloumns = [pop.columns.get_level_values(0)[n] + \
                           pop.columns.get_level_values(1)[n]
                           for n in range(0,len(pop.columns.get_level_values(0)))]

           pop.columns = tmp_coloumns

           pop.head()
```

역시 다단으로 표시된 컬럼(column)을 하나로 합칩니다.

	광역시도	시도	20-39세 남자	20-39세 여자	20-39세 합계	65세이상 남자	65세이상 여자	65세이상 합계	인구수남자	인구수여자	인구수합계
0	강원도	강릉시	26286.0	23098.0	49384.0	15767.0	21912.0	37679.0	106231.0	107615.0	213846.0
1	강원도	고성군	4494.0	2529.0	7023.0	2900.0	4251.0	7151.0	15899.0	14215.0	30114.0
2	강원도	동해시	11511.0	9753.0	21264.0	6392.0	8732.0	15124.0	47166.0	46131.0	93297.0

이제 세로축에 지역, 가로축에 연령대별 혹은 성별 인구수가 정리되었습니다.

```
In [11]:  pop.info()
          <class 'pandas.core.frame.DataFrame'>
          RangeIndex: 264 entries, 0 to 263
          Data columns (total 13 columns):
          광역시도          264 non-null object
          시도            264 non-null object
          20-39세남자     264 non-null float64
          20-39세여자     264 non-null float64
          20-39세합계     264 non-null float64
          65세이상남자     264 non-null float64
          65세이상여자     264 non-null float64
          65세이상합계     264 non-null float64
          인구수남자       264 non-null float64
          인구수여자       264 non-null float64
          인구수합계       264 non-null float64
          소멸비율         264 non-null float64
          소멸위기지역      264 non-null bool
          dtypes: bool(1), float64(10), object(2)
          memory usage: 25.1+ KB
```

요약 정리에서도 큰 문제 없이 진행된 것으로 보입니다. 총 264개 항목에 인구수는 숫자형으로 잡혔고, 소멸위기지역은 bool형으로 잡혀 있습니다.

+++ 5-4 대한민국 지도 그리는 방법에 대한 소개 +++

이미 Folium은 우리가 사용할 줄 아는 모듈입니다. 그러나 Folium에도 접근하기 어려운 부분이 있습니다. 바로 경계선을 그려주는 json 파일을 구하는 것입니다.

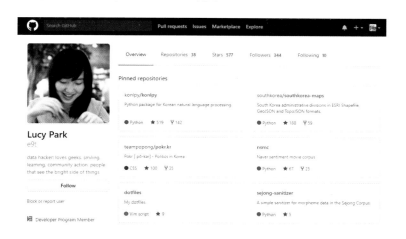

그림 5-3 Lucy Park 님이 운영하는 Github

일단 Lucy Park이라는 이름으로 활동하는 github 사이트가 있습니다(그림 5-3). Lucy Park 님은 인터넷 상에서 참으로 좋아하고 존경하는 분입니다. GIhub에서는 e9t라는 아이디로 활동합니다. https://goo.gl/xi5pKD로 접속하면 그림 5-4에 보듯 대한민국 시군구 단위로 구분된 json 파일을 얻을 수 있습니다.

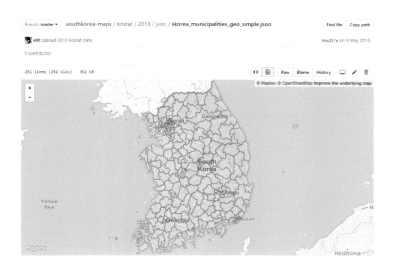

그림 5-4 Lucy Park의 github에서 얻을 수 있는 json

그러나 그림 5-4에 있는 데이터를 사용하기에는 문제가 몇 가지 있습니다. 일단 이 데이터가 2013년에 최종 업데이트가 되어서 2013년 후 개편된 주소 구분과 안 맞을 수 있습니다. 대표적인 곳이 충주시 청원구, 서원구, 흥덕구가 변경된 것입니다. 우리가 직접 json 파일을 만들 수는 없으니 이런 부분은 어쩔 수 없이 이 지도를 따라야 합니다.

그림 5-4의 지도처럼 실제 대한민국과 지리적으로 일치하는 지도는 다 좋지만 우리나라는 수도권에 인구가 밀집된 지역이라 지역의 이름과 구분을 더 잘하기 위해서는 조금 부족합니다. 물론 전체적인 느낌을 전달할 때는 효과적이지만 인구가 많이 있는 지역을 부각하고, 지역 이름을 더 잘 드러낼 수 있으면 좋겠습니다.

제가 운용하는 블로그에서 소개한 적인 있는 방법[3]을 사용하려고 합니다. 이 방법은 그림 5-5에 있는 혜식 님의 블로그[4]입니다.

그림 5-5 혜식 님의 블로그

[3] http://pinkwink.kr/1005
[4] https://goo.gl/5wWzLL

그림 5-6 혜식 님의 블로그에서 지도를 그린 글

실제로는 그림 5-6에 있는 혜식 님의 글에 있는 방법을 따라할 생각입니다. 그림 5-6에서 보이는 결과를 그리는 방법을 공개했습니다. 그 코드를 따라해 보면 그림 5-7처럼 그릴 수 있습니다. 그러나 혜식 님도 결과 함수는 공개했지만 만들어지는 원리까지는 공개하지 않았습니다. 그 방법은 고민해서 추적해야만 합니다. 왜냐하면 그렇게 해야 지금 목적에 맞게 일부 변경할 수 있기 때문입니다.

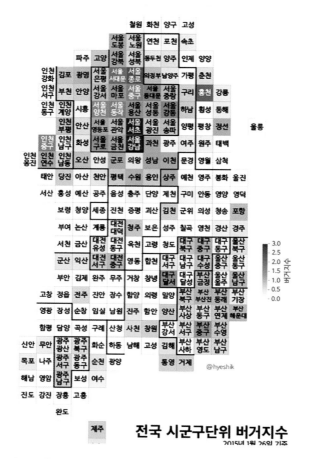

그림 5-7 그림 5-6에서 공개된 대한민국 지도 그리는 법

+++ 5-5 지도 시각화를 위해 지역별 고유 ID 만들기 +++

5-4절에서 소개한 두 개의 방법 중 Lucy Park 님의 json 파일을 사용해서 Folium을 이용하는 것이나, 혜식 님의 블로그 내용을 바탕으로 마치 Cartogram 처럼 표현하는 것이나 모두 각 지역을 대표하는 고유한 ID를 만들어야 합니다. 그림 5-8에 보이는 것이 Lucy Park 님이 공개한 json 파일입니다. 여기서 고유한 ID를 만들어야 합니다. 그래서 별도로 ID 항목을 만들고 그림 5-9에 보이는 json

파일을 제가 직접 편집했습니다. 그 파일은 이 책의 데이터 파일이 있는 github[5]에서 05. skorea_municipalities_geo_simple.json 파일입니다. 이제 이 파일을 Folium에서 그냥 바로 사용하면 됩니다. 물론 Folium에서 json을 읽을 때 매칭시킬 데이터의 ID와 맞아야 합니다.

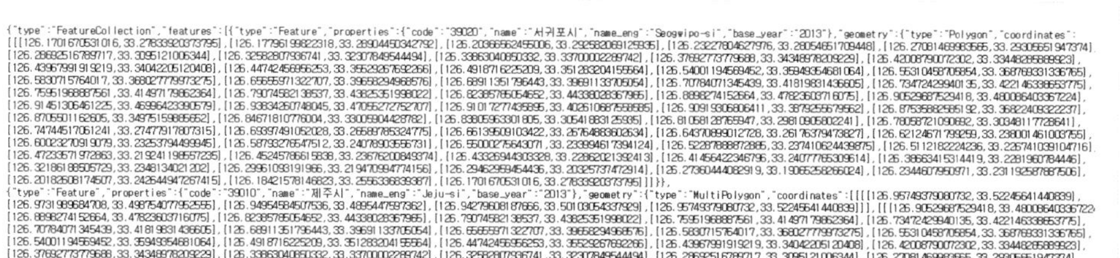

그림 5-8 Lucy Park 님의 json 파일 일부

그림 5-9 그림 5-8의 json 파일을 PinkWink가 일부 편집한 화면

그러나 5-4절에서 소개한 또 다른 방법이 혜식 님의 방법은 블로그에 공개된 내용을 바탕으로 유추할 수밖에 없습니다.

[5] https://github.com/PinkWink/DataScience/tree/master/data

In [12]:   pop['시도'].unique()

일단 우리에게 필요한 것은 두 방법 모두 지역에 따른 고유 ID가 필요하다는 것입니다. 우선 pop['시도']에 대해 unique를 조사하도록 하겠습니다.

Out[12]:   강릉시, 고성군, 동해시, 삼척시, 속초시, 양구군, 양양군, 영월군, 원주시, 인제군, 정선군, 철원군, 춘천시, 태백시, 평창군, 홍천군, 화천군, 횡성군, 가평군, 고양시, 과천시, 광명시, 광주시, 구리시, 군포시, 권선구, 기흥구, 김포시, 남양주시, 단원구, 덕양구, 동두천시, 동안구, 만안구, 부천시, 분당구, 상록구, 성남시, 소사구, 수원시, 수정구, 수지구, 시흥시, 안산시, 안성시, 안양시, 양주시, 양평군, 여주시, 연천군, 영통구, 오산시, 오정구, 용인시, 원미구, 의왕시, 의정부시, 이천시, 일산동구, 일산서구, 장안구, 중원구, 처인구, 파주시, 팔달구, 평택시, 포천시, 하남시, 화성시, 거제시, 거창군, 김해시, 남해군, 마산합포구, 마산회원구, 밀양시, 사천시, 산청군, 성산구, 양산시, 의령군, 의창구, 진주시, 진해구, 창녕군, 창원시, 통영시, 하동군, 함안군, 함양군, 합천군, 경산시, 경주시, 고령군, 구미시, 군위군, 김천시, 남구, 문경시, 봉화군, 북구, 상주시, 성주군, 안동시, 영덕군, 영양군, 영주시, 영천시, 예천군, 울릉군, 울진군, 의성군, 청도군, 청송군, 칠곡군, 포항시, 광산구, 동구, 서구, 달서구, 달성군, 수성구, 중구, 대덕구, 유성구, 강서구, 금정구, 기장군, 동래구, 부산진구, 사상구, 사하구, 수영구, 연제구, 영도구, 해운대구, 강남구, 강동구, 강북구, 관악구, 광진구, 구로구, 금천구, 노원구, 도봉구, 동대문구, 동작구, 마포구, 서대문구, 서초구, 성동구, 성북구, 송파구, 양천구, 영등포구, 용산구, 은평구, 종로구, 중랑구, 세종특별자치시, 울주군, 강화군, 계양구, 남동구, 부평구, 연수구, 옹진군, 강진군, 고흥군, 곡성군, 광양시, 구례군, 나주시, 담양군, 목포시, 무안군, 보성군, 순천시, 신안군, 여수시, 영광군, 영암군, 완도군, 장성군, 장흥군, 진도군, 함평군, 해남군, 화순군, 고창군, 군산시, 김제시, 남원시, 덕진구, 무주군, 부안군, 순창군, 완산구, 완주군, 익산시, 임실군, 장수군, 전주시, 정읍시, 진안군, 서귀포시, 제주시, 계룡시, 공주시, 금산군, 논산시, 당진시, 동남구, 보령시, 부여군, 서북구, 서산시, 서천군, 아산시, 예산군, 천안시, 청양군, 태안군, 홍성군, 괴산군, 단양군, 보은군, 상당구, 서원구, 영동군, 옥천군, 음성군, 제천시, 증평군, 진천군, 청원구, 청주시, 충주시, 흥덕구

조사된 결과를 유심히 보면 인천, 부산 등 광역시의 구(이런 구를 자치구라고 부릅니다)도 있지만, 안

양시나 수원시에 있는 구(이런 구를 행정구라고 합니다)도 있습니다. 일단 우리는 고유 아이디를 '광역시도'의 값과 '시도'의 값을 합치면 될 듯합니다. 물론 지도 표기 및 ID로서의 간결함을 유지하기 위해 서울 강남과 같은 형태를 원칙으로 합니다. 특별히 구 이름이 두 글자인 경우는 '서울 중구'로 두면 됩니다. 그럼 일반 자치시의 경우는 '충북 제천'과 같이 표기하면 좋겠습니다. 그런데 우리가 받은 엑셀 파일의 규칙을 다시 보면서 단순히 pop['광역시도']와 pop['시도']를 합친다고 하면 광역시도의 자치구는 서울 중구와 같이 만들 수 있지만, 행정구의 경우는 안양시 동안구가 되지 않고 '경기도 동안구'가 됩니다. 그래서 이 부분에 대한 고민이 필요합니다.

```
In [13]:   si_name = [None] * len(pop)

           tmp_gu_dict = {'수원':['장안구', '권선구', '팔달구', '영통구'],
                          '성남':['수정구', '중원구', '분당구'],
                          '안양':['만안구', '동안구'],
                          '안산':['상록구', '단원구'],
                          '고양':['덕양구', '일산동구', '일산서구'],
                          '용인':['처인구', '기흥구', '수지구'],
                          '청주':['상당구', '서원구', '흥덕구', '청원구'],
                          '천안':['동남구', '서북구'],
                          '전주':['완산구', '덕진구'],
                          '포항':['남구', '북구'],
                          '창원':['의창구', '성산구', '진해구', '마산합포구', '마산회원구'],
                          '부천':['오정구', '원미구', '소사구']}
```

먼저 광역시가 아니면서 구를 가지고 있는 시와 그 행정구를 파이썬의 dict형으로 선언합니다. 그리고 코드 [14]와 같이 작성합니다. 먼저 광역시도에 있는 이름의 끝 세 글자가 '광역시', '특별시', '자치시'로 끝나지 않으면 일반 시 혹은 군으로 봅니다. 그 속에서 강원도와 경상남도에는 동일한 이름을 가진 '고성군'이 있어서 그것을 처리합니다. 그리고 방금 이야기한 일반 시인데 구를 가지는 경우에 대해 대응합니다. 그리고 세종특별자치시를 그냥 '세종'으로 처리하고, 나머지는 광역시도에서 앞 두 글자(서울특별시)와 시도에서 두 글자인 경우 모두, 아니면 앞 두 글자만 선택하면서 고유 ID를 만듭니다.

```python
In [14]:   for n in pop.index:
               if pop['광역시도'][n][-3:] not in ['광역시', '특별시', '자치시']:
                   if pop['시도'][n][:-1]=='고성' and pop['광역시도'][n]=='강원도':
                       si_name[n] = '고성(강원)'
                   elif pop['시도'][n][:-1]=='고성' and pop['광역시도'][n]=='경상남도':
                       si_name[n] = '고성(경남)'
                   else:
                       si_name[n] = pop['시도'][n][:-1]

                   for keys, values in tmp_gu_dict.items():
                       if pop['시도'][n] in values:
                           if len(pop['시도'][n])==2:
                               si_name[n] = keys + ' ' + pop['시도'][n]
                           elif pop['시도'][n] in ['마산합포구','마산회원구']:
                               si_name[n] = keys + ' ' + pop['시도'][n][2:-1]
                           else:
                               si_name[n] = keys + ' ' + pop['시도'][n][:-1]

               elif pop[광역시도'][n] == '세종특별자치시':
                   si_name[n] = '세종'

               else:
                   if len(pop['시도'][n])==2:
                       si_name[n] = pop['광역시도'][n][:2] + ' ' + pop['시도'][n]
                   else:
                       si_name[n] = pop['광역시도'][n][:2] + ' ' + pop['시도'][n][:-1]

In [15]:   si_name

Out[15]: ['강릉',
         '고성(강원)',
         '동해',
         '삼척',
         '속초',
         '양구',
         '양양',
         '영월',
         '원주',
         '인제',
         '정선',
         '철원',
         '춘천',
         '태백',
         '평창',
         '홍천',
         '화천'
```

결과는 이렇게 나타납니다.

```
In [16]:   pop['ID'] = si_name
```

결과를 pop에 포함시키고 이제 큰 의미가 없는 몇몇 컬럼을 제거합니다.

```
In [17]:   del pop['20-39세남자']
           del pop['65세이상남자']
           del pop['65세이상여자']

           pop.head()
```

Out[17]:

	광역시도	시도	20-39세 여자	20-39세 합계	65세이상 합계	인구수남자	인구수여자	인구수합계	소멸비율	소멸위기지역	ID
0	강원도	강릉시	23098.0	49384.0	37679.0	106231.0	107615.0	213846.0	1.226041	False	강릉
1	강원도	고성군	2529.0	7023.0	7151.0	15899.0	14215.0	30114.0	0.707314	True	고성(강원)
2	강원도	동해시	9753.0	21264.0	15124.0	47166.0	46131.0	93297.0	1.289738	False	동해
3	강원도	삼척시	7115.0	15823.0	14610.0	35253.0	34346.0	69599.0	0.973990	True	삼척
4	강원도	속초시	8752.0	18708.0	12752.0	40288.0	41505.0	81793.0	1.372647	False	속초

+++ **5-6 Cartogram으로 우리나라 지도 만들기** +++

5-4절에서 이야기했지만 혜식 님의 방식은 그 시작을 고민해야 합니다. 혜식 님의 방법에서는 안양 동안이나 안양 만안을 합쳐서 그냥 '안양'이라고만 되어 있기 때문에 제 의도와는 약간 다른 것이 문제입니다. 그래서 처음부터 고민해야 하는 것인데, 저는 그 시작 원리로 엑셀로 잡았습니다.

그림 5-10과 같이 엑셀에서 직접 입력한 것입니다. 무식한 방법이지만 누구도 만들어주지 않으니 어쩔 수 없이 직접 진행할 수밖에 없습니다. 그러면서 특별히 ID가 잘 되도록 고민하고, 또 각 광역시나 각 도별로 구분이 잘 되도록 했습니다. 뭐 거창하게 Cartogram이라고 했습니다만, 일견 그림 5-10은 타당해 보입니다. 일반 시나 군을 무시하지는 않고, 또 보통 행정구라고 해도 구가 설치되는 것이 인구 기준 10만 정도는 되니 딱 맞지는 않지만 그림 5-10의 한 칸은 인구 10만에서 20만 정도라고 생각해도 됩니다. 물론 과천처럼 인구 6~7만인 곳도 많지만 그렇다고 과천시를 다른 곳과 합칠 수는 없는 노릇입니다. 그렇다고 독자 여러분께서 직접 만들 필요는 없습니다. Github에 제가 올려 두었습니다.

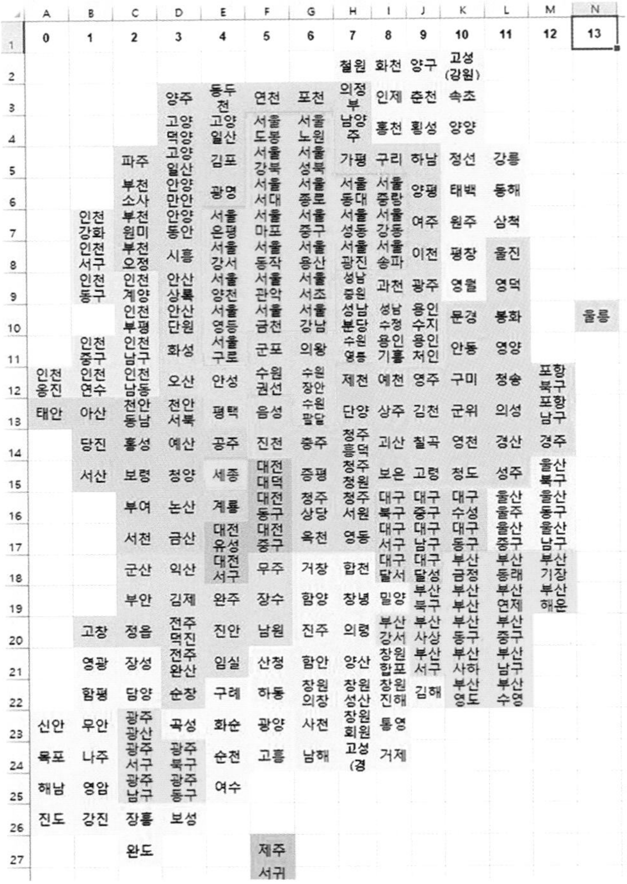

그림 5-10 대한민국의 각 지역을 엑셀에서 표현한 그림

그림 5-10의 엑셀 파일을 파이썬에서 읽습니다.

```
In [18]:  draw_korea_raw = pd.read_excel('../data/05. draw_korea_raw.xlsx',
                                          encoding="EUC-KR")
          draw_korea_raw
```

Out[18]:

	0	1	2	3	4	5	6	7	8	9	10
0	NaN	NaN	NaN	NaN	NaN	NaN	NaN	철원	화천	양구	고성(강원)
1	NaN	NaN	NaN	양주	동두천	연천	포천	의정부	인제	춘천	속초

2	NaN	NaN	NaN	고양 덕양	고양 일산동	서울 도봉	서울 노원	남양주	홍천	횡성	양양
3	NaN	NaN	파주	고양 일산서	김포	서울 강북	서울 성북	가평	구리	하남	정선
4	NaN	NaN	부천 소사	안양 만안	광명	서울 서대문	서울 종로	서울 동대문	서울 중랑	양평	태백

우리에게 필요한 것은 그림 5-10의 모양이 아니라 각 지역별 x, y 좌표입니다.

```
In [19]:  draw_korea_raw_stacked = pd.DataFrame(draw_korea_raw.stack())
          draw_korea_raw_stacked.reset_index(inplace=True)
          draw_korea_raw_stacked.rename(columns={'level_0':'y', 'level_1':'x', 0:'ID'},
                                inplace=True)
          draw_korea_raw_stacked
```

그래서 stack()으로 풀고 인덱스를 재설정(reset_index)했습니다. 그리고 다시 컬럼 이름을 바꿨습니다.

Out[19]:

y	x	ID	
0	0	7	철원
1	0	8	화천
2	0	9	양구
3	0	10	고성(강원)
4	1	3	양주
5	1	4	동두천
6	1	5	연천
7	1	6	포천

y	x	ID	
8	1	7	의정부
9	1	8	인제
10	1	9	춘천
11	1	10	속초
12	2	3	고양 덕양
13	2	4	고양 일산동
14	2	5	서울 도봉

이제 각 지역에 대한 좌표를 얻었습니다. 철원은 (7,0) 지점입니다.

```
In [20]:  draw_korea = draw_korea_raw_stacked
```

변수 이름을 변경합니다.

```
In [21]:  BORDER_LINES = [
              [(5, 1), (5,2), (7,2), (7,3), (11,3), (11,0)], # 인천
              [(5,4), (5,5), (2,5), (2,7), (4,7), (4,9), (7,9),
```

```
         (7,7), (9,7), (9,5), (10,5), (10,4), (5,4)], # 서울
       [(1,7), (1,8), (3,8), (3,10), (10,10), (10,7),
        (12,7), (12,6), (11,6), (11,5), (12, 5), (12,4),
        (11,4), (11,3)], # 경기도
       [(8,10), (8,11), (6,11), (6,12)], # 강원도
       [(12,5), (13,5), (13,4), (14,4), (14,5), (15,5),
        (15,4), (16,4), (16,2)], # 충청북도
       [(16,4), (17,4), (17,5), (16,5), (16,6), (19,6),
        (19,5), (20,5), (20,4), (21,4), (21,3), (19,3), (19,1)], # 전라북도
       [(13,5), (13,6), (16,6)], # 대전시
       [(13,5), (14,5)], #세종시
       [(21,2), (21,3), (22,3), (22,4), (24,4), (24,2), (21,2)], #광주
       [(20,5), (21,5), (21,6), (23,6)], #전라남도
       [(10,8), (12,8), (12,9), (14,9), (14,8), (16,8), (16,6)], #충청북도
       [(14,9), (14,11), (14,12), (13,12), (13,13)], #경상북도
       [(15,8), (17,8), (17,10), (16,10), (16,11), (14,11)], #대구
       [(17,9), (18,9), (18,8), (19,8), (19,9), (20,9), (20,10), (21,10)], #부산
       [(16,11), (16,13)], #울산
#          [(9,14), (9,15)],
       [(27,5), (27,6), (25,6)],
     ]
```

그리고 광역시도를 구분하는 경계선도 직접 입력했습니다. 이제 혜식 님의 코드 중 일부를 가져오겠습니다.

```
In [22]:   plt.figure(figsize=(8, 11))

           # 지역 이름 표시
           for idx, row in draw_korea.iterrows():

               # 광역시는 구 이름이 겹치는 경우가 많아서 시단위 이름도 같이 표시한다.
               # (중구, 서구)
               if len(row['ID'].split())==2:
                   dispname = '{}\n{}'.format(row['ID'].split()[0], row['ID'].split()[1])
               elif row['ID'][:2]=='고성':
                   dispname = '고성'
               else:
                   dispname = row['ID']

               # 서대문구, 서귀포시 같이 이름이 3자 이상인 경우에 작은 글자로 표시한다.
               if len(dispname.splitlines()[-1]) >= 3:
                   fontsize, linespacing = 9.5, 1.5
               else:
```

```
    fontsize, linespacing = 11, 1.2

    plt.annotate(dispname, (row['x']+0.5, row['y']+0.5), weight='bold',
                fontsize=fontsize, ha='center', va='center',
            linespacing=linespacing)

# 시도 경계 그린다.
for path in BORDER_LINES:
    ys, xs = zip(*path)
    plt.plot(xs, ys, c='black', lw=1.5)

plt.gca().invert_yaxis()
#plt.gca().set_aspect(1)

plt.axis('off')

plt.tight_layout()
plt.show()
```

이 코드는 길어서 Jupyter Notebook 화면으로 담을 수 없었습니다. 이 코드까지 실행하면 아래 그림
과 같이 경계선과 지역 이름만 나타납니다. 반복문 안에서 대다수 코드는 이름을 표기하기 위한 코드
입니다. 그리고 경계선을 그립니다. 마지막 부분에 invert_yaxis()가 되어 있는 이유는 y축이 엑셀에서
0번이 시작하는 것과 matplotlib가 0이라고 인식하는 좌표가 서로 반대이기 때문입니다. 일단 대한민
국 지도 그리기는 잘 될 듯합니다.

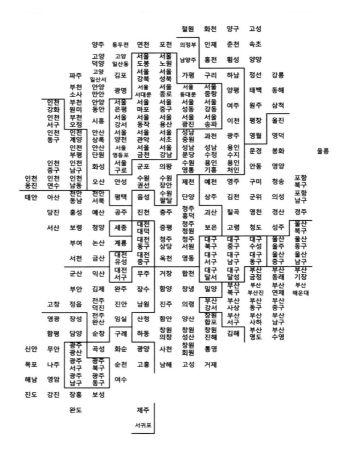

```
In [25]:  tmp_list = list(set(pop['ID'].unique()) - set(draw_korea['ID'].unique()))

          for tmp in tmp_list:
              pop = pop.drop(pop[pop['ID']==tmp].index)

          print(set(pop['ID'].unique()) - set(draw_korea['ID'].unique()))
          set()
```

원래 인구 현황을 가지고 있던 pop 변수와 엑셀에서 출발해서 지도를 그리기 위해 만든 draw_korea
변수에서 일반 행정구를 가진 시(성남, 수원 등등)의 합계 정보를 삭제합니다.

```
In [27]:    pop = pd.merge(pop, draw_korea, how='left', on=['ID'])

            pop.head()
```

그리고 두 변수(pop, draw_korea)를 merge합니다.

Out[27]:

	광역시도	시도	20-39세 여자	20-39세 합계	65세이상 합계	인구수 남자	인구수 여자	인구수 합계	소멸비율	소멸위기 지역	ID	y	x
0	강원도	강릉시	23098.0	49384.0	37679.0	106231.0	107615.0	213846.0	1.226041	False	강릉	3	11
1	강원도	고성군	2529.0	7023.0	7151.0	15899.0	14215.0	30114.0	0.707314	True	고성(강원)	0	10
2	강원도	동해시	9753.0	21264.0	15124.0	47166.0	46131.0	93297.0	1.289738	False	동해	4	11
3	강원도	삼척시	7115.0	15823.0	14610.0	35253.0	34346.0	69599.0	0.973990	True	삼척	5	11
4	강원도	속초시	8752.0	18708.0	12752.0	40288.0	41505.0	81793.0	1.372647	False	속초	1	10

이제 ID도 마련하고 각 지역별 좌표도 모두 확보했습니다. 이렇게 해서 지도 그릴 준비가 데이터 입장에서는 다 된 듯합니다.

```
In [31]:    def drawKorea(targetData, blockedMap, cmapname):
                gamma = 0.75

                whitelabelmin = (max(blockedMap[targetData]) -
                                min(blockedMap[targetData]))*0.25 + \
                                min(blockedMap[targetData])

                datalabel = targetData

                vmin = min(blockedMap[targetData])
                vmax = max(blockedMap[targetData])

                mapdata = blockedMap.pivot_table(index='y', columns='x', values=targetData)
                masked_mapdata = np.ma.masked_where(np.isnan(mapdata), mapdata)

                plt.figure(figsize=(9, 11))
                plt.pcolor(masked_mapdata, vmin=vmin, vmax=vmax, cmap=cmapname,
                        edgecolor='#aaaaaa', linewidth=0.5)

                # 지역 이름 표시
                for idx, row in blockedMap.iterrows():
                    # 광역시는 구 이름이 겹치는 경우가 많아서 시단위 이름도 같이 표시한다.
```

```python
        #(중구, 서구)
        if len(row['ID'].split())==2:
            dispname = '{}\n{}'.format(row['ID'].split()[0], row['ID'].split()[1])
        elif row['ID'][:2]=='고성':
            dispname = '고성'
        else:
            dispname = row['ID']

        # 서대문구, 서귀포시 같이 이름이 3자 이상인 경우에 작은 글자로 표시한다.
        if len(dispname.splitlines()[-1]) >= 3:
            fontsize, linespacing = 10.0, 1.1
        else:
            fontsize, linespacing = 11, 1.

        annocolor = 'white' if row[targetData] > whitelabelmin else 'black'
        plt.annotate(dispname, (row['x']+0.5, row['y']+0.5), weight='bold',
                    fontsize=fontsize, ha='center', va='center', color=annocolor,
                    linespacing=linespacing)

            # 시도 경계 그린다.
    for path in BORDER_LINES:
        ys, xs = zip(*path)
        plt.plot(xs, ys, c='black', lw=2)

    plt.gca().invert_yaxis()

    plt.axis('off')

    cb = plt.colorbar(shrink=.1, aspect=10)
    cb.set_label(datalabel)

    plt.tight_layout()
    plt.show()
```

위 코드는 앞서 이야기 한 혜식 님의 메인 함수입니다. 이것을 그대로 사용할 수 있도록 작업한 것과 같다고 생각해도 됩니다.

+++ 5-7 인구 현황 및 인구 소멸 지역 확인하기 +++

5-6절에서 만든 함수 drawKorea를 사용해서 인구수합계를 그려봅니다.

In [32]:   drawKorea('인구수합계', pop, 'Blues')

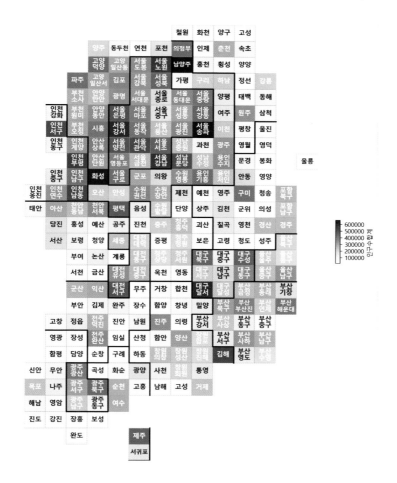

확실히 서울 송파, 남양주, 화성은 인구가 많다는 것이 보입니다. 이렇게 확인했더니 사선으로 갈라지면서 인구가 거의 없는 곳이 보이네요.

In [33]:   pop['소멸위기지역'] = [1 if con else 0 for con in pop['소멸위기지역']]
           drawKorea('소멸위기지역', pop, 'Reds')

그리고 원래 우리의 목적 '인구소멸위기지역'을 확인해야 합니다. 그림을 그리기 위해 bool형이었던 것을 1과 0으로 바꾸겠습니다. 그러면 그림에서 색이 확연히 구분됩니다.

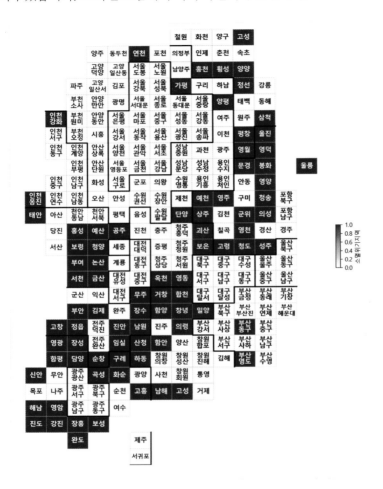

결과는 위와 같습니다. 생각보다 심각합니다. 특히 광역시 중에서도 부산은 동구와 영도가 위험한 지역에 포함되어 있습니다. 바꿔 이야기하면 두 지역 외에 인구 밀집 현상이 심하다고 할 수도 있습니다.

+++ 5-8 인구 현황에서 여성 인구 비율 확인하기 +++

이미 가지고 있는 데이터이니 여성 인구 비율도 확인해보겠습니다. 한때 인구 소멸 위기 지역 이야기가 나오기 전에는 여성 인구가 너무 줄어들어 남녀 비율의 불균형이 뉴스에 자주 등장했는데 지금은 어떤지 확인해보겠습니다.

그러기 위해서는 5-7절의 drawKorea 함수의 일부 내용이 바뀌어야 합니다. 이유는 표현하고자 하는 데이터에 음(-)의 값이 있는지 여부에 따라 일부 설정이 바뀌어야 하기 때문입니다.

```
In [34]:    def drawKorea(targetData, blockedMap, cmapname):
                gamma = 0.75

                whitelabelmin = 20.

                datalabel = targetData

                tmp_max = max([ np.abs(min(blockedMap[targetData])),
                                np.abs(max(blockedMap[targetData]))])
                vmin, vmax = -tmp_max, tmp_max

                mapdata = blockedMap.pivot_table(index='y', columns='x', values=targetData)
                masked_mapdata = np.ma.masked_where(np.isnan(mapdata), mapdata)

                plt.figure(figsize=(9, 11))
                plt.pcolor(masked_mapdata, vmin=vmin, vmax=vmax, cmap=cmapname,
                 edgecolor='#aaaaaa', linewidth=0.5)

                # 지역 이름 표시
                for idx, row in blockedMap.iterrows():
                    # 광역시는 구 이름이 겹치는 경우가 많아서 시단위 이름도 같이 표시한다.
                    #(중구, 서구)
                    if len(row['ID'].split())==2:
                        dispname = '{}\n{}'.format(row['ID'].split()[0], row['ID'].split()[1])
                    elif row['ID'][:2]=='고성':
                        dispname = '고성'
                    else:
                        dispname = row['ID']

                    # 서대문구, 서귀포시 같이 이름이 3자 이상인 경우에 작은 글자로 표시한다.
                    if len(dispname.splitlines()[-1]) >= 3:
                        fontsize, linespacing = 10.0, 1.1
                    else:
```

```
                fontsize, linespacing = 11, 1.

            annocolor = 'white' if np.abs(row[targetData]) > whitelabelmin else 'black'
        plt.annotate(dispname, (row['x']+0.5, row['y']+0.5), weight='bold',
                    fontsize=fontsize, ha='center', va='center', color=annocolor,
                    linespacing=linespacing)

    # 시도 경계 그린다.
    for path in BORDER_LINES:
        ys, xs = zip(*path)
        plt.plot(xs, ys, c='black', lw=2)

    plt.gca().invert_yaxis()

    plt.axis('off')

    cb = plt.colorbar(shrink=.1, aspect=10)
    cb.set_label(datalabel)

    plt.tight_layout()
    plt.show()
```

그와 같은 설정은 당연히 평상시라면 한 함수에서 처리하도록 해야 하지만, 지금은 오히려 너무 함수 코드를 어렵게 만드는 것 같아 그냥 두도록 하겠습니다.

```
In [36]:  pop['여성비'] = (pop['인구수여자']/pop['인구수합계'] - 0.5)*100
         drawKorea('여성비', pop, 'RdBu')
```

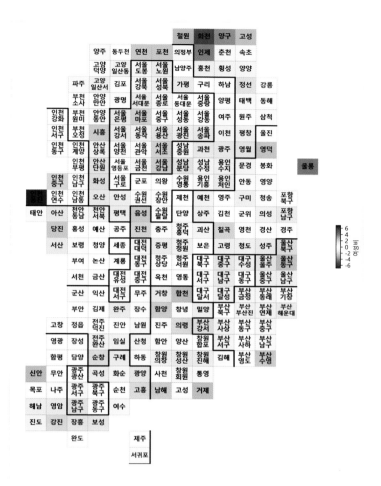

여성인구수와 합계를 알고 있어서 나눈 다음 0.5를 빼는 작업을 했습니다. 그래서 0이면 여성 인구수가 50%인 것입니다. 이렇게 한 이유는 drawKorea에 색상 팔레트를 지정할 때 RdBu 같은 설정을 사용하면 0을 기준으로 좌우가 다른 색상을 갖도록 할 수 있기 때문입니다.

일단 그 결과를 보면 파란색으로 갈수록 여성비가 높은 것이고, 빨간색으로 갈수록 여성비가 낮은 것입니다. 극도로 남성 비율이 높은 몇몇 지역이 있지만 어림잡아 지역별로 여성비의 높낮이가 비슷해 보입니다. 그러나 이것은 여성 인구 전체를 대상으로 한 것으로 20-30대 여성으로 데이터를 바꾸면 상황은 달라집니다.

```
In [37]:   pop['2030여성비'] = (pop['20-39세여자']/pop['20-39세합계'] - 0.5)*100
           drawKorea('2030여성비', pop, 'RdBu')
```

이번에는 20-30대 여성의 20-30대 전체 인구에 대한 비율을 확인해보겠습니다. 이번에는 확실히 위기감이 들 모양새가 됩니다. 고령 여성 인구를 제외하고 나면 전국적으로 남성 인구 비율이 높다는 이야기가 되니 이것도 어쩌면 사회문제가 될지도 모르겠습니다. 뭐 파이썬 기초를 공부하는 책에서 다룰 주제는 여기까지만 하겠습니다.

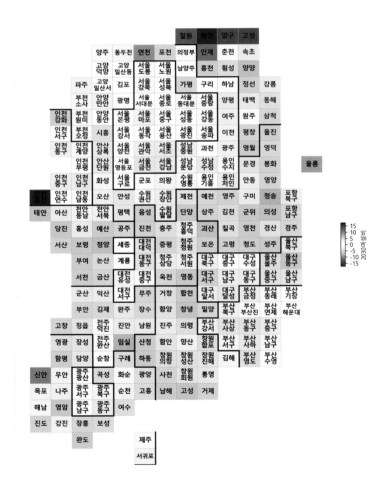

+++ **5-9 Folium에서 인구 소멸 위기 지역 표현하기** +++

이미 몇 번 다뤄서 Folium이 친숙하게 느껴지는 독자들도 있을 것입니다.

```
In [38]:   pop_folium = pop.set_index('ID')
           pop_folium.head()
```

원래 pop 데이터에서 ID 컬럼을 index로 설정합니다. 그래야 Folium에서 쉽게 인식합니다.

```
In [39]:   import folium
           import json
           import warnings
           warnings.simplefilter(action='ignore', category=FutureWarning)
```

Folium과 json을 import합니다.

```
In [40]:   geo_path = '../data/05. skorea_municipalities_geo_simple.json'
           geo_data = json.load(open(geo_path, encoding='utf-8'))

           map = folium.Map(location=[36.2002, 127.054], zoom_start=7)
           map.choropleth(geo_str = geo_str,
                          data = pop_folium['인구수합계'],
                          columns = [pop_folium.index, pop_folium['인구수합계']],
                          fill_color = 'YlGnBu', #PuRd, YlGnBu
                          key_on = 'feature.id')
```

앞 절에서 약간 편집을 한 json 파일을 연결하고 '인구수합계'를 표현해보겠습니다.

Out[40]:

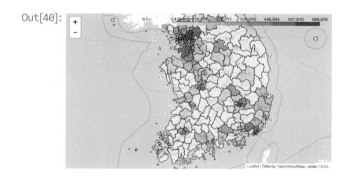

이렇게 실제 지도에서 보니 우리나라의 인구 밀집 현상을 쉽게 확인할 수 있습니다.

```
In [41]:   map = folium.Map(location=[36.2002, 127.054], zoom_start=7)
           map.choropleth(geo_str = geo_str,
                         data = pop_folium['소멸위기지역'],
                         columns = [pop_folium.index, pop_folium['소멸위기지역']],
                         fill_color = 'PuRd',  #PuRd, YlGnBu
                         key_on = 'feature.id')
```

또한 인구 소멸 위기 지역도 확인해보겠습니다.

Out[41]: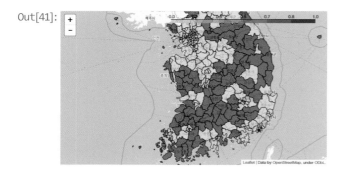

```
In [42]:   draw_korea.to_csv("../data/05. draw_korea.csv", encoding='utf-8', sep=',')
```

그럼에도 불구하고 우리가 이룬 성과는 저장하겠습니다.

6장 19대 대선 결과 분석

6장 · 19대 대선 결과 분석

19대 대선 과정은 그 시작부터 결과까지 격동의 대한민국의 현 주소를 보여주면서 우리 사회의 많은 숙제와 갈등을 드러냈습니다. 그 현장에 같이 숨쉬고 있었다는 것이 좋은 경험이고 역사의 증인이 된 듯한 느낌입니다. 그런 순간 우리에게 주어진 데이터를 이용해서 그 결과를 시각화해보는 것도 나름 의미 있는 일인 것 같습니다.

대선이나 총선, 지방선거 등의 자료는 대부분 중앙선거관리위원회에 들어가면 아주 손쉽게 데이터를 구할 수 있습니다. 그러나 지역을 클릭하여 나타난 데이터 중 필요한 것만 취득하는 능력은 필요합니다. 그렇게 받은 데이터로 5장에서 수행한 전국 지도에 나타내는 작업을 수행합니다. 이번에도 지역별 고유한 ID를 일치시키는 작업이 필요합니다.

+++ 6-1 Selenium과 Beautiful Soup을 이용한 데이터 획득 준비 작업 +++

```
In [1]:   import pandas as pd
          import numpy as np

          import platform
          import matplotlib.pyplot as plt

          %matplotlib inline

          path = "c:/Windows/Fonts/malgun.ttf"
          from matplotlib import font_manager, rc
          if platform.system() == 'Darwin':
             rc('font', family='AppleGothic')
          elif platform.system() == 'Windows':
              font_name = font_manager.FontProperties(fname=path).get_name()
              rc('font', family=font_name)
          else:
              print('Unknown system... sorry~~~~')

          plt.rcParams['axes.unicode_minus'] = False
```

중앙선거관리위원회의 선거통계시스템[1]에 접속하면 필요한 데이터를 얻을 수 있습니다. 일단, 그림 6-1의 화면에 크롬 드라이버로 접속합니다.

---

[1] http://info.nec.go.kr/

In [2]:
```
from selenium import webdriver
import time
```

이제 아마도 Selenium을 import하는 명령을 입력하는 순간부터 뭔가 전투적 느낌의 긴장을 느낄 수도 있습니다.

그림 6-1 중앙선거관리위원회의 선거통계시스템

In [3]:
```
driver = webdriver.Chrome('../driver/chromedriver')
driver.get("http://info.nec.go.kr/")
```

driver.get으로 사이트를 호출하면 분명 크롬 드라이버에서 그림 6-1과 같은 화면이 나타날 것 입니다. 그리고 그림 6-1 (꼭 다른 탭에서 즉, 크롬 드라이버가 자동으로 띄운 탭이 아니라 다른 곳에서) 선거통계시스템에서 크롬 개발자 도구로 들어가서 sources 탭을 확인하면 frame으로 되어 있음을 알 수 있습니다(그림 6-2).

그림 6-2 프레임으로 되어 있는 구조 확인

Selenium에서 프레임 이동은 switch_to_frame 명령으로 수행합니다.

```
In [4]:    driver.switch_to_default_content()
           driver.switch_to_frame('main')
```

switch_to_default_content 명령은 상위 프레임으로 돌아가는 명령인데, 현재 프레임 위치를 잘못 알
면 switch_to_frame 명령 시 에러가 발생합니다. switch_to_default_content 명령을 같이 사용하면 자
신의 프레임에서 자신을 호출하는 에러를 방지할 수 있습니다.

그림 6-3 투개표 항목의 XPath를 찾는 과정

그리고 '투개표' 항목의 XPath를 이전 장에서 했듯이 찾아서 수행하면 됩니다(그림 6-3). 클릭해서 메
뉴로 들어가야 합니다.

```
In [5]:  driver.find_element_by_xpath("""//*[@id="topmenu"]/ul/li[3]/a/span""").click()
```

그리고 나타난 화면에서 '개표단위별 개표결과'라는 항목의 XPath를 찾습니다(그림 6-4).

그림 6-4 개표단위별 개표결과 항목의 XPath를 찾는 과정

```
In [6]:  make_xpath = """//*[contains(text(), "개표단위별 개표결과")]"""
         driver.find_elements_by_xpath(make_xpath)[1].click()
```

이번에는 코드 [5]와 달리 xpath 안에서 contains(text(), String) 명령을 사용했습니다. String에 나타난 글자를 포함한 XPath를 찾아달라는 내용입니다. 그렇게 모두 찾아서 보았더니 두 번째([1]) 항목이어서 코드 [6]처럼 사용했습니다.

그림 6-5 대통령선거 항목의 XPath를 찾는 과정

이제 그림 6-5와 같은 화면이 나타납니다. 여기서 '대통령선거' 항목의 XPath를 찾습니다.

```
In [7]:   driver.find_element_by_xpath("""//*[@id="electionId1"]""").click()
```

그러면 이제 대통령 선거 결과를 확인할 수 있게 되었습니다.

그림 6-6 대통령 선거 개표 결과를 확인할 수 있는 화면

그림 6-6의 화면까지 진입을 했습니다. 여기서 '시도'라고 표기된 리스트 박스에서 '선택'을 누르면 우리나라의 광역시도의 리스트가 나타납니다(그림 6-7). 일단 이 시도 리스트의 XPath를 알아서 그 리스트 안에 있는 값을 가져 와야 합니다. 그래서 그 값을 갱신해야만 그림 6-9와 같이 그 하위의 구시군 리스트를 얻어 올 수 있기 때문입니다.

그림 6-7 시도 리스트가 활성화되는 장면

그림 6-8 시도 리스트의 XPath를 확인하는 장면

그림 6-9 구시군 리스트를 선택하는 화면

그림 6-8의 화면에서 시도 리스트의 XPath를 확인합니다.

```
In [8]: sido_list_raw = driver.find_element_by_xpath("""//*[@id="cityCode"]""")
        sido_list = sido_list_raw.find_elements_by_tag_name("option")
        sido_names_values = [option.text for option in sido_list]
        sido_names_values = sido_names_values[1:]
        sido_names_values
```

확인한 XPath로 접근해서 그 XPath 안에 있는 option이라는 이름의 태그만 모두 가져 와서 리스트에 저장합니다.

```
Out[8]: ['서울특별시',
         '부산광역시',
```

```
'대구광역시',
'인천광역시',
'광주광역시',
'대전광역시',
'울산광역시',
'세종특별자치시',
'경기도',
'강원도',
'충청북도',
'충청남도',
'전라북도',
'전라남도',
'경상북도',
'경상남도',
'제주특별자치도']
```

그 결과가 잘 저장되었습니다. 이제 코드 [8]의 결과에서 '서울특별시'를 선택해서 그 하위 구시군의 정보가 들어오는지 확인하겠습니다.

```
In [9]:   element = driver.find_element_by_id("cityCode")
          element.send_keys(sido_names_values[0])
```

코드 [9]를 실행하여 '서울특별시'를 선택하도록 합니다

그림 6-10 구시군의 XPath를 확인하는 장면

이제 그림 6-10에서처럼 구시군의 정보를 확인했으므로 XPath를 가져와서 역시 그 하위의 option 태그의 내용을 가져옵니다.

```
In [10]:   sigun_list_raw = driver.find_element_by_xpath("""//*[@id="townCode"]""")
           sigun_list = sigun_list_raw.find_elements_by_tag_name("option")
           sigun_names_values = [option.text for option in sigun_list]
           sigun_names_values = sigun_names_values[1:]
           sigun_names_values
```

코드 [10]을 실행하면 서울특별시의 각 구 정보가 나타납니다.

```
Out[10]:   ['종로구',
            '중구',
            '용산구',
            '성동구',
            '광진구',
            '동대문구',
            '중랑구',
            '성북구',
            '강북구',
            '도봉구',
            '노원구',
            '은평구',
            '서대문구',
```

이제 서울특별시에서 종로구의 정보를 전송하려면 시도 리스트와 구시군 리스트에서 값을 확정하고
그 옆에 있는 버튼을 클릭해야 합니다.

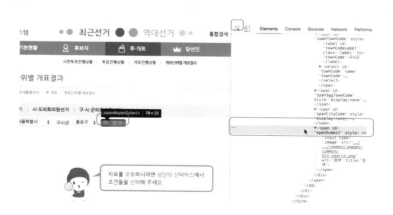

그림 6-11 검색 버튼의 XPath를 확인하는 장면

```
In [11]:   element = driver.find_element_by_id("townCode")
           element.send_keys(sigun_names_values[0])
```

구시군의 정보까지 전송하고,

```
In [12]:   driver.find_element_by_xpath("""//*[@id="spanSubmit"]/input""").click()
```

그림 6-11에서 알아낸 검색 버튼의 XPath를 이용해서 버튼을 클릭하면 해당 지역의 개표 결과가 그림 6-12처럼 나타납니다.

그림 6–12 서울특별시 종로구의 개표 결과

우리는 이 중에서 몇몇 수치가 필요합니다. 그 내용을 알기 위해 Beautiful Soup로 지금부터 접근합니다.

```
In [13]:   from bs4 import BeautifulSoup

           html = driver.page_source
           soup = BeautifulSoup(html, 'html.parser')
```

여기서도 원하는 수치가 위치하는 곳의 태그를 알기 위해 크롬 개발자 도구로 접근합니다. 그림 6-13처럼 확인한 결과 td 태그에서 alignR class를 확인하면 된다는 것을 알았습니다.

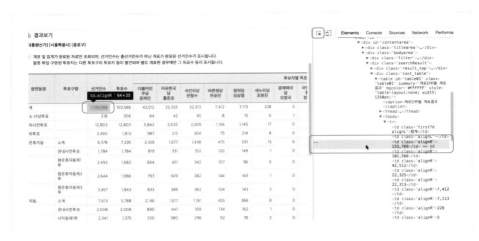

그림 6-13 개표 결과에서 원하는 부분의 태그를 확인하는 장면

```
In [14]:  tmp = soup.find_all('td', 'alignR')
          tmp[1:5]
```

```
Out[14]:  [<td class="alignR">102,566</td>,
           <td class="alignR">42,512</td>,
           <td class="alignR">22,325</td>,
           <td class="alignR">22,313</td>]
```

그중에서도 2번째부터 5번째까지([1:5])를 확인하면 투표수와 당시 문재인, 홍준표, 안철수 후보의 득표수를 얻을 수 있다는 것을 알 수 있습니다.

이렇게 해서 본격적으로 데이터를 얻기 위한 과정을 한 번 학습했습니다. 어떻게 접근하면 되는지를 확인한 것입니다.

+++ **6-2 19대 대선 개표 결과 데이터 획득하기** +++

```
In [15]:  from tqdm import tqdm_notebook

          sido_name_list = []
          sigun_name_list = []

          for sido_value in tqdm_notebook(sido_names_values):
```

```
    element = driver.find_element_by_id("cityCode")
    element.send_keys(sido_value)

time.sleep(1)

    sigun_list_raw = driver.find_element_by_xpath("""//*[@id="townCode"]""")
    sigun_list = sigun_list_raw.find_elements_by_tag_name("option")

    sigun_names_values = [option.text for option in sigun_list]
    sigun_names_values = sigun_names_values[1:]

    for sigun_value in sigun_names_values:
        sido_name_list.append(sido_value)
        sigun_name_list.append(sigun_value)
```

먼저 광역시도 리스트와 시도 리스트를 얻어서 데이터로 만듭니다. 주고받는 데이터의 양이 적기 때문에 따로 에러 대응을 할 필요는 없어 보입니다. 만약 for문에서 에러가 tqdm 모듈이 언급되면서 발생하면 제일 위의 from으로 시작하는 구절을 삭제하고 for sido_value in sodo_names_values:로 사용해도 됩니다. 코드 [15]의 결과를 Pandas DataFrame으로 저장합니다.

```
In [16]:   election_result = pd.DataFrame({'광역시도':sido_name_list, '시군':sigun_name_list})

           election_result.head()
```

Out[16]:

	광역시도	시군
0	서울특별시	종로구
1	서울특별시	중구
2	서울특별시	용산구
3	서울특별시	성동구
4	서울특별시	광진구

이제 검색 리스트에 넣어야 할 두 목록을 모두 준비했습니다. 그리고 앞 절에서 득표수를 얻는 과정을 함수로 만들어 둡니다.

```
In [17]:  def get_vote_info(n):
              html = driver.page_source
              soup = BeautifulSoup(html, 'lxml')

              tmp = soup.find_all('td', 'alignR')
              tmp_values = [float(tmp_val.get_text().replace(',', '')) for tmp_val in tmp[1:5]]

              pop[n] = tmp_values[0]
              moon[n] = tmp_values[1]
              hong[n] = tmp_values[2]
              ahn[n] = tmp_values[3]
```

여기서 투표인수와 당시 문, 홍, 안 후보의 득표수를 저장하는 pop, moon, hong, ahn 변수를 전역변수와 같이 사용합니다. 올바른 방식이라고 할 수 없지만 매우 간편하기 때문에 여기서는 소프트웨어적 스킬은 살짝 외면하고 이렇게 접근하도록 하겠습니다.

```
In [18]:  import numpy as np

          def fail_procedure(n):
              pop[n] = np.nan
              moon[n] = np.nan
              hong[n] = np.nan
              ahn[n] = np.nan
```

현재 우리의 과정은 아주 작은 양의 데이터라서 큰 문제는 없습니다만, 에러 대응 측면에서 에러 발생 시 실행할 코드도 준비해 둡니다. 웹 데이터를 읽다가 어떤 항목에서 에러가 나면 해당 항목을 NaN 처리하도록 합니다.

```
In [19]:  pop = [np.nan]*len(election_result)
          moon = [np.nan]*len(election_result)
          hong = [np.nan]*len(election_result)
          ahn = [np.nan]*len(election_result)

          len(pop), len(moon), len(hong), len(ahn)

Out[19]:  (250, 250, 250, 250)
```

먼저 최종 결과가 저장될 리스트를 먼저 만들었습니다. 만약 코드 [19]의 결과로 나온 250이라는 숫자가 다르다면 코드를 중간중간 다시 점검해야 합니다.

```
In [20]:   for n in tqdm_notebook(election_result.index):
               try:
                   element = driver.find_element_by_id("cityCode")
                   element.send_keys(election_result['광역시도'][n])

                   time.sleep(0.5)

                   element = driver.find_element_by_id("townCode")
                   element.send_keys(election_result['시군'][n])

                   driver.find_element_by_xpath("""//*[@id="spanSubmit"]/input""").click()

                   time.sleep(0.5)

                   get_vote_info(n)

               except:
                   print('--- Error ---')
                   fail_procedure(n)
```

이제 데이터를 취득하는 본 코드입니다. try ~ except로 쌓여 있는 것은 에러가 나면 except 구문을 실행하라는 뜻입니다.

```
In [21]:   election_result['pop'] = pop
           election_result['moon'] = moon
           election_result['ahn'] = ahn
           election_result['hong'] = hong
           election_result.head()
```

Out[21]:

	광역시도	시군	pop	moon	ahn	hong
0	서울특별시	종로구	102566.0	42512.0	22313.0	22325.0
1	서울특별시	중구	82852.0	34062.0	19372.0	17901.0
2	서울특별시	용산구	148157.0	58081.0	32109.0	35230.0
3	서울특별시	성동구	203175.0	86686.0	45674.0	40566.0
4	서울특별시	광진구	240030.0	105512.0	52824.0	46368.0

데이터를 저장합니다. 만약 코드 [20]을 실행하면서 에러가 났다면(실제로 웹 자료를 모을 때 에러 안 나는 경우가 드뭅니다),

```
In [22]:   re_try_index = election_result[election_result['pop'].isnull()].index

           for n in tqdm_notebook(re_try_index):
               try:
                   element = driver.find_element_by_id("cityCode")
                   element.send_keys(election_result['광역시도'][n])

                   time.sleep(0.5)

                   element = driver.find_element_by_id("townCode")
                   element.send_keys(election_result['시군'][n])

                   driver.find_element_by_xpath("""//*[@id="spanSubmit"]/input""").click()

                   time.sleep(0.5)

                   get_vote_info(n)

               except:
                   print('--- Error ---')
                   fail_procedure(n)
```

이 코드를 실행해서 에러가 난 부분만 다시 모아야 합니다.

```
In [23]:   election_result['pop'] = pop
           election_result['moon'] = moon
           election_result['ahn'] = ahn
           election_result['hong'] = hong
           election_result.head()
```

Out[23]:

	광역시도	시군	pop	moon	ahn	hong
0	서울특별시	종로구	102566.0	42512.0	22313.0	22325.0
1	서울특별시	중구	82852.0	34062.0	19372.0	17901.0
2	서울특별시	용산구	148157.0	58081.0	32109.0	35230.0
3	서울특별시	성동구	203175.0	86686.0	45674.0	40566.0
4	서울특별시	광진구	240030.0	105512.0	52824.0	46368.0

에러 대응한 결과까지 저장하고, 그 결과를 csv 파일로 저장하도록 합니다.

```
In [24]:   election_result.to_csv('../data/05. election_result.csv', encoding='utf-8', sep=',')
```

+++ 6-3 각 후보의 득표율과 지역 ID 정리하기 +++

앞 절의 결과물을 읽으면서 이번 절을 시작합니다.

```
In [25]:   election_result = pd.read_csv('../data/05. election_result.csv', encoding='utf-8',
                                          index_col=0)
           election_result.head()
```

Out[25]:

	광역시도	시군	pop	moon	ahn	hong
0	서울특별시	종로구	102566.0	42512.0	22313.0	22325.0
1	서울특별시	중구	82852.0	34062.0	19372.0	17901.0
2	서울특별시	용산구	148157.0	58081.0	32109.0	35230.0
3	서울특별시	성동구	203175.0	86686.0	45674.0	40566.0
4	서울특별시	광진구	240030.0	105512.0	52824.0	46368.0

```
In [26]:   sido_candi =  election_result['광역시도']
           sido_candi = [name[:2] if name[:2] in ['서울','부산','대구','광주','인천','대전','울산']
                                  else '' for name in sido_candi]
```

그리고 광역시도 이름을 정리합니다.

```
In [27]:   def cut_char_sigu(name):
               return name if len(name)==2 else name[:-1]
```

미리 함수 하나를 정의합니다. '중구', '남구'와 같은 두 글자 이름은 그대로 보내고, '중랑구', '서초구', '의왕시'와 같은 입력은 '중랑', '서초', '의왕'과 같이 줄이기 위한 용도입니다.

```
In [28]:   import re

           sigun_candi = ['']*len(election_result)

           for n in election_result.index:
               each = election_result['시군'][n]
               if each[:2] in ['수원','성남','안양','안산','고양',
                               '용인','청주','천안','전주','포항','창원']:
```

```
                    sigun_candi[n] = re.split('시', each)[0]+' '+ \
                                        cut_char_sigu(re.split('시', each)[1])
            else:
                sigun_candi[n] = cut_char_sigu(each)

        sigun_candi
```

이제 광역시가 아닌데 행정구를 가지고 있는 '수원', '성남', '안양', '안산', '고양', '용인', '청주', '천안', '전주', '포항', '창원'에 대해 '안양 만안', '안양 동안'과 같이 정리하기 위한 코드를 작성했습니다.

```
In [29]:  ID_candi = [sido_candi[n]+' '+sigun_candi[n] for n in range(0,len(sigun_candi))]

          ID_candi = [name[1:] if name[0]==' ' else name for name in ID_candi]
          ID_candi = [name[:2] if name[:2]=='세종' else name for name in ID_candi]

          ID_candi
```

그리고 광역시도 이름이 저장된 변수 sido_candi와 코드 [28]에서 정리한 시구군 이름이 저장된 변수 sigun_candi를 합칩니다. 여기서 sido_candi 변수에서 그냥 공란이 있으면 첫 글자가 띄어쓰기가 될 수 있어서 첫 글자가 공백인 경우에 대해 대응하도록 하는 코드가 있습니다. 마지막으로 '세종시'의 경우는 예외로 처리합니다.

```
In [30]:  election_result['ID'] = ID_candi
          election_result.head(10)
```

Out[30]:

	광역시도	시군	pop	moon	ahn	hong	ID
0	서울특별시	종로구	102566.0	42512.0	22313.0	22325.0	서울 종로
1	서울특별시	중구	82852.0	34062.0	19372.0	17901.0	서울 중구
2	서울특별시	용산구	148157.0	58081.0	32109.0	35230.0	서울 용산
3	서울특별시	성동구	203175.0	86686.0	45674.0	40566.0	서울 성동
4	서울특별시	광진구	240030.0	105512.0	52824.0	46368.0	서울 광진
5	서울특별시	동대문구	236092.0	98958.0	53359.0	51631.0	서울 동대문
6	서울특별시	중랑구	265706.0	111450.0	62778.0	56545.0	서울 중랑
7	서울특별시	성북구	295866.0	129263.0	66518.0	57584.0	서울 성북

	광역시도	시군					
8	서울특별시	강북구	210614.0	89645.0	51669.0	42268.0	서울 강북
9	서울특별시	도봉구	229233.0	94898.0	55600.0	47461.0	서울 도봉

이렇게 만든 ID_candi 변수를 election_result에 합칩니다. 일단 이렇게 해서 지도를 그리기 위한 기초 ID 작업을 수행했습니다. 이 부분은 5장에서 수행한 내용과 비슷합니다. 그러나 5장에서 구한 원데이터와 6장에서 구한 데이터가 행정구역을 표기하는 방법이 약간 달라서 접근법을 다르게 했습니다.

```
In [31]:  election_result[['rate_moon','rate_hong','rate_ahn']] = \
             election_result[['moon','hong','ahn']].div(election_result['pop'],  axis=0)
          election_result[['rate_moon','rate_hong','rate_ahn']] *= 100
          election_result.head()
```

이제 문 후보(moon), 홍 후보(hong), 안 후보(ahn)의 득표수에서 투표자수를 나눠서 각각의 득표율을 계산합니다.

Out[31]:

	광역시도	시군	pop	moon	ahn	hong	ID	rate_moon	rate_hong	rate_ahn
0	서울특별시	종로구	102566.0	42512.0	22313.0	22325.0	서울 종로	41.448433	21.766472	21.754773
1	서울특별시	중구	82852.0	34062.0	19372.0	17901.0	서울 중구	41.111862	21.605996	23.381451
2	서울특별시	용산구	148157.0	58081.0	32109.0	35230.0	서울 용산	39.202333	23.778829	21.672280
3	서울특별시	성동구	203175.0	86686.0	45674.0	40566.0	서울 성동	42.665682	19.966039	22.480128
4	서울특별시	광진구	240030.0	105512.0	52824.0	46368.0	서울 광진	43.957839	19.317585	22.007249

문 후보가 높은 비율로 득표한 지역을 확인화면 다음과 같습니다.

```
In [32]:  election_result.sort_values(['rate_moon'], ascending=[False]).head(10)
```

Out[32]:

	광역시도	시군	pop	moon	ahn	hong	ID	rate_moon	rate_hong	rate_ahn
182	전라남도	순천시	181451.0	122595.0	40429.0	4525.0	순천	67.563695	2.493786	22.280946
166	전라북도	전주시 덕진구	187921.0	125375.0	40188.0	5183.0	전주 덕진	66.716865	2.758074	21.385582
165	전라북도	전주시완산구	236383.0	157637.0	50506.0	7003.0	전주 완산	66.687114	2.962565	21.366173
175	전라북도	장수군	16079.0	10714.0	3353.0	717.0	장수	66.633497	4.459233	20.853287

	광역시도	시군	pop	moon	ahn	hong	ID	rate_moon	rate_hong	rate_ahn
184	전라남도	광양시	96384.0	63544.0	20080.0	4100.0	광양	65.927955	4.253818	20.833333
173	전라북도	진안군	18107.0	11918.0	3904.0	819.0	진안	65.819849	4.523113	21.560722
172	전라북도	완주군	62470.0	41057.0	13897.0	2107.0	완주	65.722747	3.372819	22.245878
168	전라북도	익산시	192208.0	123422.0	45737.0	6470.0	익산	64.212728	3.366145	23.795576
170	전라북도	남원시	55371.0	35539.0	13854.0	1939.0	남원	64.183417	3.501833	25.020317
63	광주광역시	광산구	248209.0	159119.0	65402.0	3630.0	광주 광산	64.106862	1.462477	26.349568

전라도 지역의 '순천', '전주', '장수', '광양', '진안', '완주', '익산', '남원', '광산' 순입니다. 사실 국회의원으로는 부산 사상구가 지역구였던 것을 감안하면 재미있는 결과이기도 합니다.

홍 후보의 득표율은 다음과 같습니다.

```
In [33]:   election_result.sort_values(['rate_hong'], ascending=[False]).head(10)
```

Out[33]:

	광역시도	시군	pop	moon	ahn	hong	ID	rate_moon	rate_hong	rate_ahn
219	경상북도	군위군	17627.0	2251.0	1939.0	11651.0	군위	12.770182	66.097464	11.000170
220	경상북도	의성군	37855.0	5365.0	4767.0	23790.0	의성	14.172500	62.845067	12.592788
223	경상북도	영덕군	26125.0	3786.0	3231.0	16314.0	영덕	14.491866	62.445933	12.367464
247	경상남도	합천군	33021.0	7143.0	3077.0	19699.0	합천	21.631689	59.655976	9.318313
216	경상북도	고령군	22396.0	3754.0	2600.0	13248.0	고령	16.761922	59.153420	11.609216
213	경상북도	예천군	32124.0	5261.0	4427.0	18863.0	예천	16.377163	58.719338	13.780974
215	경상북도	청도군	30398.0	5323.0	3654.0	17678.0	청도	17.511020	58.155142	12.020528
221	경상북도	청송군	18418.0	3218.0	2387.0	10669.0	청송	17.472038	57.927028	12.960148
240	경상남도	창녕군	42878.0	10310.0	3877.0	24464.0	창녕	24.044965	57.054900	9.041933
212	경상북도	문경시	49113.0	8616.0	6905.0	27832.0	문경	17.543217	56.669314	14.059414

홍 후보도 경상남도 도지사였던 것을 감안하면 경상북도에서의 지지율이 대체로 높은 것이 또한 재미있습니다.

안 후보의 지지율도 확인하면 다음과 같습니다.

```
In [34]:   election_result.sort_values(['rate_ahn'], ascending=[False]).head(10)
```

Out[34]:

	광역시도	시군	pop	moon	ahn	hong	ID	rate_moon	rate_hong	rate_ahn
196	전라남도	진도군	21189.0	10392.0	8855.0	511.0	진도	49.044315	2.411629	41.790552
201	전라남도	신안군	28950.0	14370.0	12000.0	713.0	신안	49.637306	2.462867	41.450777
193	전라남도	강진군	25175.0	12476.0	10152.0	753.0	강진	49.557100	2.991063	40.325720
195	전라남도	해남군	48351.0	25901.0	18157.0	1158.0	해남	53.568696	2.394987	37.552481
197	전라남도	영암군	36402.0	18999.0	13610.0	825.0	영암	52.192187	2.266359	37.388056
180	전라남도	목포시	145476.0	77896.0	53303.0	2584.0	목포	53.545602	1.776238	36.640408
59	광주광역시	동구	66287.0	37053.0	23438.0	1308.0	광주 동구	55.897838	1.973238	35.358366
192	전라남도	장흥군	27149.0	14821.0	9593.0	636.0	장흥	54.591329	2.342628	35.334635
190	전라남도	보성군	29967.0	16666.0	10514.0	732.0	보성	55.614509	2.442687	35.085260
198	전라남도	무안군	52516.0	29516.0	18052.0	983.0	무안	56.203824	1.871810	34.374286

전라도 지역이지만, 문 후보와 비교하면 전라남도에서 강세를 가진 것 같습니다. 그러나 이는 정렬했을 뿐이며 그 결과를 보면 안 후보를 높게 지지한 상위 10개 지역 전체에서 오히려 문 후보에게 졌습니다. 이 사실도 또한 재미있는 결과입니다. 이제 이전 장에서 만들었던 draw_korea.csv 파일을 읽어서 전국 지도를 그리겠습니다.

In [35]:
```
draw_korea = pd.read_csv('../data/05. draw_korea.csv', encoding='utf-8',

index_col=0)
draw_korea.head()
```

Out[35]:

	y	x	ID
0	0	7	철원
1	0	8	화천
2	0	9	양구
3	0	10	고성(강원)
4	1	3	양주

이전에도 수행했던 내용이지만 지도에서 지역별 좌표 정보를 가지고 있던 draw_korea의 ID와 시각화돼야 할 대상인 election_result의 ID는 서로 일치해야 합니다. 그래서 일치하는지 알 수 있는 방법이 집합으로 보고 서로의 차집합을 구해서 둘 다 공집합이면 됩니다.

```
In [36]:  set(draw_korea['ID'].unique()) - set(election_result['ID'].unique())
```

Out[36]: {'고성(강원)', '고성(경남)', '부천 소사', '부천 오정', '부천 원미', '창원 합포', '창원 회원'}

```
In [37]:  set(election_result['ID'].unique()) - set(draw_korea['ID'].unique())
```

Out[37]: {'고성', '부천', '창원 마산합포', '창원 마산회원'}

지금 나타난 결과와 이전에 수행했던 내용을 같이 떠올려 보면 몇몇 문제는 해결할 수 있습니다.

```
In [38]:  election_result[election_result['ID'] == '고성']
```

Out[38]:

	광역시도	시군	pop	moon	ahn	hong	ID	rate_moon	rate_hong	rate_ahn
125	강원도	고성군	18692.0	5664.0	3964.0	6511.0	고성	30.301733	34.833084	21.206933
233	경상남도	고성군	34603.0	9848.0	4104.0	16797.0	고성	28.459960	48.542034	11.860243

먼저 고성의 경우는 강원도 고성과 경남 고성을 구분하면 됩니다.

```
In [39]:  election_result.loc[125, 'ID'] = '고성(강원)'
          election_result.loc[233, 'ID'] = '고성(경남)'

          election_result[election_result['시군'] == '고성군']
```

Out[39]:

	광역시도	시군	pop	moon	ahn	hong	ID	rate_moon	rate_hong	rate_ahn
125	강원도	고성군	18692.0	5664.0	3964.0	6511.0	고성 (강원)	30.301733	34.833084	21.206933
233	경상남도	고성군	34603.0	9848.0	4104.0	16797.0	고성 (경남)	28.459960	48.542034	11.860243

그리고 경남에 창원시에는 옛 마산이 통합되면서 마산합포구와 마산회원구로 이름이 변경됐는데 문제는 지도로 시각화하기에는 너무 깁니다. 그리고 현지 지역민들도 창원시 마산합포구라는 이름보다는 창원 합포구라고 줄여 부르기도 합니다. 그래서 두 지역의 이름을 각각 '합포', '회원'으로 변경합니다.

```
In [40]:  election_result[election_result['광역시도'] == '경상남도']
```

```
Out[40]:
```

	광역시도	시군	pop	moon	ahn	hong	ID	rate_moon	rate_hong	rate_ahn
226	경상남도	창원시 의창구	164047.0	60757.0	22830.0	56887.0	창원 의창	37.036337	34.677257	13.916743
227	경상남도	창원시 성산구	153327.0	63717.0	22923.0	42052.0	창원 성산	41.556282	27.426350	14.950400
228	경상남도	창원시 마산합포구	119281.0	35592.0	14686.0	54488.0	창원 마산합포	29.838784	45.680368	12.312103
229	경상남도	창원시 마산회원구	136757.0	45014.0	17744.0	56340.0	창원 마산회원	32.915317	41.197160	12.974839

```
In [41]: election_result.loc[228, 'ID'] = '창원 합포'
         election_result.loc[229, 'ID'] = '창원 회원'

         election_result[election_result['광역시도'] == '경상남도']
```

```
Out[41]:
```

	광역시도	시군	pop	moon	ahn	hong	ID	rate_moon	rate_hong	rate_ahn
226	경상남도	창원시 의창구	164047.0	60757.0	22830.0	56887.0	창원 의창	37.036337	34.677257	13.916743
227	경상남도	창원시 성산구	153327.0	63717.0	22923.0	42052.0	창원 성산	41.556282	27.426350	14.950400
228	경상남도	창원시 마산합포구	119281.0	35592.0	14686.0	54488.0	창원 합포	29.838784	45.680368	12.312103
229	경상남도	창원시 마산회원구	136757.0	45014.0	17744.0	56340.0	창원 회원	32.915317	41.197160	12.974839

이제 남은 것은 부천입니다.

```
In [42]: set(draw_korea['ID'].unique()) - set(election_result['ID'].unique())
```

```
Out[42]: {'부천 소사', '부천 오정', '부천 원미'}
```

```
In [43]: set(election_result['ID'].unique()) - set(draw_korea['ID'].unique())
```

```
Out[43]: {'부천'}
```

부천시는 꽤 특이한 지역입니다. 위키백과 부천시 항목[2]에 따르면 행정적으로는 경기도에 속해 있지만, 지역 전화번호(032)나 관할 검찰이나 법원이 인천광역시라는 점, 군사적으로도 인천시 소재의 제17보병사단 위수 지역이라는 것 등으로 인천에 아주 밀접한 지역입니다. 특히 지금 우리에게 중요한 정보는 2016년 6월부터 부천시는 소사, 오정, 원미구를 폐지하고 책임동제를 실시하는 지역이 됐습니다. 그래서 draw_korea의 데이터에는 부천시의 구가 존재하고 election_result에는 없습니다. 그러나 애초 Cartogram의 형태로 지도를 그릴 때 행정구를 인정하기로 한 것이 인구수를 10~20만 정도로 맞추는 것이었는데, 부천시의 약 80~90만 명 되는 인구는 그 기준에 따르면 다른 지역의 칸과 차이가 납니다. 원칙적으로는 각 동의 인구를 다시 조사하고 이를 옛 지역구에 맞춰야 하겠지만, 우리가 그렇게까지 깊이 들어갈 필요는 없기 때문에 부천시는 단순히 3으로 나눠서 진행하도록 하겠습니다.

In [44]: `election_result[election_result['시군'] == '부천시']`

Out[44]:

	광역시도	시군	pop	moon	ahn	hong	ID	rate_moon	rate_hong	rate_ahn
85	경기도	부천시	543777.0	239697.0	128297.0	100544.0	부천	44.080018	18.489932	23.593679

부천시 전체 데이터를 모두 3으로 나누면 됩니다. 단, 득표율인 rate_moon, rate_hong, rate_ahn은 나눌 필요가 없습니다.

In [45]: `election_result.tail()`

Out[45]:

	광역시도	시군	pop	moon	ahn	hong	ID	rate_moon	rate_hong	rate_ahn
245	경상남도	산청군	24513.0	6561.0	2753.0	12544.0	산청	26.765390	51.172847	11.230776
246	경상남도	거창군	41325.0	11256.0	4923.0	19976.0	거창	27.237750	48.338778	11.912886
247	경상남도	합천군	33021.0	7143.0	3077.0	19699.0	합천	21.631689	59.655976	9.318313
248	제주특별자치도	제주시	273163.0	125717.0	55971.0	48027.0	제주	46.022704	17.581810	20.489964
249	제주특별자치도	서귀포시	101296.0	43776.0	21890.0	20036.0	서귀포	43.215922	19.779656	21.609935

데이터를 삽입할 index 번호를 확인하고,

---

[2] https://goo.gl/jZ84cv

```
In [46]:  ahn_tmp = election_result.loc[85, 'ahn']/3
          hong_tmp = election_result.loc[85, 'hong']/3
          moon_tmp = election_result.loc[85, 'moon']/3
          pop_tmp = election_result.loc[85, 'pop']/3

          rate_moon_tmp = election_result.loc[85, 'rate_moon']
          rate_hong_tmp = election_result.loc[85, 'rate_hong']
          rate_ahn_tmp = election_result.loc[85, 'rate_ahn']

          election_result.loc[250] = [ahn_tmp, hong_tmp, moon_tmp, pop_tmp,
                                      '경기도', '부천시', '부천 소사',
                                      rate_moon_tmp, rate_hong_tmp, rate_ahn_tmp]
          election_result.loc[251] = [ahn_tmp, hong_tmp, moon_tmp, pop_tmp,
                                      '경기도', '부천시', '부천 오정',
                                      rate_moon_tmp, rate_hong_tmp, rate_ahn_tmp]
          election_result.loc[252] = [ahn_tmp, hong_tmp, moon_tmp, pop_tmp,
                                      '경기도', '부천시', '부천 원미',
                                      rate_moon_tmp, rate_hong_tmp, rate_ahn_tmp]
```

이렇게 만들도록 하겠습니다.

```
In [47]:  election_result[election_result['시군'] == '부천시']
```

Out[47]:

	광역시도	시군	pop	moon	ahn	hong	ID	rate_moon	rate_hong	rate_ahn
85	경기도	부천시	543777.0	239697.0	128297	100544	부천	44.080018	18.489932	23.593679

```
In [48]:  election_result.drop([85], inplace=True)
          election_result[election_result['시군'] == '부천시']
```

이제 남은 부천시는 제거하면 됩니다.

```
In [49]:  set(draw_korea['ID'].unique()) - set(election_result['ID'].unique())
```

```
Out[49]:  set()
```

```
In [50]:  set(election_result['ID'].unique()) - set(draw_korea['ID'].unique())
```

```
Out[50]:  set()
```

두 변수의 ID 데이터가 모두 일치하는지 알게 됐습니다.

```
In [51]:  final_elect_data = pd.merge(election_result, draw_korea, how='left', on=['ID'])
          final_elect_data.head()
```

Out[51]:

	광역시도	시군	pop	moon	ahn	hong	ID	rate_moon	rate_hong	rate_ahn	y	x
0	서울특별시	종로구	102566.0	42512.0	22313	22325	서울종로	41.448433	21.766472	21.754773	4	6
1	서울특별시	중구	82852.0	34062.0	19372	17901	서울중구	41.111862	21.605996	23.381451	5	6
2	서울특별시	용산구	148157.0	58081.0	32109	35230	서울용산	39.202333	23.778829	21.672280	6	6
3	서울특별시	성동구	203175.0	86686.0	45674	40566	서울성동	42.665682	19.966039	22.480128	5	7
4	서울특별시	광진구	240030.0	105512.0	52824	46368	서울광진	43.957839	19.317585	22.007249	6	7

이제 election_result와 draw_korea를 합칠 수 있게 되었습니다.

마지막으로 문 후보 대 홍 후보의 득표율 차이(moon_vs_hong), 문 후보 대 안 후보의 득표율 차이(moon_vs_ahn), 안 후보 대 홍 후보의 득표율 차이(ahn_vs_hong)를 계산합니다.

```
In [52]:  final_elect_data['moon_vs_hong'] = final_elect_data['rate_moon'] - \
                                             final_elect_data['rate_hong']
          final_elect_data['moon_vs_ahn'] = final_elect_data['rate_moon'] - \
                                            final_elect_data['rate_ahn']
          final_elect_data['ahn_vs_hong'] = final_elect_data['rate_ahn'] - \
                                            final_elect_data['rate_hong']

          final_elect_data.head()
```

+++ 6-4 19대 대선 결과 득표율 시각화하기 +++

시각화에 사용할 함수는 이미 5장에서 마지막에 작성한 drawKorea 함수입니다. 먼저 경계선을 그리는 BORDER_LINES는 다음과 같습니다.

```
1.  BORDER_LINES = [
2.      [(5, 1), (5,2), (7,2), (7,3), (11,3), (11,0)], #인천
3.      [(5,4), (5,5), (2,5), (2,7), (4,7), (4,9), (7,9),
4.       (7,7), (9,7), (9,5), (10,5), (10,4), (5,4)], #서울
5.      [(1,7), (1,8), (3,8), (3,10), (10,10), (10,7),
6.       (12,7), (12,6), (11,6), (11,5), (12, 5), (12,4),
7.       (11,4), (11,3)], #경기도
8.      [(8,10), (8,11), (6,11), (6,12)], #강원도
9.      [(12,5), (13,5), (13,4), (14,4), (14,5), (15,5),
10.      (15,4), (16,4), (16,2)], #충청북도
11.     [(16,4), (17,4), (17,5), (16,5), (16,6), (19,6),
12.      (19,5), (20,5), (20,4), (21,4), (21,3), (19,3), (19,1)], #전라북도
13.     [(13,5), (13,6), (16,6)], #대전시
14.     [(13,5), (14,5)], #세종시
15.     [(21,2), (21,3), (22,3), (22,4), (24,4), (24,2), (21,2)], #광주
16.     [(20,5), (21,5), (21,6), (23,6)], #전라남도
17.     [(10,8), (12,8), (12,9), (14,9), (14,8), (16,8), (16,6)], #충청북도
18.     [(14,9), (14,11), (14,12), (13,12), (13,13)], #경상북도
19.     [(15,8), (17,8), (17,10), (16,10), (16,11), (14,11)], #대구
20.     [(17,9), (18,9), (18,8), (19,8), (19,9), (20,9), (20,10), (21,10)], #부산
21.     [(16,11), (16,13)], #울산
22.     [(27,5), (27,6), (25,6)],
23. ]
```

이를 이용해서 구현했던 함수가,

```
1.  def drawKorea(targetData, blockedMap, cmapname):
2.      gamma = 0.75
3.
4.      whitelabelmin = 20.
5.
6.      datalabel = targetData
7.
8.      tmp_max = max([ np.abs(min(blockedMap[targetData])),
9.                              np.abs(max(blockedMap[targetData]))])
10.     vmin, vmax = -tmp_max, tmp_max
11.
12.     mapdata = blockedMap.pivot_table(index='y', columns='x', values=targetData)
13.     masked_mapdata = np.ma.masked_where(np.isnan(mapdata), mapdata)
14.
15.     plt.figure(figsize=(9, 11))
```

```python
16.        plt.pcolor(masked_mapdata, vmin=vmin, vmax=vmax, cmap=cmapname,
17.                   edgecolor='#aaaaaa', linewidth=0.5)
18.
19.    # 지역 이름 표시
20.        for idx, row in blockedMap.iterrows():
21.        # 광역시는 구 이름이 겹치는 경우가 많아서 시단위 이름도 같이 표시한다.
22.        #(중구, 서구)
23.            if len(row['ID'].split())==2:
24.                dispname = '{}\n{}'.format(row['ID'].split()[0], row['ID'].split()[1])
25.            elif row['ID'][:2]=='고성':
26.                dispname = '고성'
27.            else:
28.                dispname = row['ID']
29.
30.        # 서대문구, 서귀포시 같이 이름이 3자 이상인 경우에 작은 글자로 표시한다.
31.            if len(dispname.splitlines()[-1]) >= 3:
32.                fontsize, linespacing = 10.0, 1.1
33.            else:
34.                fontsize, linespacing = 11, 1.
35.
36.            annocolor = 'white' if np.abs(row[targetData]) > whitelabelmin else 'black'
37.            plt.annotate(dispname, (row['x']+0.5, row['y']+0.5), weight='bold',
38.                         fontsize=fontsize, ha='center', va='center', color=annocolor,
39.                         linespacing=linespacing)
40.
41.    # 시도 경계 그린다.
42.        for path in BORDER_LINES:
43.            ys, xs = zip(*path)
44.            plt.plot(xs, ys, c='black', lw=2)
45.
46.        plt.gca().invert_yaxis()
47.
48.        plt.axis('off')
49.
50.        cb = plt.colorbar(shrink=.1, aspect=10)
51.        cb.set_label(datalabel)
52.
53.        plt.tight_layout()
54.        plt.show()
```

입니다.

In [57]:   drawKorea('moon_vs_hong', final_elect_data, 'RdBu')

이를 이용해서 당시 문재인 후보 대 홍준표 후보의 득표율의 격차를 그려봅니다. 그림 6-14에 결과가 있습니다. 전라남북도의 전폭적인 지원이 눈에 보입니다. 서울, 경기권의 경우도 문재인 후보의 압승으로 봐야 할 것 같습니다. 대구, 경북은 홍준표 후보의 우세입니다. 그런데 경남 창원과 김해는 문재인 후보의 승리입니다. 경남 창원은 경남 도청 소재지인데 홍준표 후보가 안방에서 졌습니다. 특히 뉴스에서도 나왔지만 부산 지역의 선택이 또한 대단한 것 같습니다.

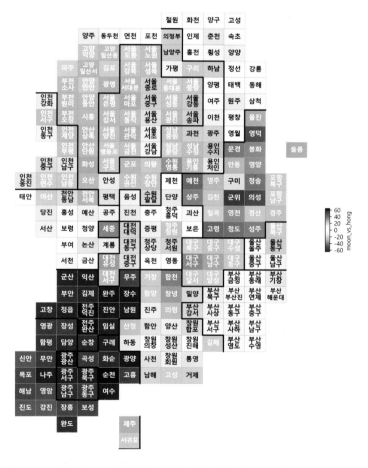

그림 6-14 문재인 후보 대 홍준표 후보의 득표율 비교

In [58]:   drawKorea('moon_vs_ahn', final_elect_data, 'RdBu')

문재인 후보 대 안철수 후보 간 격차는 그림 6-15에 있지만 전체적으로 문재인 후보의 승리입니다.

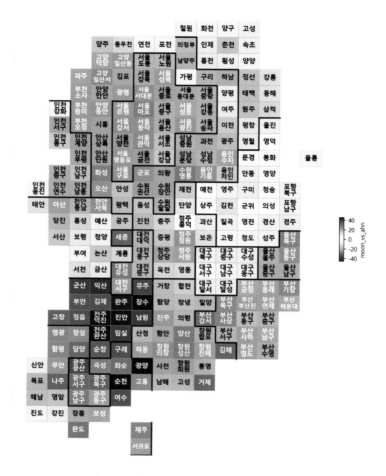

그림 6-15 문재인 후보 대 안철수 후보의 득표율 비교

In [59]:   drawKorea('ahn_vs_hong', final_elect_data, 'RdBu')

오히려 2, 3위였던 안철수 후보 대 홍준표 후보의 격차가 아주 박빙입니다.

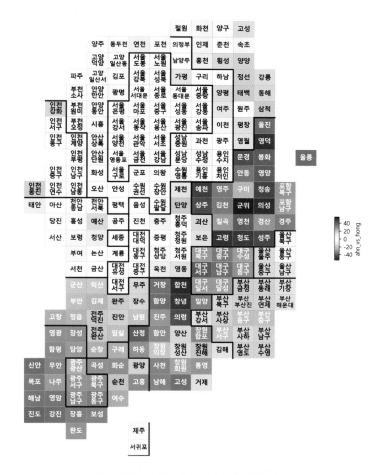

그림 6-16 안철수 후보 대 홍준표 후보의 득표율 비교

그래서 Folium을 이용해서 그림 6-14에 대해 결과를 비교해보겠습니다.

```
In [60]:   import folium
           import json
           import warnings
           warnings.simplefilter(action='ignore', category=FutureWarning)
```

Folium을 import합니다.

```
pop_folium = final_elect_data.set_index('ID')

del pop_folium['광역시도']
del pop_folium['시군']

pop_folium.head()
```

ID를 index로 잡겠습니다.

In [62]:
```
geo_path = '../data/05. skorea_municipalities_geo_simple.json'
geo_data = json.load(open(geo_path, encoding='utf-8'))

map = folium.Map(location=[36.2002, 127.054], zoom_start=6)
map.choropleth(geo_str = geo_str,
               data = pop_folium['moon_vs_hong'],
               columns = [pop_folium.index, pop_folium['moon_vs_hong']],
               fill_color = 'PuBu', #PuRd, YlGnBu
               key_on = 'feature.id')

map
```

문재인 후보 대 홍준표 후보의 득표율을 비교해봅니다.

Out [62]:

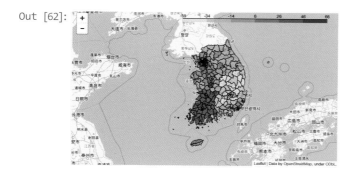

인구 밀집 지역인 수도권이 작게 잡혀서 인구의 수로 비교하기는 어렵지만, 이 그림만으로도 문재인 후보가 전반적으로 압승했음을 확인할 수는 있습니다.

7장 시계열 데이터를 다뤄보자

7장 · 시계열 데이터를 다뤄보자

데이터를 다룬다는 말 속에는 다양한 분야와 응용을 담고 있습니다. 그런데 데이터가 시간의 흐름에 따라 변화하는 추이가 있는 데이터, 대표적으로 웹 트래픽이나 주식 같은 데이터를 예측할 해야 할 때가 있습니다.

시계열(Time Series) 분석이라는 것은 통계적으로 어렵고 복잡한 작업입니다. 원 데이터의 안정성(stationary)을 판정하고, 안정한 형태로 변환하고, 예측 모델을 선정하고 검증하는 과정이 통계학의 깊은 지식을 요구합니다.

그러나 통계 전문가에게 맡기기 전에 간단히 데이터 예측하는 가벼운 느낌이라면 이 책에서는 유용한 도구를 하나 소개할까 합니다. 페이스북에서 만든 fbprophet이라는 모듈입니다. Fbprophet을 사용하기 위해서는 몇 가지 절차를 거쳐야 합니다. 먼저 윈도우 유저들은 Visual C++ Build Tools를 설치해야 합니다.[1] 맥 유저는 이 절차가 필요 없습니다. 그리고 터미널에서 pip install pystan과 pip install prophet을 수행합니다. 이제 시계열 예측을 수행해 보도록 하겠습니다.

+++ 7-1 Numpy의 polyfit으로 회귀(regression) 분석하기 +++

```
In [1]:   import warnings
          warnings.filterwarnings("ignore")
          import pandas as pd
          import pandas_datareader.data as web
          import numpy as np
          import matplotlib.pyplot as plt
          %matplotlib inline

          from fbprophet import Prophet
          from datetime import datetime
```

이번 장에서 사용할 모듈을 미리 import합니다. 특히 import pandas_datareader.data as web에서 사용하는 pandas_datareader는 터미널에서 pip install pandas_datareader로 설치해야 합니다.

---

[1] https://goo.gl/22QbmB

```
In [2]:    path = "c:/Windows/Fonts/malgun.ttf"
           import platform
             from matplotlib import font_manager, rc
             if platform.system() == 'Darwin':
                 rc('font', family='AppleGothic')
             elif platform.system() == 'Windows':
                 font_name = font_manager.FontProperties(fname=path).get_name()
                 rc('font', family=font_name)
             else:
                 print('Unknown system... sorry~~~~')

             plt.rcParams['axes.unicode_minus'] = False
```

매 장마다 등장하는 matplotlib에서 한글 폰트 문제에 대한 코드도 실행합니다.

```
In [3]:    pinkwink_web = pd.read_csv('../data/08. PinkWink Web Traffic.csv',
                                       encoding='utf-8', thousands=',',
                                       names = ['date','hit'], index_col=0)
           pinkwink_web = pinkwink_web[pinkwink_web['hit'].notnull()]
           pinkwink_web.head()
```

Out[3]:

date	hit
16. 7. 1.	766.0
16. 7. 2.	377.0
16. 7. 3.	427.0
16. 7. 4.	902.0
16. 7. 5.	850.0

https://goo.gl/5wWzLL에서 08. PinkWink Web Traffic.csv라는 데이터를 받아서 data 폴더에 저장합니다.

책 전반에 걸쳐 나타나지만 저는 블로그 하나를 아주 오래 전부터 운용하고 있습니다. 처음에는 당시 시간 강의하던 수업 자료를 올릴 곳이 없어서 시작한 것이었는데 벌써 10년이 넘었습니다. 비록 공학도의 블로그이고 워낙 기초나 튜토리얼과 같은 쉬운 주제만 다루는 데다, 이것저것 잡다하게 다루다 보니 딱히 인기는 없지만 나름대로 제가 세상과 소통하는 하나의 도구였습니다. 이번 실습 재료는 제 블로그의 웹 트래픽을 대상으로 하고 있습니다. 이 책이 도움이 되었다면 제 블로그에 오셔서 인사말 한 마디 부탁드립니다.

```
In [4]:   pinkwink_web['hit'].plot(figsize=(12,4), grid=True);
```

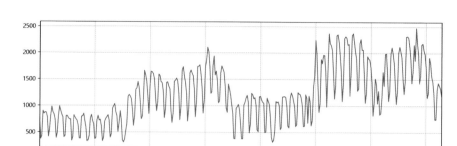

단순하게 2016년 7월 1일부터 2017년 6월 16일까지 유입량을 그려봅니다. 어떤 주기성이 있을 것 같은데 시간 순으로 되어 있는 데이터를 그냥 봐서는 정확하게 잘 모르겠습니다. 물론 유심히 관찰하면 2016년 11월 28일부터 2017년 4월 27일 정도로 약 6개월의 주기성 정도는 육안으로 확인되기도 합니다. 그래도 좀 더 정확한 주기성이 있다면 확인하고 싶습니다.

```
In [5]:   time = np.arange(0,len(pinkwink_web))
          traffic = pinkwink_web['hit'].values

          fx = np.linspace(0, time[-1], 1000)
```

먼저 시간축(time)을 만들고 웹 트래픽의 자료를 traffic 변수에 저장합니다. 지금 우리는 코드 [4]의 결과로 보이는 그래프를 설명할 간단한 함수를 찾으려고 합니다. 그게 직선일 수도 있고 혹은 다항식으로 표현되는 곡선일 수도 있습니다. 어쨌든 현재 데이터를 간단한 모델로 표현하고 싶다는 뜻입니다. 그런 작업을 보통 회귀(regression)라고 합니다. 그래서 모델을 1차, 2차, 3차, 15차 다항식으로 표현하고 그 결과를 확인하려고 합니다.

```
In [6]:   def error(f, x, y):
          return np.sqrt(np.mean((f(x)-y)**2))
```

어떤 데이터를 어떤 모델로 표현하려고 하면 그 모델의 적합성을 확인하는 과정이 필요합니다. 그러기 위해서는 참 값과 비교해서 에러(error)를 계산해야 합니다. 그래서 코드 [6]에서처럼 에러 함수를 정의했습니다.

```
In [7]:    fp1 = np.polyfit(time, traffic, 1)
           f1 = np.poly1d(fp1)

           f2p = np.polyfit(time, traffic, 2)
           f2 = np.poly1d(f2p)

           f3p = np.polyfit(time, traffic, 3)
           f3 = np.poly1d(f3p)

           f15p = np.polyfit(time, traffic, 15)
           f15 = np.poly1d(f15p)

           print(error(f1, time, traffic))
           print(error(f2, time, traffic))
           print(error(f3, time, traffic))
           print(error(f15, time, traffic))

           430.859730811
           430.628410189
           429.532804668
           330.477730644
```

이제 책 초반 CCTV 분석에서 사용했던 polyfit과 poly1d를 사용해서 함수로 표현할 수 있습니다. 그렇게 해서 1차, 2차, 3차, 15차 함수로 표현해서 확인했더니 1, 2, 3차는 에러가 비슷합니다. 우선 그 결과를 그래프로 한번 확인해 보겠습니다.

```
In [8]:    plt.figure(figsize=(10,6))
           plt.scatter(time, traffic, s=10)

           plt.plot(fx, f1(fx), lw=4, label='f1')
           plt.plot(fx, f2(fx), lw=4, label='f2')
           plt.plot(fx, f3(fx), lw=4, label='f3')
           plt.plot(fx, f15(fx), lw=4, label='f15')

           plt.grid(True, linestyle='-', color='0.75')
```

```
plt.legend(loc=2)
plt.show()
```

이렇게 그래프로 표현해두겠습니다.

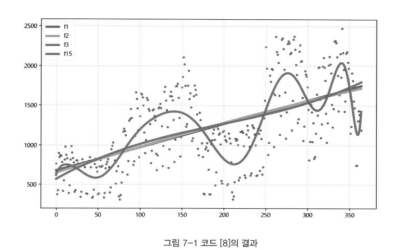

그림 7-1 코드 [8]의 결과

그림 7-1에서 데이터를 1, 2, 3, 15차 함수로 표현한 결과를 봅니다. 1차, 2차, 3차가 정의된 함수에서 에러를 확인해 보니 왜 큰 차이가 없는지 알겠습니다. 결국 2차나 3차로 표현하려면 그냥 1차로 표현하는 것이 차라리 나아 보입니다. 그렇다고 15차 함수를 사용해서 표현하는 것은 과적합(over-fitting)일 수 있습니다. 어떤 모델을 선택할지는 결국 분석하는 사람의 몫입니다. 그러나 그림 7-1만 가지고는 어떤 결론을 내려야 할지 잘 모르겠습니다. 우리는 그 뒷부분, 즉 앞으로의 데이터도 예측하고 싶으니까요.

+++ 7-2 Prophet 모듈을 이용한 forecast 예측 +++

Prophet 모듈은 사용법이 아주 간단합니다. 코드 [3]에서 받은 pinkwink_web 변수에서 날짜(index)
와 방문수(hit)만 따로 저장합니다.

```
In [9]:   df = pd.DataFrame({'ds':pinkwink_web.index, 'y':pinkwink_web['hit']})
          df.reset_index(inplace=True)
          df['ds'] = pd.to_datetime(df['ds'], format="%y. %m. %d.")
          del df['date']

          m = Prophet(yearly_seasonality=True)
          m.fit(df);
```

그리고 날짜를 pandas가 지원하는 to_datetime 함수를 이용해서 날짜라고 선언합니다. 그리고
Prophet 함수를 사용할 때 주기성이 연단위(yearly_seasonality)로 있다고 알려줍니다.

```
In [10]:   future = m.make_future_dataframe(periods=60)
           future.tail()
```

Out[10]:

	ds
420	2017-08-25
421	2017-08-26
422	2017-08-27
423	2017-08-28
424	2017-08-29

이제 이후 60일간의 데이터를 예측하고 싶다고 make_future_dataframe 명령하면 됩니다.

```
In [11]:   forecast = m.predict(future)
           forecast[['ds', 'yhat', 'yhat_lower', 'yhat_upper']].tail()
```

Out[11]:

	ds	yhat	yhat_lower	yhat_upper
420	2017-08-25	902.620982	686.077649	1116.910121
421	2017-08-26	487.541116	289.909582	693.227924
422	2017-08-27	620.184628	412.671034	821.558904
423	2017-08-28	1172.946120	974.002739	1381.949892
424	2017-08-29	1208.943174	991.442384	1424.837804

그리고 예측한 데이터를 forecast 변수에 저장해둡니다.

```
In [12]:    m.plot(forecast);
```

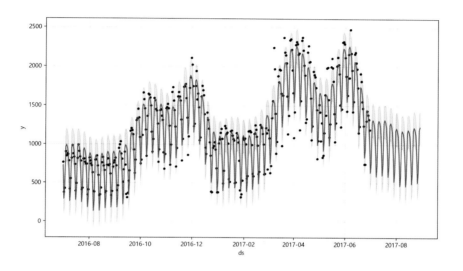

우리가 받은 받은 2017년 6월 말까지의 데이터 이후 약 2개월(60일)의 예측 결과가 코드 [12]의 결과에 나타나 있습니다. 단순히 다항식으로 경향을 파악하는 것보다는 뭔가 나아 보입니다.

```
In [13]:    m.plot_components(forecast);
```

그리고 plot_components 명령으로 몇몇 재미난 결과를 얻을 수 있습니다.

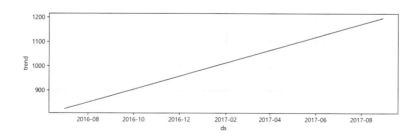

전체적인 경향은 직선으로 표현됩니다.

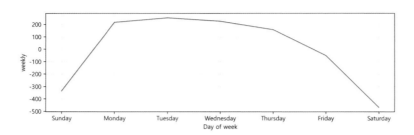

그리고 제 블로그는 월, 화, 수요일 방문자가 많다는 것을 알 수 있습니다. 토요일과 일요일은 아주 낮습니다.

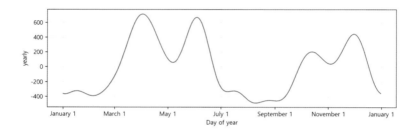

그리고 마지막으로 재미있는 것이 제 블로그는 3월부터 상승해서 7월쯤 내려가기 시작합니다. 그 중간 5월에 한 번 숨고르기를 하고 다시 9월경 상승해서 12월경 내려옵니다. 이는 대학교 개강 후 중간고사, 기말고사, 방학과 주기가 비슷합니다. 아무래도 공대에서 좋아하는 포스팅이 많아서인가 봅니다.

Prophet을 사용해서 간략하게 제 블로그를 대상으로 흥미로운 결과를 얻었습니다. 앞으로의 예측부터 주별, 연간 데이터의 현황도 알 수 있게 되었습니다. 비록 빈약하긴 하지만 이러한 과정을 Seasonal 시계열 데이터 분석(Seasonal Time Series Data Analysis)이라고 합니다.

+++ 7-3 Seasonal 시계열 분석으로 주식 데이터 분석하기 +++

Pandas는 구글이 제공하는 주가 정보를 받아올 수 있는 기능이 있습니다. 바로 DataReader 함수입니다. 종목 코드를 알면 한국 kospi 주가 정보도 받아올 수 있습니다.

```
In [14]:   start = datetime(2003, 1, 1)
           end   = datetime(2017, 6, 30)

           KIA = web.DataReader('KRX:000270','google',start,end)
           KIA.head()
```

Out[14]:

Date	Open	High	Low	Close	Volume
2003-01-02	9000.0	9200.0	8950.0	9190.0	688980
2003-01-03	9350.0	9720.0	9330.0	9550.0	1419855
2003-01-06	9720.0	9760.0	9500.0	9700.0	1076373
2003-01-07	9900.0	9920.0	9420.0	9420.0	1034182
2003-01-08	9500.0	9740.0	9400.0	9520.0	599806

기아자동차(000270)의 2003년 1월 1일부터 2017년 6월 30일까지의 주가 정보를 받아서 간단하게 종가(Close) 기준으로 그래프를 그려봅니다.

```
In [15]:   KIA['Close'].plot(figsize=(12,6), grid=True);
```

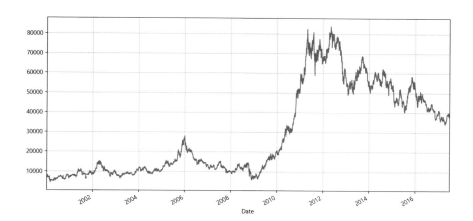

2012년 이후 전반적으로 하락하고 있는 모양새입니다. 나중에 참 값과의 비교를 위해 일부 데이터를 잘라서 먼저 forecast를 수행해보겠습니다.

```
In [16]:   KIA_trunc = KIA[:'2016-12-31']
           KIA_trunc
```

Date	Open	High	Low	Close	Volume
2003-01-02	9000.0	9200.0	8950.0	9190.0	688980
2003-01-03	9350.0	9720.0	9330.0	9550.0	1419855
2003-01-06	9720.0	9760.0	9500.0	9700.0	1076373
2003-01-07	9900.0	9920.0	9420.0	9420.0	1034182
2003-01-08	9500.0	9740.0	9400.0	9520.0	599806

이전에 블로그 웹 트래픽을 분석한 것처럼 별도로 데이터 프레임을 만듭니다.

```
In [17]: df = pd.DataFrame({'ds':KIA_trunc.index, 'y':KIA_trunc['Close']})
         df.reset_index(inplace=True)
         del df['Date']
         df.head()
```

Out[17]:

	ds	y
0	2003-01-02	9190.0
1	2003-01-03	9550.0
2	2003-01-06	9700.0
3	2003-01-07	9420.0
4	2003-01-08	9520.0

그리고 1년 후, 즉 2017년 12월 31일까지의 정보를 예측해보겠습니다.

```
In [18]: m = Prophet()
         m.fit(df);
```

```
In [19]: future = m.make_future_dataframe(periods=365)
         future.tail()
```

Out[19]:

	ds
3829	2017-12-25
3830	2017-12-26
3831	2017-12-27
3832	2017-12-28
3833	2017-12-29

코드 [15]의 결과와 코드 [21]의 뒷부분 결과가 비슷해보이는지요.

In [21]: m.plot(forecast);

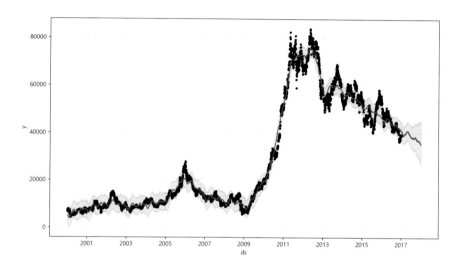

plot_components로 요소별로 확인해보겠습니다.

In [22]: m.plot_components(forecast);

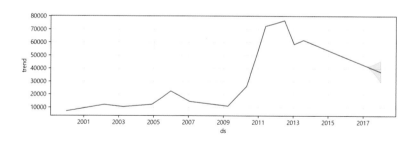

전체적인 trend 경향이 나타납니다. 예측하라고 한 부분은 반등되거나 혹은 그대로 내려갈 수도 있을 듯합니다.

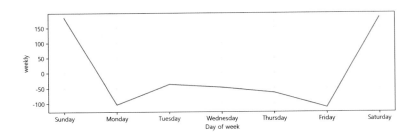

이제 주간(weekly) 데이터의 모습입니다. 토요일과 일요일은 장이 서지 않기 때문에 이 부분을 넘기면 화요일과 수요일이 상대적으로 높은 주가를 유지하고 있었습니다.

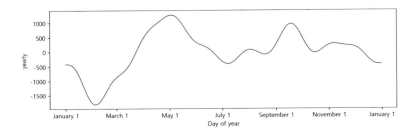

또 기아자동차의 주가는 1년 중에 2월경이 상대적으로 낮은 주가를 보입니다.

```
In [23]:    start = datetime(2014, 1, 1)
            end   = datetime(2017, 7, 31)

            KIA = web.DataReader('KRX:000270','google',start,end)
            KIA['Close'].plot(figsize=(12,6), grid=True);
```

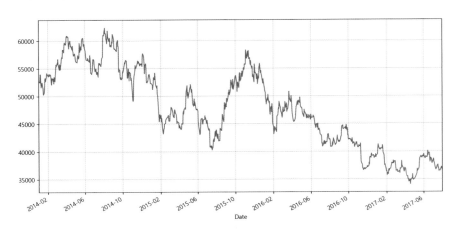

이번에는 주가를 가져오는 날짜를 바꿔서 다시 예측 성능을 확인해보겠습니다. 받아온 데이터는 2017년 7월 31일까지입니다. 예측용으로 사용할 데이터는 5월 31일까지로 합니다.

```
In [24]:   KIA_trunc = KIA[:'2017-05-31']
           KIA_trunc['Close'].plot(figsize=(12,6), grid=True);
```

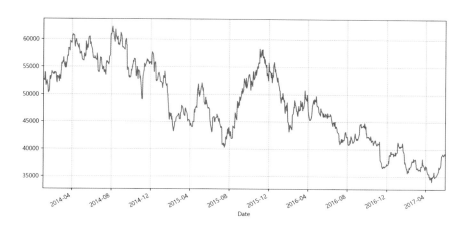

그리고 데이터를 약간 손봅니다.

```
In [25]:   df = pd.DataFrame({'ds':KIA_trunc.index, 'y':KIA_trunc['Close']})
           df.reset_index(inplace=True)
           del df['Date']
```

이제 61일간 데이터를 예측해봅니다.

```
In [26]:   m = Prophet()
           m.fit(df);
```

```
In [27]:   future = m.make_future_dataframe(periods=61)
           future.tail()

           del df['Date']
```

	ds
896	2017-07-27
897	2017-07-28
898	2017-07-29
899	2017-07-30
900	2017-07-31

그 결과를 그래프로 확인해보겠습니다.

In [28]:
```
forecast = m.predict(future)
m.plot(forecast);
```

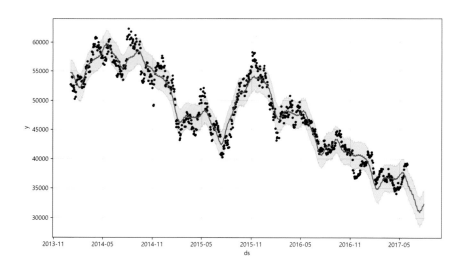

이제 우리는 그 후 2개월 데이터의 참 값을 알고 있으므로 직접 비교해볼 수 있습니다.

In [29]:
```
plt.figure(figsize=(12,6))
plt.plot(KIA.index, KIA['Close'], label='real')
plt.plot(forecast['ds'], forecast['yhat'], label='forecast')
plt.grid()
plt.legend()
plt.show()
```

이렇게 참 값과 예측 값을 같이 두고 그래프로 그리는 것입니다.

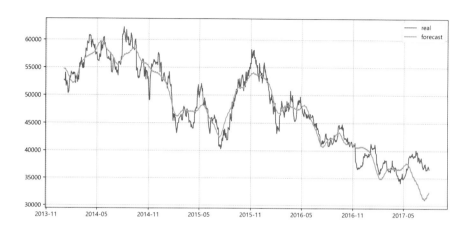

+++ **7-4 Growth Model과 Holiday Forecast** +++

이번 절부터는 prophet의 튜토리얼에 나오는 예제입니다. 흐름상 도움될 듯하여 몇 줄 안 되지만 실행해보겠습니다.

```
In [30]:   df = pd.read_csv('../data/08. example_wp_R.csv')
           df['y'] = np.log(df['y'])

In [31]:   df['cap'] = 8.5

In [32]:   m = Prophet(growth='logistic')
           m.fit(df)

Out[32]:   <fbprophet.forecaster.Prophet at 0x11bef6e80>
```

튜토리얼이 배포하는 데이터입니다. 이 데이터도 제일 마지막 줄을 삭제해야 잘 동작되기 때문에 [32]번 줄을 빼고 Github에 올렸습니다. 이 데이터는 주기성을 띠면서 점점 성장하는 모습의 데이터입니다. 그 모양새가 마치 성장(Growth)하면서 또 로그함수(logistic)의 모양과 같습니다.

```
In [33]:   future = m.make_future_dataframe(periods=1826)
           future['cap'] = 8.5
           fcst = m.predict(future)
           m.plot(fcst);
```

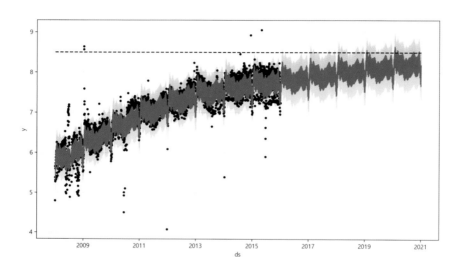

이런 종류의 데이터를 예측하는 것도 가능하다는 것을 알 수 있습니다. 거기에 역시 components를 조사하도록 하겠습니다.

```
In [35]:   forecast = m.predict(future)
           m.plot_components(forecast);m.plot_components(forecast);
```

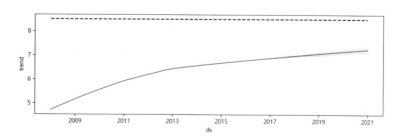

전체적인 경향(trend)이 나타납니다.

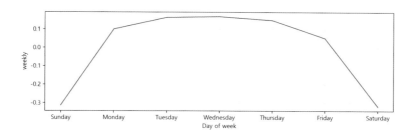

그리고 주간 분석도 나타나고 있습니다.

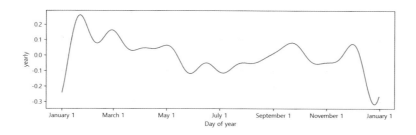

그리고 연간 분석의 결과도 나타납니다.

이번 장은 모듈을 소개하고 간단히 모듈의 사용만으로 예측(forecast)이라는 어려운 과정을 손쉽게 확인했습니다. 이 책에서 가장 작은 분량이지만 쓰임새는 작지 않을 겁니다.

8장 자연어 처리 시작하기

8장 + 자연어 처리 시작하기

자연어 처리는 데이터를 분석이 인기를 끌고 있는 요즘 이론적 배경에 대한 이해는 부족하더라도 자연어 처리 모듈의 일부 기능을 사용해 하는 빈도가 조금씩 많아지는 것 같습니다. 자연어 처리 전문가가 아니라도 웹 데이터를 다루다 보면 정형화된 데이터에서 단순 텍스트 분석 등의 역할에 대한 니즈(needs)가 있습니다. 7장의 예측(forecast)처럼 이론적 배경보다 일단 응용의 필요에 맞춰 이번 장을 진행할 생각입니다. 그러나 그것이 이론적 배경 없이 모듈만 사용하는 것이 좋다는 의미는 절대 아닙니다.

+++ 8-1 한글 자연어 처리 기초 - KoNLPy 및 필요 모듈의 설치 +++

한글 자연어 처리를 파이썬으로 하는 것을 도와주는 모듈은 Lucy Park이라는 분이 개발한 KoNLPy 모듈이 필수입니다. Lucy Park 님을 검색해보면 KoNLPy의 다양한 튜토리얼과 많은 배울 것들이 있습니다. 꼭 블로그[1]를 방문해서 탄탄한 기초를 다지길 바랍니다. 특히 Lucy Park 님의 Github ID[2]를 검색해보면 많은 좋은 코드를 볼 수 있습니다. 공부하는 데 도움이 될 것입니다. 아래는 제 26회 한글 및 한국어 정보처리 학술대회 논문집(2014년)에 Lucy Park 님이 KoNLPy를 개발한 결과를 발표한 논문의 요약입니다.

> 파이썬은 간결한 아름다움을 추구하는 동시에 강력한 스트링 연산이 가능한 언어다. KoNLPy는 그러한 특장점을 살려, 파이썬으로 한국어 정보처리를 할 수 있게 하는 패키지이다. 꼬꼬마, 한나눔, MeCab-ko 등 국내외에서 개발된 여러 형태소 분석기를 포함하고, 자연어처리에 필요한 각종 사전, 말뭉치, 도구 및 다양한 튜토리얼을 포함하여 손쉽게 한국어 분석을 할 수 있도록 만들었다.
>
> – KoNLPy: 쉽고 간결한 한국어 정보처리 파이썬 패키지의 요약문 -

파이썬에서 KoNLPy를 사용하기 위해서는 몇몇 약간은 복잡할 수 있는 설치 과정을 거쳐야합니다. 먼저 그림 8-1과 같이 터미널에서 pip install konlpy 명령으로 먼저 konlpy를 설치합니다. 그리고 그림 8-2의 Java SDK 다운로드 페이지[3]에서 JDK를 다운로드합니다.

---

[1] https://www.lucypark.kr/
[2] e9t
[3] https://goo.gl/vPPjjM

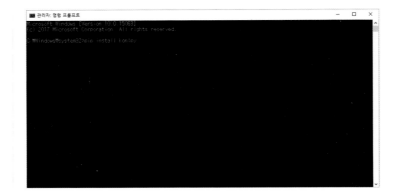

그림 8-1 터미널에서 KoNLPy를 설치하는 화면

그림 8-2 Java JDK 다운로드 화면

그림 8-3 JDK 설치 과정 화면

그림 8-4 윈도우의 고급 시스템 설정 화면

그림 8-3의 설치 과정을 거쳐서 JDK의 설치가 끝나면 JAVA_HOME 설정을 해야 합니다. 만약 윈도우 유저라면 그림 8-4의 윈도우 시스템 화면에서 고급 시스템 설정을 선택합니다.

그림 8-5 환경 변수를 선택하는 화면

그리고 나서 나타나는 화면에서 그림 8-5의 환경 변수를 선택합니다. 그림 8-6처럼 새로 만들기를 선택합니다.

그림 8-6 환경 변수에서 새로 만들기를 클릭하는 화면

JDK를 설치하고 나면 통상 Program Files > Java 폴더 안에 그림 8-7과 같이 저장됩니다. 탐색기에서 그 폴더의 경로를 복사(Ctrl+C)해둡니다. 그리고 그림 8-6의 새로 만들기를 클릭한 후 나타나는 그림 8-8처럼 JAVA_HOME과 그 경로를 입력합니다.

그림 8-7 JDK 설치 경로를 복사하는 화면

그림 8-8 시스템 변수로 JAVA_HOME을 등록하는 화면

만약 맥OS 유저라면 아주 간편합니다. 그림 8-9처럼 다음과 같이 입력하면 됩니다.

JAVA_HOME=$(/usr/libexec/java_home)

그리고 터미널에서 python을 실행해서 그림 8-10처럼 터미널에서 pip install Jpype1-py3라고 입력해서 설치합니다. Jype1의 경우 인터넷 포럼을 보면 설치에 어려움을 경험한 분들이 많습니다. 설치한 운영체제 버전, JDK 버전, Jupyter를 설치한 경로에 한글이 있을 때, PC 이름에 한글이 있을 때 등등 그 원인도 다양합니다. 설치 문제가 생겼을 때 그 원인을 구글에서 검색해야 할 수도 있습니다. 그러나 확실한 것은 분명 잘 설치되어 사용하는 분들이 더 많으니 참을성 있게 시도해보기 바랍니다.

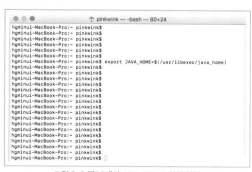

그림 8-9 맥OS에서 JAVA_HOME 설정 화면

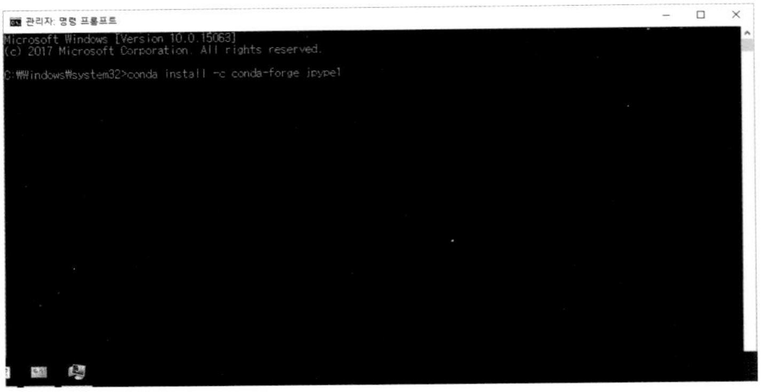

그림 8-10 JPype1 설치 화면

그림 8-11 파이썬에서 nltk.download 실행 화면

그리고 터미널에서 python이라고 그림 8-11처럼 입력하고 다음과 같이 입력합니다.

```
import nltk
nltk.download()
```

그러면 그림 8-12와 같은 창이 뜹니다. 이번 장의 내용을 학습하기 위해서 그림 8-12에서 All Package 탭을 선택한 후 그림 8-13과 그림 8-14에 나타나는 stopwords와 punkt를 더블 클릭해서 다운로드합니다. nltk.download 화면에서는 마우스 휠이 잘 익식되지 않습니다. 우측 스크롤바를 마우스로 잡고 내려야 할 수도 있습니다. 또 nltk의 download 사이트가 불안정해서 잘 안 될 수도 있습니다. 혹시 모르니 다운로드가 잘 될 때는 전체 다운로드를 선택하는 것도 좋습니다.

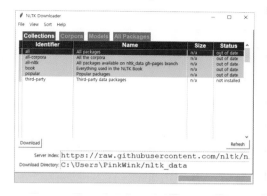

그림 8-12 nltk.download 실행 화면

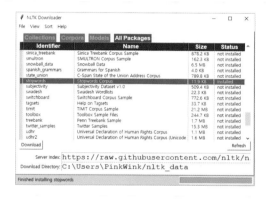

그림 8-13 nltk의 stopwords

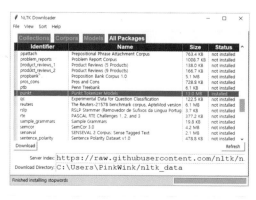

그림 8-14 nltk의 punkt tokenizer models

이제 pip install wordcloud 명령으로 워드 클라우드를 그림 8-15와 같이 설치합니다.

그림 8-15 워드 클라우드 설치

마지막으로 그림 8-16에서 보이는 대로 pip install genism 명령으로 gensim을 설치하면 이번 장에서 학습할 모듈은 모두 설치하게 됩니다.

그림 8-16 gensim 설치

+++ 8-2 한글 자연어 처리 기초 +++

8-1절에서 Lucy Park 님의 논문 요약문에도 나타나 있지만 KoNLPy는 꼬꼬마, 한나눔 등의 엔진을 사용할 수 있게 해줍니다.

```
In [1]:   from konlpy.tag import Kkma
          kkma = Kkma()
```

먼저 꼬꼬마 모듈을 사용할 수 있게 합니다.

```
In [2]:   kkma.sentences('한국어 분석을 시작합니다 재미있어요~~')
```

```
Out[2]:   ['한국어 분석을 시작합니다', '재미있어요~~']
```

그리고 문장(sentences) 분석을 합니다. ~~ 시작합니다 재미있어요 ~~에서 마침표(.)가 없어도 두 개의 문장으로 구분합니다.

```
In [3]:   kkma.nouns('한국어 분석을 시작합니다 재미있어요~~')
```

```
Out[3]:   ['한국어', '분석']
```

명사(nouns) 분석도 수행합니다.

```
In [4]:   kkma.pos('한국어 분석을 시작합니다 재미있어요~~')
```

```
Out[4]:   [('한국어', 'NNG'),
           ('분석', 'NNG'),
           ('을', 'JKO'),
           ('시작하', 'VV'),
           ('ㅂ니다', 'EFN'),
           ('재미있', 'VA'),
           ('어요', 'EFN'),
           ('~~', 'SW')]
```

형태소(pos) 분석도 수행합니다. 한글은 영어와 달리 단어의 형태 변화가 많아서 영어처럼 쉽게 접근하기 어렵습니다. 그래서 최소한의 의미 단위인 형태소로 언어를 분석하는 것이 일반적입니다.

```
In [5]:   from konlpy.tag import Hannanum
          hannanum = Hannanum()
```

이번에는 한나눔(Hannanum)을 사용해보겠습니다.

```
In [6]:   hannanum.nouns('한국어 분석을 시작합니다 재미있어요~~')
```

```
Out[6]:   ['한국어', '분석', '시작']
```

한나눔의 명사 분석은 꼬꼬마와는 약간 다른 결과를 가져옵니다.

```
In [7]:   hannanum.morphs('한국어 분석을 시작합니다 재미있어요~~')
```

```
Out[7]:   ['한국어', '분석', '을', '시작', '하', 'ㅂ니다', '재미있', '어요', '~~']
```

한나눔의 형태소 분석 결과입니다.

```
In [8]:   hannanum.pos('한국어 분석을 시작합니다 재미있어요~~')
```

```
Out[8]:   [('한국어', 'N'),
           ('분석', 'N'),
           ('을', 'J'),
           ('시작', 'N'),
           ('하', 'X'),
           ('ㅂ니다', 'E'),
           ('재미있', 'P'),
           ('어요', 'E'),
           ('~~', 'S')]
```

이번에는 트위터(Twitter) 분석입니다.

```
In [9]:    from konlpy.tag import Twitter
           t = Twitter()
In [10]:   t.nouns('한국어 분석을 시작합니다 재미있어요~~')

Out[10]:   ['한국어', '분석']


In [11]:   t.morphs('한국어 분석을 시작합니다 재미있어요~~')

Out[11]:   ['한국어', '분석', '을', '시작합', '니다', '재미있어', '요', '~~']
```

역시 미세한 차이를 가지고 있습니다.

```
In [12]:   t.pos('한국어 분석을 시작합니다 재미있어요~~')

Out[12]:   [('한국어', 'Noun'),
           ('분석', 'Noun'),
           ('을', 'Josa'),
           ('시작합', 'Verb'),
           ('니다', 'Eomi'),
           ('재미있어', 'Adjective'),
           ('요', 'Eomi'),
           ('~~', 'Punctuation')]
```

+++ 8-3 워드 클라우드 +++

워드 클라우드(word cloud)는 자주 나타나는 단어를 크게 보여줌으로써 직관적으로 텍스트를 알리는데 도움을 줍니다. 파이썬에서 사용할 수 있는 워드 클라우드도 몇 가지 있습니다만 여기서는 그중 하나를 소개할까 합니다. 설치는 이미 8-1절에서 했으니 워드 클라우드 공식 Github에서 배포하는 튜토리얼을 일부 수정한 것을 우리도 튜토리얼하고 다음 절로 넘어가도록 하겠습니다.

```
In [13]:   from wordcloud import WordCloud, STOPWORDS

           import numpy as np
           from PIL import Image
```

먼저 필요한 몇몇 모듈을 import합니다. 그리고 이상한 나라의 앨리스 영문 버전을 다운받아서 data

폴더에 저장하고 읽습니다. 또한 앨리스 그림도 저장합니다.

```
In [14]:   text = open('../data/09. alice.txt').read()
           alice_mask = np.array(Image.open('../data/09. alice_mask.png'))

           stopwords = set(STOPWORDS)
           stopwords.add("said")
```

앨리스 소설에는 said라는 단어가 많이 등장하는 모양입니다. 이 단어는 카운트에서 제거하도록 하고 있습니다.

```
In [15]:   import matplotlib.pyplot as plt
           import platform

           path = "c:/Windows/Fonts/malgun.ttf"
           from matplotlib import font_manager, rc
           if platform.system() == 'Darwin':
               rc('font', family='AppleGothic')
           elif platform.system() == 'Windows':
               font_name = font_manager.FontProperties(fname=path).get_name()
               rc('font', family=font_name)
           else:
               print('Unknown system... sorry~~~~')

           %matplotlib inline
```

언제나 하는 matplotlib에서 한글 폰트를 설정했습니다.

```
In [16]:   plt.figure(figsize=(8,8))
           plt.imshow(alice_mask, cmap=plt.cm.gray, interpolation='bilinear')
           plt.axis('off')
           plt.show()
```

앨리스 모양의 그림은 오른쪽과 같이 있습니다.

이제 문서 자체에서 단어를 카운트하는 기능을 워드 클라우드가 제공하니 그것을 사용해서 최빈 단어를 찾습니다.

```
In [17]:  wc = WordCloud(background_color='white', max_words=2000, mask=alice_mask,
                       stopwords = stopwords)
          wc = wc.generate(text)
          wc.words_
```

그 결과는 아래에 있습니다. Alice가 가장 많이 등장했습니다.

```
Out[17]:  {'Alice': 1.0,
           'little': 0.2958904109589041,
           'one': 0.2602739726027397,
           'know': 0.2465753424657534,
           'went': 0.2273972602739726,
           'thing': 0.2191780821917808,
           'time': 0.21095890410958903,
           'Queen': 0.20821917808219179,
           'see': 0.18356164383561643,
           'King': 0.17534246575342466,
           'now': 0.1643835616438356,
           'began': 0.1589041095890411,
```

```
            'way': 0.15616438356164383,
            'Hatter': 0.15616438356164383,
            'head': 0.15342465753424658,
            'Mock Turtle': 0.15342465753424658,
            'say': 0.1506849315068493,
            'Gryphon': 0.1506849315068493,
            'well': 0.14794520547945206,
            'think': 0.14520547945205478,
            'quite': 0.14246575342465753,
```

In [18]: ```python
          plt.figure(figsize=(12,12))
          plt.imshow(wc, interpolation='bilinear')
          plt.axis('off')
          plt.show()
          ```

이제 코드 [17]의 결과를 코드 [16]에 있는 앨리스 그림에 겹쳐 보이게 할 겁니다.

          ```

뭔가 시각적 효과가 괜찮아 보입니다.

그 다음은 스타워즈의 A New Hope 텍스트입니다.

```
In [19]:   text = open('../data/09. a_new_hope.txt').read()

           text = text.replace('HAN', 'Han')
           text = text.replace("LUKE'S", 'Luke')

           mask = np.array(Image.open('../data/09. stormtrooper_mask.png'))
```

여기서도 특수하게 처리해야 할 단어를 처리합니다.

```
In [20]:   stopwords = set(STOPWORDS)
           stopwords.add("int")
           stopwords.add("ext")
```

그리고 워드 클라우드를 준비합니다.

```
In [21]:   wc = WordCloud(max_words=1000, mask=mask, stopwords=stopwords,
                          margin=10, random_state=1).generate(text)

           default_colors = wc.to_array()
```

이번에는 앨리스와는 약간 달리 색상을 전체적으로 회색(grey)으로 채우도록 함수를 하나 만들어둡니다.

```
In [22]:   import random
           def grey_color_func(word, font_size, position, orientation,
                               random_state=None, **kwargs):
                   return 'hsl(0, 0%%, %d%%)' % random.randint(60,100)
```

그리고 그려봅니다.

```
In [23]:   plt.figure(figsize=(12,12))
           plt.imshow(wc.recolor(color_func=grey_color_func, random_state=3),
                   interpolation='bilinear')
           plt.axis('off')
           plt.show()
```

그러면 아래와 같이 나타납니다. 회색 톤의 색상과 아주 잘 어울리는 것 같습니다. 문서의 성격과 어울리는 그림에 워드 클라우드를 적용하면 꽤 좋은 효과를 얻을 수 있습니다.

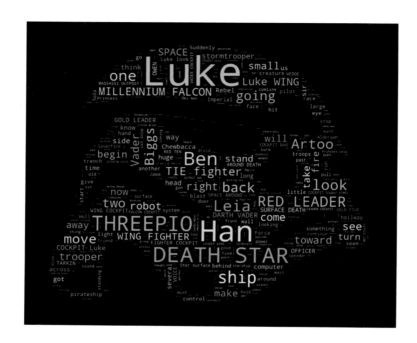

+++ 8-4 육아휴직 관련 법안에 대한 분석 +++

이번 절의 내용은 8-1절에서 소개한 Lucy Park 님의 KoNLPy가 내장하고 있는 법률 문서 중 하나를 가지고 기초적인 분석을 해보는 튜토리얼을 아주 미세한 부분 일부를 수정해서 학습하는 내용입니다.

```
In [24]:   import nltk
```

```
In [25]:   from konlpy.corpus import kobill
           files_ko = kobill.fileids()
           doc_ko = kobill.open('1809890.txt').read()
```

먼저 nltk를 import하고 KoNLPy의 내부 문서 중 육아휴직 관련 법안 제 1809890호를 읽습니다. 이 법률은 비록 공무원에 한정하고 있지만 육아휴직 대상이 되는 아이의 나이를 만 6세에서 만 8세로 확장하는 내용을 담고 있습니다. 여담이지만 우리나라도 아이 키우기 좋은 나라가 되었으면 좋겠습니다.

In [26]: doc_ko

Out[26]: '지방공무원법 일부개정법률안\n\n(정의화의원 대표발의)\n\n 의 안\n 번 호\n\n9890\n\n발의연월일 : 2010. 11. 12. \n\n발 의 자 : 정의화.이명수.김을동 \n\n이사철.여상규.안규백\n\n황영철.박영아.김정훈\n\n김학송 의원(10인)\n\n제안이유 및 주요내용\n\n 초등학교 저학년의 경우에도 부모의 따뜻한 사랑과 보살핌이 필요\n\n한 나이이나, 현재 공무원이 자녀를 양육하기 위하여 육아휴직을 할 \n\n수 있는 자녀의 나이는 만 6세 이하로 되어 있어 초등학교 저학년인 \n\n자녀를 돌보기 위해서는 해당 부모님은 일자리를 그만 두어야 하고 \n\n이는 곧 출산의욕을 저하시키는 문제로 이어질 수 있을 것임.\n\n 따라서 육아휴직이 가능한 자녀의 연령을 만 8세 이하로 개정하려\n\n는 것임(안 제63조제2항제4호).\n\n- 1 -\n\n\x0c법률 제 호\n\n지방공무원법 일부개정법률안\n\n지방공무원법 일부를 다음과 같이 개정한다.\n\n제63조제2항제4호 중 "만 6세 이하의 초등학교 취학 전 자녀를"을 "만 \n\n8세 이하(취학 중인 경우에는 초등학교 2학년 이하를 말한다)의 자녀를"\n\n로 한다.\n\n부   칙\n\n이 법은 공포한 날부터 시행한다.\n\n- 3 -\n\n\x0c신 ·구조문대비표\n\n현   행\n\n개   정   안\n\n제63조(휴직) ① (생   략)\n\n제63조(휴직) ① (현행과 같음)\n\n② 공무원이 다음 각 호의 어\n\n ② ------------------------\n\n느 하나에 해당하는 사유로 휴\n\n------------------------------\n\n직을 원하면 임용권자는 휴직\n\n----------------------------\n\n을 명할 수 있다. 다만, 제4호\n\n------------.--------------\n\n의 경우에는 대통령령으로 정\n\n-------------------------\n\n하는 특별한 사정이

이 문서를 Twitter 분석기로 명사 분석을 하겠습니다.

In [27]: from konlpy.tag import Twitter; t = Twitter()
         tokens_ko = t.nouns(doc_ko)
         tokens_ko

Out[27]: ['지방공무원법',
          '일부',
          '개정',
          '법률',
          '안',
          '정의화',
          '의원',
          '대표',
          '발의',

그리고 수집된 단어의 횟수(len(ko.tokens))와 고유한 횟수(len(set(ko.tokens)))를 확인합니다.

In [28]: ko = nltk.Text(tokens_ko, name='대한민국 국회 의안 제 1809890호')

```
In [29]:  print(len(ko.tokens))        # returns number of tokens (document length)
          print(len(set(ko.tokens)))   # returns number of unique tokens
          ko.vocab()                    # returns frequency distribution

          735
          258
```

```
Out[29]:  FreqDist({'가능': 4,
                    '가정': 7,
                    '각': 1,
                    '값': 2,
                    '개': 1,
                    '개정': 8,
                    '개정안': 3,
                    '거나': 1,
                    '것': 6,
```

```
In [30]:  plt.figure(figsize=(12,6))
          ko.plot(50)
          plt.show()
```

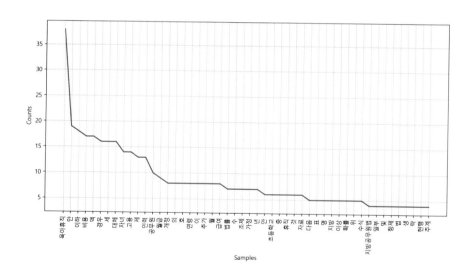

많이 등장한 순으로 plot해볼 수 있습니다. 당연하겠지만 '육아휴직'이라는 단어가 많이 등장합니다. 그런데 약간 의미 없는 단어도 보입니다. 한글은 영어와 달리 stopwords를 지정하기 쉽지 않습니다.

그래서 case-by-case로 지정하겠습니다.

```
In [31]:  stop_words = ['.', '(', ')', ',', "'", '%', '-', 'X', ').',
                        'x','의','자','에','안','번',
                        '호','을','이','다','만','로','가','를']
          ko = [each_word for each_word in ko if each_word not in stop_words]
          ko
```

그러고 난 후 다시 그려보겠습니다.

```
In [32]:  ko = nltk.Text(ko, name='대한민국 국회 의안 제 1809890호')

          plt.figure(figsize=(12,6))
          ko.plot(50)      # Plot sorted frequency of top 50 tokens
          plt.show()
```

이제 조금 더 좋아 보입니다. 좀 더 stop_words 변수에 의미 없어 보이는 단어를 추가하면 됩니다.

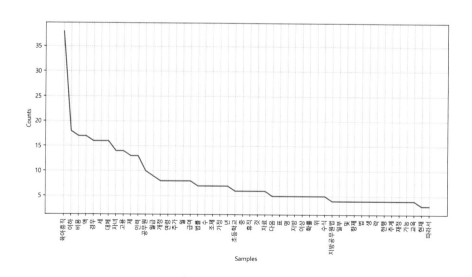

```
In [33]:  ko.count('초등학교')

Out[33]:  6
```

어떤 단어가 문서 내에서 몇 번 언급되었는지 확인할 수 있습니다.

```
In [34]: plt.figure(figsize=(12,6))
         ko.dispersion_plot(['육아휴직', '초등학교', '공무원'])
```

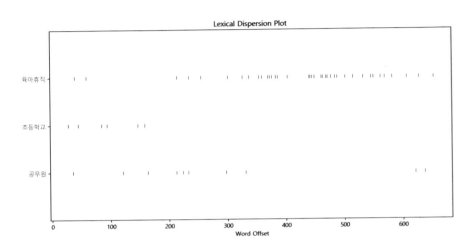

또한 원하는 단어의 문서 내 위치를 개략적으로 그 분량과 함께 알 수 있습니다.

```
In [35]: ko.concordance('초등학교')
```
```
Displaying 6 of 6 matches:
백 황영철 박영아 김정훈 김학송 의원 인 제안 이유 및 주요 내용 초등학교 저학년 경우 부모 사랑 필요 나이 현
재 공무원 자녀 양육 육아휴직
필요 나이 현재 공무원 자녀 양육 육아휴직 수 자녀 나이 세 이하 초등학교 저학년 자녀 해당 부모님 일자리 곧
출산 의욕 저하 문제 수 것임
개정 법률 지방공무원법 일부 다음 개정 제 조제 항제 중 세 이하 초등학교 취학 전 자녀 세 이하 취학 중인 경
우 초등학교 학년 이하 자녀
항제 중 세 이하 초등학교 취학 전 자녀 세 이하 취학 중인 경우 초등학교 학년 이하 자녀 부 칙 법 공포 날 시
행 신 구조 문대비 표 현
 수 다만 제 경우 대통령령 정 사정 직 명 생 략 현행 세 이하 초등학교 취 세 이하 취학 중인 경우 학 전 자녀
양육 위하 초등학교 학년
이하 초등학교 취 세 이하 취학 중인 경우 학 전 자녀 양육 위하 초등학교 학년 이하 여 여자 공무원 자녀 임신
출산 때 생 략 생 략 현행
```

원하는 단어의 주변부 단어까지 같이 확인할 수 있습니다. 또 문서 내에서 어떤 단어들이 연어
(collocation)로 사용되었는지 알 수 있습니다.

```
In [36]:  ko.collocations()
          초등학교 저학년; 근로자 육아휴직; 육아휴직 대상자; 공무원 육아휴직
```

그리고 앞 절에서 학습한 워드 클라우드를 적용해보겠습니다.

```
In [37]:  data = ko.vocab().most_common(150)

          # for win : font_path='c:/Windows/Fonts/malgun.ttf'
          wordcloud = WordCloud(font_path='/Library/Fonts/AppleGothic.ttf',
                                relative_scaling = 0.2,
                                background_color='white',
                                ).generate_from_frequencies(dict(data))
          plt.figure(figsize=(12,8))
          plt.imshow(wordcloud)
          plt.axis("off")
          plt.show()
```

한글 폰트에 대해 별도로 지정해야 합니다. 코드 [37]에서 실행되는 것은 맥OS 기준이며 그 윗줄의
주석문이 윈도우 10일 때 적용해야 할 코드입니다.

+++ 8-5 Naïve Bayes Classifier 의 이해 - 영문 +++

정말 심플한 분류기가 있습니다. 뭐 지도학습의 한 종류이면서 두 사건을 서로 독립이라고 가정하고 각각의 조건부확률을 어떻게 한다는 개념입니다만, 이 책에서는 예제를 통해 이 분류기의 특성을 확인하고 간편하게 사용해보도록 하겠습니다.

문장	태그
i like you	pos
i hate you	neg
you like me	neg
i like her	pos
i like MeRui	

그림 8-17 Naive Bayes 분류기 설명을 위한 예제 문장

그림 8-17에 있는 문장을 보겠습니다. 지도학습이니까 긍정(pos), 부정(neg)이라는 태그가 있습니다. i like you는 긍정이지만, you like me는 부정입니다. 이 두 문장만 보면 i가 등장할 때는 긍정입니다. like는 판단 못 하겠네요. 이제 뭔가 느껴지나요?

```
In [38]:  from nltk.tokenize import word_tokenize
          import nltk
```

일단 필요한 모듈 가지고 옵니다. 연습용(train) 데이터를 딱 4개의 문장만으로 입력하겠습니다.

```
In [39]:  train = [('i like you', 'pos'),
                   ('i hate you', 'neg'),
                   ('you like me', 'neg'),
                   ('i like her', 'pos')]
```

그리고 코드 [39]의 train 문장에서 사용된 전체 단어를 찾습니다.

```
In [40]:  all_words = set(word.lower() for sentence in train
                                      for word in word_tokenize(sentence[0]))
          all_words

Out[40]:  {'hate', 'her', 'i', 'like', 'me', 'you'}
```

코드 [40]의 결과를 비록 너무 작은 수의 단어이지만 '말뭉치'라고 해두겠습니다.

```
In [41]:  t = [({word: (word in word_tokenize(x[0])) for word in all_words}, x[1])
                                        for x in train]
          t
```

그리고 그 말뭉치를 기준으로 train 문장에 속한 단어인지 아닌지를 기록합니다.

```
Out[41]:  [({'hate': False,
            'her': False,
            'i': True,
            'like': True,
            'me': False,
            'you': True},
            'pos'),
           ({'hate': True,
```

즉, train의 첫 문장인 'i like you'의 경우 코드 [40]의 말뭉치 단어[hate, her, i, like, me, you]를 기준으로 해당 단어가 있는지 없는지를 기록해둔 것입니다. 그래서 코드 [41]의 결과 첫 부분만 해석하면 train 문장의 첫 문장에는 hate는 없고(False), her도 없고(False), i는 있다(True)는 뜻입니다. 이제 이를 이용해서 Naïve Bayes 분류기를 동작시키도록 합니다.

```
In [42]:  classifier = nltk.NaiveBayesClassifier.train(t)
          classifier.show_most_informative_features()

          Most Informative Features
                          me = False            pos : neg      =       1.7 : 1.0
                         you = True             neg : pos      =       1.7 : 1.0
                           i = True             pos : neg      =       1.7 : 1.0
                         her = False            neg : pos      =       1.7 : 1.0
                        like = True             pos : neg      =       1.7 : 1.0
                        hate = False            pos : neg      =       1.7 : 1.0
```

이 코드의 결과를 잘 이해하면 Naïve Bayes 분류기를 이해하기 편합니다. Train 문장에 붙은 긍정/부정 태그를 이용해서 분류한 결과 'hate'라는 단어가 없을 때(False) 긍정일 비율이 1.7:1이라는 의미입니다. 'like'라는 단어가 총 세 번 사용되었고, 그중 2개 문장이 긍정의 의미였습니다. 그래서 'like'가 있을 때(True) 긍정일 확률이 1.7:1입니다. 문장이 4개 뿐이라서 전체 단어를 놓고 생각하기 어렵지 않을 겁니다.

```
In [43]:  test_sentence = 'i like MeRui'
          test_sent_features = {word.lower():
                                      (word in word_tokenize(test_sentence.lower()))
                                      for word in all_words}

          test_sent_features

Out[43]:  {'hate': False,
           'her': False,
           'i': True,
           'like': True,
           'me': False,
           'you': False}
```

그런데 이번에는 테스트 문장(test_sentence)를 'i like MeRui'로 만들어서 코드 [42]에서 만든 분류기를 통과시켜보겠습니다.

```
In [44]:  classifier.classify(test_sent_features)

Out[44]:  'pos'
```

'pos'하다는 결과가 나옵니다. 물론 겨우 4개의 문장을 가지고 이런 결과가 나오게 유도한 것이지만 목적은 예제이니까요. 만약 분류기를 가동시킬 문장이 많다면 아주 신뢰성 있는 결론을 얻을 수 있을 것입니다. 굉장히 'naive' 하지만 정말 잘 동작한다는 평가를 받는 것이 Naïve Bayes Classifier입니다.

+++ 8-6 Naïve Bayes Classifier의 이해 - 한글 +++

```
In [45]:  from konlpy.tag import Twitter

In [46]:  pos_tagger = Twitter()
```

이제 8-5절의 내용을 한글로도 적용을 시키겠습니다. 그러나 한글에서는 형태소 분석을 통해야 합니다. 일단 형태소 분석을 하지 않으면 어떻게 되는지 확인을 해보겠습니다.

```
In [47]:   train = [('메리가 좋아', 'pos'),
                    ('고양이도 좋아', 'pos'),
                    ('난 수업이 지루해', 'neg'),
                    ('메리는 이쁜 고양이야', 'pos'),
                    ('난 마치고 메리랑 놀거야', 'pos')]
```

이 문장들을 가지고 말뭉치를 만들겠습니다.

```
In [48]:   all_words = set(word.lower() for sentence in train
                                        for word in word_tokenize(sentence[0]))
           all_words
```

```
Out[48]:   {'고양이도',
            '고양이야',
            '난',
            '놀거야',
            '마치고',
            '메리가',
            '메리는',
            '메리랑',
            '수업이',
            '이쁜',
            '좋아',
            '지루해'}
```

벌써 '고양이도'와 '고양이야', '메리가'와 '메리는'이 다른 단어로 잡힌 것을 볼 수 있습니다.

```
In [49]:   t = [({word: (word in word_tokenize(x[0])) for word in all_words}, x[1])
                                                      for x in train]
           t
```

그러면 동일 과정을 거친 후,

```
In [50]:   classifier = nltk.NaiveBayesClassifier.train(t)
           classifier.show_most_informative_features()
```

만들어진 분류기의 동작을 장담하기 어렵습니다.

```
In [51]:   test_sentence = '난 수업이 마치면 메리랑 놀거야'
```

긍정적 결과가 나와야 할 것 같은 위 테스트 문장을 적용해보겠습니다.

```
In [52]:  test_sent_features = {word.lower():
                                        (word in word_tokenize(test_sentence.lower()))
                                        for word in all_words}

          test_sent_features
```

그러면 다음과 같이 부정적(neg)이라고 나타납니다.

```
In [53]:  classifier.classify(test_sent_features)

Out[53]:  'neg'
```

결국 한글을 다룰 때는 형태소 분석이 필요합니다.

```
In [54]:  def tokenize(doc):
              return ['/'.join(t) for t in pos_tagger.pos(doc, norm=True, stem=True)]
```

8-1절에서 소개한 Lucy Park 님에 따르면 위 함수(Lucy Park 님 코드)처럼 태그를 붙여주는 것이 유리하다고 합니다. 코드 [54]의 tokenize 함수를 사용해서 train 문장을 분석합니다.

```
In [55]:  train_docs = [(tokenize(row[0]), row[1]) for row in train]
          train_docs

Out[55]:  [(['메리/Noun', '가/Josa', '좋다/Adjective'], 'pos'),
           (['고양이/Noun', '도/Josa', '좋다/Adjective'], 'pos'),
           (['난/Noun', '수업/Noun', '이/Josa', '지루하다/Adjective'], 'neg'),
           (['메리/Noun', '는/Josa', '이쁘다/Adjective', '고양이/Noun', '야/Josa'], 'pos'),
           (['난/Noun', '마치/Noun', '고/Josa', '메리/Noun', '랑/Josa', '놀다/Verb'], 'pos')]
```

그리고 이렇게

```
In [56]:  tokens = [t for d in train_docs for t in d[0]]
          tokens

Out[56]:  ['메리/Noun',
           '가/Josa',
           '좋다/Adjective',
           '고양이/Noun',
```

```
        '도/Josa',
        '좋다/Adjective',
        '난/Noun',
        '수업/Noun',
        '이/Josa',
        '지루하다/Adjective',
        '메리/Noun',
        '는/Josa',
        '이쁘다/Adjective',
        '고양이/Noun',
        '야/Josa',
        '난/Noun',
        '마치/Noun',
        '고/Josa',
        '메리/Noun',
        '랑/Josa',
        '놀다/Verb']
```

전체 말뭉치도 만들었습니다.

```
In [57]:  def term_exists(doc):
              return {word: (word in set(doc)) for word in tokens}
```

말뭉치에 있는 단어가 있는지 아닌지를 구분하는 함수를 만들어서 train 문장에 적용합니다. 조사 (Josa)인지 명사(Noun)인지 구분이 잘 되어 있어서 판독하기 좋습니다.

```
In [58]:  train_xy = [(term_exists(d), c) for d,c in train_docs]
          train_xy
```
```
Out[58]:  [({'가/Josa': True,
            '고/Josa': False,
            '고양이/Noun': False,
            '난/Noun': False,
            '놀다/Verb': False,
            '는/Josa': False,
            '도/Josa': False,
            '랑/Josa': False,
            '마치/Noun': False,
            '메리/Noun': True,
            '수업/Noun': False,
            '야/Josa': False,
```

```
              '이/Josa': False,
              '이쁘다/Adjective': False,
              '좋다/Adjective': True,
              '지루하다/Adjective': False},
             'pos'),
```

이제 분류기를 동작시키겠습니다.

```
In [59]:   classifier = nltk.NaiveBayesClassifier.train(train_xy)
```

그리고 나서 형태소 분석을 안 했을 때 부정되었던 문장을 다시 가지고 테스트하겠습니다.

```
In [60]:   test_sentence = [("난 수업이 마치면 메리랑 놀거야")]
```

그리고 역시 동일하게 형태소 분석합니다.

```
In [61]:   test_docs = pos_tagger.pos(test_sentence[0])
           test_docs
```

```
Out[61]:   [('난', 'Noun'),
            ('수업', 'Noun'),
            ('이', 'Josa'),
            ('마치', 'Noun'),
            ('면', 'Josa'),
            ('메리', 'Noun'),
            ('랑', 'Josa'),
            ('놀거', 'Verb'),
            ('야', 'Eomi')]
```

```
In [63]:   test_sent_features = {word: (word in tokens) for word in test_docs}
           test_sent_features
```

이제 결과를 보겠습니다.

```
In [64]:   classifier.classify(test_sent_features)
```

```
Out[64]:   'pos'
```

예상대로, 정확하게는 의도한 대로 긍정(pos)의 의미가 잘 드러났습니다.

+++ 8-7 문장의 유사도 측정하기 +++

앞 절에서 간략하게 분류에 대해 이야기했습니다. 그러나 지도학습이어서 미리 정답을 알고 있어야 합니다. 이번 절에서는 많은 문장 혹은 문서들 중에서 유사한 문장을 찾아내는 방법에 대해 설명하겠습니다. 만약 어떤 문장을 벡터로 표현할 수 있다면 벡터 간 거리를 구하는 방법으로 정말 손쉽게 해결할 수 있습니다.

```
In [65]:    from sklearn.feature_extraction.text import CountVectorizer

In [66]:    vectorizer = CountVectorizer(min_df = 1)
```

먼저 scikit-learn에서 텍스트의 특징(feature)을 추출하는 모듈에서 CountVectorizer라는 함수를 import합니다.

```
In [67]:    contents = ['메리랑 놀러가고 싶지만 바쁜데 어떻하죠?',
                        '메리는 공원에서 산책하고 노는 것을 싫어해요',
                        '메리는 공원에서 노는 것도 싫어해요. 이상해요.',
                        '먼 곳으로 여행을 떠나고 싶은데 너무 바빠서 그러질 못하고 있어요']
```

그리고 유사한 문장을 연습용으로 사용하겠습니다. 실제로는 아주 많은 문장을 대상으로 해야 하지만 지금은 그저 절차를 연습하는 과정이니까요.

```
In [68]:    X = vectorizer.fit_transform(contents)
            vectorizer.get_feature_names()
```

그러면 그림 8-18과 같이 첫 문장만 예로 들면 단어들을 feature로 잡게 됩니다. 문제는 메리랑과 메리는을 구분하는 것입니다. 일단 이 상태에서 문장이 어떻게 벡터로 표현되었는지는 그림 8-19에서 나타납니다. 첫 열이 8번 행에서 처음으로 1이 나타나는데 그것은 놀러가고라는 단어를 의미합니다. 거기서부터 두 단어 건너서 세 번째 단어 자리에서 또 1이 나타나는데 그것은 메리랑을 의미합니다.

'**메리랑 놀러가고 싶지만 바쁜데 어떻하죠?**',
'메리는 공원에서 산책하고 노는 것을 싫어해요',
'메리는 공원에서 노는 것도 싫어해요. 이상해요.',
'먼 곳으로 여행을 떠나고 싶은데 너무 바빠서 그러질 못하고 있어요'

'것도', '것을', '곳으로', '공원에서', '그러질', '너무', '노는', '**놀러가고**',
'떠나고', '메리는', '**메리랑**', '못하고', '바빠서', '**바쁜데**', '산책하고',
'**싫어해요**', '싶은데', '**싶지만**', '**어떻하죠**', '여행을', '이상해요', '있어요'

그림 8-18 문장에 대해 단어 자체를 feature로 잡은 경우

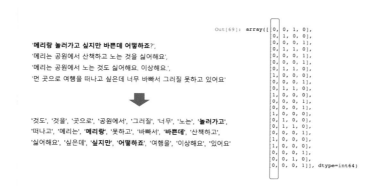

그림 8-19 말뭉치에 대해 해당 문장이 벡터화된 예시

이제 좀 더 한글 문장에 대한 벡터화를 합리적으로 진행해보겠습니다.

```
In [70]:   from konlpy.tag import Twitter
           t = Twitter()
```

KoNLPy의 Twitter를 이용해서 형태소 분석을 한 결과를 token으로 두겠습니다.

```
In [71]:   contents_tokens = [t.morphs(row) for row in contents]
           contents_tokens
```

그 결과는 그림 8-20에 있습니다. 이제 그림 8-19의 결과와 달리 형태소 분석을 수행한 결과에서는 '메리랑', '메리는'을 '메리'로 분리해서 같은 단어로 보는 것을 볼 수 있습니다.

['메리', '랑', '놀', '러', '가고', '싶지', '만', '바쁜', '데', '어떻', '하', '죠', '?']
['메리', '는', '공원', '에서', '산책', '하고', '노', '는', '것', '을', '싫어해', '요']
['메리', '는', '공원', '에서', '노', '는', '것', '도', '싫어해', '요', '.', '이상해', '요', '.']
['먼', '곳', '으로', '여행', '을', '떠나고', '싶은', '데', '너무', '바빠', '서', '그러', '질', '못', '하고', '있어', '요']

그림 8-20 코드 [17] 형태소 분석 후 결과

그림 8-20처럼 형태소 분석을 한 후 띄어쓰기로 구분하고 그것 자체를 하나의 문장(sentence)으로 만들어서 scikit learn의 vectorizer 함수에서 사용하기 편하게 편집합니다.

```
In [72]:   contents_for_vectorize = []

           for content in contents_tokens:
               sentence = ''
               for word in content:
                   sentence = sentence + ' ' + word

               contents_for_vectorize.append(sentence)

           contents_for_vectorize
```

```
Out[72]:   [' 메리 랑 놀 러 가고 싶지 만 바쁜 데 어떻 하 죠 ?',
            ' 메리 는 공원 에서 산책 하고 노 는 것 을 싫어해 요',
            ' 메리 는 공원 에서 노 는 것 도 싫어해 요 . 이상해 요 .',
            ' 먼 곳 으로 여행 을 떠나고 싶은 데 너무 바빠 서 그러 질 못 하고 있어 요']
```

그리고 feature를 찾도록 합니다.

```
In [73]:   X = vectorizer.fit_transform(contents_for_vectorize)
           num_samples, num_features = X.shape
           num_samples, num_features
```

```
Out[73]:   [(4, 19)
```

이렇게 잡은 feature를 확인해보기 위해 다음과 같이 작성합니다.

```
In [74]:   vectorizer.get_feature_names()
```

그리고 리스트를 받고 다시 다음과 같이 벡터화합니다.

In [75]:   X.toarray().transpose()

결과는 그림 8-21과 같습니다.

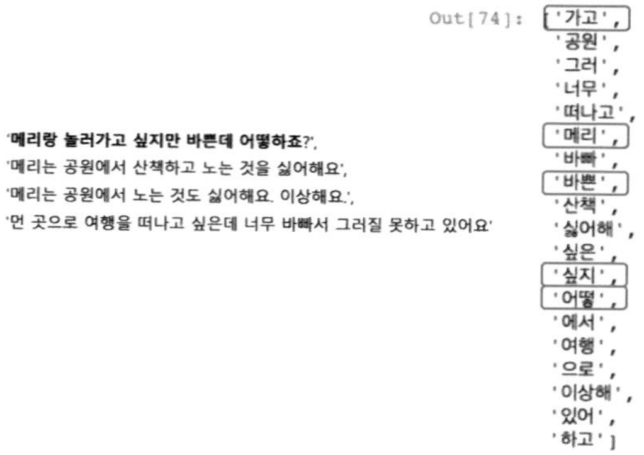

```
'메리랑 놀러가고 싶지만 바쁜데 어떻하죠?',
'메리는 공원에서 산책하고 노는 것을 싫어해요',
'메리는 공원에서 노는 것도 싫어해요. 이상해요.',
'먼 곳으로 여행을 떠나고 싶은데 너무 바빠서 그러질 못하고 있어요'
```

Out[74]: ['가고',
          '공원',
          '그러',
          '너무',
          '떠나고',
          '메리',
          '바빠',
          '바쁜',
          '산책',
          '싫어해',
          '싶은',
          '싶지',
          '어떨',
          '에서',
          '여행',
          '으로',
          '이상해',
          '있어',
          '하고']

그림 8-21 형태소 분석 후 벡터화시킨 결과

Out[75]:   array([[1, 0, 0, 0],
                 [0, 1, 1, 0],
                 [0, 0, 0, 1],
                 [0, 0, 0, 1],
                 [0, 0, 0, 1],
                 [1, 1, 1, 0],
                 [0, 0, 0, 1],
                 [1, 0, 0, 0],
                 [0, 1, 0, 0],
                 [0, 1, 1, 0],
                 [0, 0, 0, 1],
                 [1, 0, 0, 0],
                 [1, 0, 0, 0],
                 [0, 1, 1, 0],
                 [0, 0, 0, 1],
                 [0, 0, 0, 1],
                 [0, 0, 1, 0],
                 [0, 0, 0, 1],
                 [0, 1, 0, 1]], dtype=int64)

그리고 코드 [21]의 결과도 위에 나타나 있습니다. 이제 새로운 문장이 있으면 그 문장을 동일한 과정으로 벡터화해서 각 벡터들 사이의 거리를 구하면 될 것입니다.

```
In [76]: new_post = ['메리랑 공원에서 산책하고 놀고 싶어요']
         new_post_tokens = [t.morphs(row) for row in new_post]

         new_post_for_vectorize = []

         for content in new_post_tokens:
             sentence = ''
             for word in content:
                 sentence = sentence + ' ' + word

             new_post_for_vectorize.append(sentence)

         new_post_for_vectorize
```

새로운 문장은 '메리랑 공원에서 산책하고 놀고 싶어요'입니다. 이 문장도 위와 동일한 과정을 거쳐 벡터화시킵니다.

```
In [77]: new_post_vec = vectorizer.transform(new_post_for_vectorize)
```

```
In [78]: new_post_vec.toarray()
```

```
Out[78]: array([[0, 1, 0, 0, 0, 1, 0, 0, 1, 0, 0, 0, 0, 1, 0, 0, 0, 0, 1]])
```

이제 새로운 문장(new_post_vec)과 비교해야 할 문장(contents)들 각각에 대해 거리를 구하면 됩니다.

```
In [79]: import scipy as sp

         def dist_raw(v1, v2):
             delta = v1 - v2
             return sp.linalg.norm(delta.toarray())
```

그렇게 하기 위해 두 벡터의 차를 구하고 난 결과의 norm을 구하는 함수를 만들었습니다.

```
In [80]: best_doc = None
         best_dist = 65535
         best_i = None
```

```
for i in range(0, num_samples):
    post_vec = X.getrow(i)
    d = dist_raw(post_vec, new_post_vec)

    print("== Post %i with dist=%.2f    : %s" %(i,d,contents[i]))

    if d<best_dist:
        best_dist = d
        best_i = i
```

이렇게 해서 각 문장과 새로운 문장의 거리를 구했습니다.

```
== Post 0 with dist=2.83    : 메리랑 놀러가고 싶지만 바쁜데 어떻하죠?
== Post 1 with dist=1.00    : 메리는 공원에서 산책하고 노는 것을 싫어해요
== Post 2 with dist=2.00    : 메리는 공원에서 노는 것도 싫어해요. 이상해요.
== Post 3 with dist=3.46    : 먼 곳으로 여행을 떠나고 싶은데 너무 바빠서 그러질 못하고 있어요
```

결과는 위와 같습니다.

In [81]:
```
print("Best post is %i, dist = %.2f" % (best_i, best_dist))
print('-->', new_post)
print('---->', contents[best_i])
```

```
Best post is 1, dist = 1.00
--> ['메리랑 공원에서 산책하고 놀고 싶어요']
----> 메리는 공원에서 산책하고 노는 것을 싫어해요
```

그랬더니 '메리랑 공원에서 산책하고 놀고 싶어요'라는 문장과 주어진 4개의 문장(contents) 중에서 가장 흡사한 문장으로는 '메리는 공원에서 산책하고 노는 것을 싫어해요'가 잡혔습니다. 문장의 의미는 반대지만 소속된 단어들의 조합을 보면 타당해 보입니다.

In [82]:
```
for i in range(0,len(contents)):
    print(X.getrow(i).toarray())

    print('--------------------')
    print(new_post_vec.toarray())
```

```
[[1 0 0 0 0 1 0 1 0 0 0 1 1 0 0 0 0 0 0]]
[[0 1 0 0 0 1 0 0 1 1 0 0 0 1 0 0 0 0 1]]
[[0 1 0 0 0 1 0 0 0 1 0 0 0 1 0 0 1 0 0]]
[[0 0 1 1 1 0 1 0 0 0 1 0 0 0 1 1 0 1 1]]
```

```
--------------------
[[0 1 0 0 0 1 0 0 1 0 0 0 0 1 0 0 0 0 1]]
```

벡터화된 결과를 한 번 보면 4개의 contents 변수에 저장된 문장과 새로운 문장이 형태소 분석 후 벡터화된 결과를 확인할 수 있습니다. 이제 거리를 구해보겠습니다.

```
In [83]:   def dist_norm(v1, v2):
               v1_normalized = v1 / sp.linalg.norm(v1.toarray())
               v2_normalized = v2 / sp.linalg.norm(v2.toarray())

               delta = v1_normalized - v2_normalized

               return sp.linalg.norm(delta.toarray())
```

각 벡터의 norm을 나눠준 후 거리를 구하도록 함수를 만듭니다.

```
In [84]:   best_doc = None
           best_dist = 65535
           best_i = None

           for i in range(0, num_samples):
               post_vec = X.getrow(i)
               d = dist_norm(post_vec, new_post_vec)

               print("== Post %i with dist=%.2f   : %s" %(i,d,contents[i]))

               if d<best_dist:
                   best_dist = d
                   best_i = i

== Post 0 with dist=1.26  : 메리랑 놀러가고 싶지만 바쁜데 어떻하죠?
== Post 1 with dist=0.42  : 메리는 공원에서 산책하고 노는 것을 싫어해요
== Post 2 with dist=0.89  : 메리는 공원에서 노는 것도 싫어해요. 이상해요.
== Post 3 with dist=1.30  : 먼 곳으로 여행을 떠나고 싶은데 너무 바빠서 그러질 못하고 있어요
```

거리를 구한 결과가 조금 달라져 있는 것을 알 수 있습니다. 그러나 가장 가까운 문장을 찾는 것에 대한 결과는 크게 다르지 않습니다.

```
In [85]:  print("Best post is %i, dist = %.2f" % (best_i, best_dist))
          print('-->', new_post)
          print('---->', contents[best_i])

          Best post is 1, dist = 0.42
          --> ['메리랑 공원에서 산책하고 놀고 싶어요']
          ----> 메리는 공원에서 산책하고 노는 것을 싫어해요
```

여전히 같은 결과가 나타납니다. 이제 tfidf라는 개념을 적용하려 합니다. tf(term frequency)와 idf(inverse document frequency)는 텍스트 마이닝에서 사용하는 일종의 단어별로 부과하는 가중치입니다. tf는 어떤 단어가 문서 내에서 자주 등장할수록 중요도가 높을 것으로 보는 것입니다. 그리고 idf는 비교하는 모든 문서에 만약 같은 단어가 있다면 이 단어는 핵심 어휘일지는 모르지만 문서 간의 비교에서는 중요한 단어가 아니라는 뜻으로 보는 것입니다.

```
In [86]:  def tfidf(t, d, D):
              tf = float(d.count(t)) / sum(d.count(w) for w in set(d))
              idf = sp.log( float(len(D))/(len([doc for doc in D if t in doc])) )
              return tf, idf
```

그 원리로 tfidf 함수를 만들었습니다.

```
In [87]:  a, abb, abc = ['a'], ['a','b','b'], ['a','b','c']
          D = [a,abb,abc]

          print(tfidf('a', a, D))
          print(tfidf('b', abb, D))
          print(tfidf('a', abc, D))
          print(tfidf('b', abc, D))
          print(tfidf('c', abc, D))

          (1.0, 0.0)
          (0.6666666666666666, 0.40546510810816438)
          (0.3333333333333333, 0.0)
          (0.3333333333333333, 0.40546510810816438)
          (0.3333333333333333, 1.0986122886681098)
```

연습용 코드를 보면 모든 문장에 a가 있기 때문에 idf의 결과는 0입니다. 코드 [87]의 결과를 보면 tf와 idf를 이해하기 편할 것입니다. 이제 이 두 값을 곱한 것을 tfidf라고 하는 함수로 수정해서 사용하면 되

지만 코드 [65][66]에서 import할 때 scikit-learn의 TfidfVectorizer를 import해서 사용하면 됩니다.

```
In [93]:   from sklearn.feature_extraction.text import TfidfVectorizer
           vectorizer = TfidfVectorizer(min_df=1, decode_error='ignore')
```

CounterVectorizer를 import할 때와 동일하게 import합니다.

```
In [94]:   contents_tokens = [t.morphs(row) for row in contents]

           contents_for_vectorize = []

           for content in contents_tokens:
               sentence = ''
               for word in content:
                   sentence = sentence + ' ' + word

               contents_for_vectorize.append(sentence)

           X = vectorizer.fit_transform(contents_for_vectorize)
           num_samples, num_features = X.shape
           num_samples, num_features
```

```
Out[94]:   (4, 19)
```

역시 동일하게 contents 문장들을 다듬습니다.

```
In [95]:   vectorizer.get_feature_names()
```

```
Out[95]:   ['가고',
            '공원',
            '그러',
            '너무',
            '떠나고',
            '메리',
            '바빠',
            '바쁜',
            '산책',
            '싫어해',
            '싶은',
            '싶지',
            '어떻',
```

```
         '에서',
         '여행',
         '으로',
         '이상해',
         '있어',
         '하고']
```

이제 만들어진 말뭉치를 확인해보면 위와 같습니다.

```
In [96]:   new_post = ['근처 공원에 메리랑 놀러가고 싶네요.']
           new_post_tokens = [t.morphs(row) for row in new_post]

           new_post_for_vectorize = []

           for content in new_post_tokens:
               sentence = ''
               for word in content:
                   sentence = sentence + ' ' + word

               new_post_for_vectorize.append(sentence)

           new_post_for_vectorize
```

```
Out[96]:   [' 근처 공원 에 메리 랑 놀 러 가고 싶네 요 .']
```

계속 사용하고 있는 테스트용 문장을 비교해보겠습니다.

```
In [97]:   new_post_vec = vectorizer.transform(new_post_for_vectorize)
```

다른 결과와 비교하면 재미있는 결과를 얻을 수 있습니다.

```
In [98]:   best_doc = None
           best_dist = 65535
           best_i = None

           for i in range(0, num_samples):
               post_vec = X.getrow(i)
               d = dist_norm(post_vec, new_post_vec)

               print("== Post %i with dist=%.2f    : %s" %(i,d,contents[i]))
```

```
        if d<best_dist:
            best_dist = d
            best_i = i

print("Best post is %i, dist = %.2f" % (best_i, best_dist))
print('-->', new_post)
print('---->', contents[best_i])
```

== Post 0 with dist=1.03 : 메리랑 놀러가고 싶지만 바쁜데 어떻하죠?
== Post 1 with dist=1.13 : 메리는 공원에서 산책하고 노는 것을 싫어해요
== Post 2 with dist=1.10 : 메리는 공원에서 노는 것도 싫어해요. 이상해요.
== Post 3 with dist=1.41 : 먼 곳으로 여행을 떠나고 싶은데 너무 바빠서 그러질 못하고 있어요
Best post is 0, dist = 1.03
--> ['근처 공원에 메리랑 놀러가고 싶네요.']
----> 메리랑 놀러가고 싶지만 바쁜데 어떻하죠?

아직은 네 문장으로 짧고 이를 바로 적용하기는 부족하지만 자연어 처리를 입문이라는 이 책의 성격
에 맞춰 잠시 소개하는 것이라고 생각하면 됩니다.

+++ 8-8 여자친구 선물 고르기 +++

이번에는 조금 재미있는 주제로 접근하려고 합니다. 제목처럼 여자친구 선물 고르기입니다(절대 이
글을 보고 여자친구 선물을 실제로 고르지 마세요!). 네이버의 지식인에서 여자친구 선물이라는 주제
로 검색을 하고 그 검색 결과로 지금까지 학습한 몇몇 개념을 사용하려고 합니다.

그림 8-22 네이버 지식인 검색 결과

그림 8-22처럼 네이버 지식인에서 여자친구 선물로 검색합니다. 그러고 난 후 크롬 개발자 도구로 질문에 대한 답변이 위치한 곳의 태그를 찾습니다.

그림 8-23 지식인의 답변이 위치한 곳의 태그를 찾는 과정

그림 8-23과 같이 dl 태그라는 것을 알게 되었습니다.

```
In [99]:   import pandas as pd
           import numpy as np

           import platform
           import matplotlib.pyplot as plt

           %matplotlib inline


           path = "c:/Windows/Fonts/malgun.ttf"
           from matplotlib import font_manager, rc
           if platform.system() == 'Darwin':
               rc('font', family='AppleGothic')
           elif platform.system() == 'Windows':
               font_name = font_manager.FontProperties(fname=path).get_name()
               rc('font', family=font_name)
           else:
               print('Unknown system... sorry~~~~')

           plt.rcParams['axes.unicode_minus'] = False
```

```
from bs4 import BeautifulSoup
from urllib.request import urlopen
import urllib
import time
```

혹시 여기서부터 시작하시는 독자를 위해서 특별히 그래프에 대한 설정을 수행합니다. 그리고 그림 8-22의 화면 주소창에 있는 주소 부분을 약간 편집해서 접근해야 할 주소를 정합니다.

```
In [100]:  tmp1 = 'https://search.naver.com/search.naver?where=kin'

           html = tmp1 + '&sm=tab_jum&ie=utf8&query={key_word}&start={num}'

           response = urlopen(html.format(num=1, key_word=urllib.parse.quote('여친 선물')))

           soup = BeautifulSoup(response, "html.parser")

           tmp = soup.find_all('dl')
```

테스트 삼아 한 페이지에 대해서만 테스트 결과를 보겠습니다.

```
In [101]:  tmp_list = []
           for line in tmp:
               tmp_list.append(line.text)

           tmp_list
```

```
Out[101]:  [' 기본검색    입력한 단어가 하나이상 포함된 문서 검색   ',
           ' 상세검색   정확히 일치하는 단어/문장(" ") 반드시 포함하는 단어(+) 제외하는 단어(-)   기본검색의 결과 범
           위를 줄이고자 할 때 사용합니다.여러개의 단어를 입력하실 때는쉼표(,)로 구분해서 입력하세요.      ',
           ' 연관검색어도움말    10대 여친 선물    여친선물추천    여친 생일선물    스비스커버쿠션    남자친구 전역선
           물   군인 선물   빼빼로데이여친선물   30대 여친 선물   화이트데이여친선물   100일여친선물   중학생여
           친선물   중딩여친선물   저렴한여친선물   대학생여친선물   추석여친선물   간단한여친선물   군대여친선물
           여친선물만들기     닫기 후 1주일간 유지됩니다. 연관검색어를 다시 보시겠습니까? 열기 ',
```

화면에 보이듯이 잘 나타나는 것을 알 수 있습니다. 이제 대략 1만 개 정도의 검색 결과를 읽어오도록 하겠습니다. 아래 코드에 있지만 전체 실행 시간이 13분 정도 소요되었습니다. 웹 페이지를 직접 접근하다 보니 적절히 time.sleep을 걸어서 증가한 부분도 있고 웹 페이지를 읽느라 소모된 시간도 있습니다. 이 책에서 다루지는 않지만 이런 경우는 네이버에서 제공하는 개발자용 API를 직접 이용하면 아주 속도가 빠릅니다.

```
In [102]:   from tqdm import tqdm_notebook

            present_candi_text = []

            for n in tqdm_notebook(range(1, 10000, 10)):
                response = urlopen(html.format(num=n,
                                        key_word=urllib.parse.quote('여자친구 선물')))

                soup = BeautifulSoup(response, "html.parser")

                tmp = soup.find_all('dl')

                for line in tmp:
                    present_candi_text.append(line.text)

                time.sleep(0.5)
```
× ████████████████████████████████████ 100% 1000/1000 [12:54<00:00, 1.36s/it]

아주 많은 문장이 저장되어 있습니다.

In [103]:   present_candi_text

Out[103]:   [' 기본검색   입력한 단어가 하나이상 포함된 문서 검색   ',
            ' 상세검색   정확히 일치하는 단어/문장(" ") 반드시 포함하는 단어(+) 제외하는 단어(-)   기본검색의 결과 범
            위를 줄이고자 할 때 사용합니다.여러개의 단어를 입력하실 때는쉼표(,)로 구분해서 입력하세요.   ',
            ' 연관검색어도움말   포토앨범 코나픽   여자친구 생일선물   미스레그 걸프렌드 KIT   타임메카 쇼핑몰
            에비뉴다이아몬드   로어티브 NO2 팜므   20대 여자친구 선물   여자친구 100일 선물   10대 여자친구 선물
            친구 선물   여자친구 팔찌   선물   여자친구 목걸이   여자친구 200일 선물   여자친구 가방   여자친구 1
            주년 선물   스와로브스키 팔찌   여자친구 시계   여자친구 깜짝선물   남자친구 선물   닫기 후 1주일간
            유지됩니다. 연관검색어를 다시 보시겠습니까? 열기 ',
            ' 질문 하는것 중에 중요한것!! 선물해줄려고해요 여자친구선물   2017.06.30.   여자친구선물로 화장품 선
            물해주려고합니다. 근데 제가 화장품에대해서 무지 해요 완전. . 저는 로션 썬크림이끝인데 여자들은 화장할때
            뭐가제일중요한가요? 예를들어...   답변 전부 백화점에 있는 브랜드니 가서 여자친구 선물할거라고 말하고 인기
            제품으로... 찾아가서 직원분에게 여자친구 선물줄거라고 말하면 인기제품 추천 잘해줍니다....   기초화장품
            답변수 3   ',

In [105]:   import nltk
            from konlpy.tag import Twitter; t = Twitter()
```

이제 사용할 도구를 import합니다.
```

```
In [106]:   present_text = ''

            for each_line in present_candi_text[:10000]:
                present_text = present_text + each_line + '\n'
```

하나의 글로 present_text라는 변수에 저장합니다.

```
In [107]:   tokens_ko = t.morphs(present_text)
            tokens_ko
```

```
Out[107]:   ['기본',
             '검색',
             '입력한',
             '단어',
             '가',
             '하나',
             '이상',
             '포함된',
             '문서',
```

1만 개나 되는 문장에서 형태소 분석을 마친 단어를 가지고 token을 가져왔습니다(혹은 모았습니다).

```
In [108]:   ko = nltk.Text(tokens_ko, name='여자친구 선물')
            print(len(ko.tokens))
            print(len(set(ko.tokens)))

            864486
            516
```

토큰으로 모은 단어는 864486개이지만 중복된 단어를 빼면 516개입니다.

```
In [109]:   ko = nltk.Text(tokens_ko, name='여자친구 선물')
            ko.vocab().most_common(100)
```

```
Out[109]:   [('.', 36146),
             ('여자친구', 26926),
             ('선물', 25386),
             ('답변', 19225),
             ('가', 16919),
             ('요', 16150),
             ('...', 13842),
             ('을', 10766),
             ('수', 9228),
             ('에', 8460),
```

그중 가장 많이 사용된 단어를 보니 의미 없는 단어들도 보입니다. 그래서 그 단어들을 손으로 제거합니다.

```
In [111]:  stop_words = ['.','가','요','답변','…','을','수','에','질문','제','를','이','도',
                         '좋','1','는','로','으로','2','것','은','다',',','니다','대','들',
                         '2017','들','데','..','의','때','겠','고','게','네요','한','일','할',
                         '10','?','하는','06','주','려고','인데','거','좀','는데','~','ㅎㅎ',
                         '하나','이상','20','뭐','까','있는','잘','습니다','다면','했','주려',
                         '지','있','못','후','중','줄','6','과','어떤','기본','!!',
                         '단어','선물해','라고','중요한','합','가요','....','보이','네','무지']

           tokens_ko = [each_word for each_word in tokens_ko if each_word not in stop_words]

           ko = nltk.Text(tokens_ko, name='여자친구 선물')
           ko.vocab().most_common(50)

Out[111]:  [('여자친구', 26926),
            ('선물', 25386),
            ('추천', 5383),
            ('빼빼로데이', 3845),
            ('검색', 3080),
            ('나이키', 3076),
            ('이벤트', 3076),
```

등장 빈도에 따른 빈도수 그래프를 그려봅니다.

```
In [112]:  plt.figure(figsize=(15,6))
           ko.plot(50)
           plt.show()
```

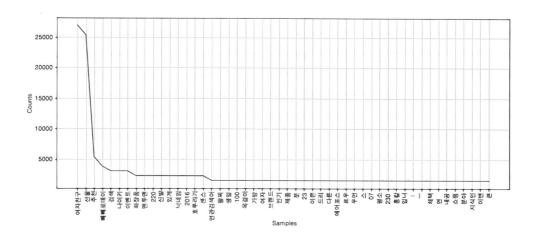

누가 봐도 여자친구 선물을 찾아본 것 같습니다. 나이키라는 브랜드와 신발이 보입니다. 호루라기는 왜 나타나는지 추가로 별도로 검색해보니 호신용 호루라기인 것 같습니다.

```
In [113]:   from wordcloud import WordCloud, STOPWORDS
            from PIL import Image
```

워드 클라우드를 그리기 위해 필요한 모듈을 import합니다.

```
In [114]:   data = ko.vocab().most_common(300)

            # for win : font_path='c:/Windows/Fonts/malgun.ttf'
            wordcloud = WordCloud(font_path='/Library/Fonts/AppleGothic.ttf',
                                  relative_scaling = 0.5,
                                  #stopwords=STOPWORDS,
                                  background_color='white',
                                  ).generate_from_frequencies(dict(data))
            plt.figure(figsize=(16,8))
            plt.imshow(wordcloud)
            plt.axis("off")
            plt.show()
```

일반적인 클라우드를 그려봅니다.

이번에는 Github에 올려둔 하트 그림으로 마스킹해서 그려보겠습니다.

```
In [115]:   mask = np.array(Image.open('../data/09. heart.jpg'))

            from wordcloud import ImageColorGenerator

            image_colors = ImageColorGenerator(mask)
```

자신의 OS에 맞춰 폰트 설정에 유의하면 됩니다.

```
In [116]:   data = ko.vocab().most_common(200)

            # for win : font_path='c:/Windows/Fonts/malgun.ttf'
            wordcloud = WordCloud(font_path='/Library/Fonts/AppleGothic.ttf',
                                  relative_scaling = 0.1, mask=mask,
                                  background_color = 'white',
                                  min_font_size=1,
                                  max_font_size=100).generate_from_frequencies(dict(data))

            default_colors = wordcloud.to_array()
```

이제 그려보겠습니다.

```
In [117]:   plt.figure(figsize=(12,12))
            plt.imshow(wordcloud.recolor(color_func=image_colors), interpolation='bilinear')
            plt.axis('off')
            plt.show()
```

파격적으로 많은 데이터를 다루지 못해서 딱 정답이 나오지는 않지만 그래도 나쁘지 않은 결과입니다.

```
In [118]:  import gensim
           from gensim.models import word2vec
```

이번에는 자연어 처리에서 word2vec을 지원하는 gensim을 사용해서 한번 재미난 결과를 얻어보겠습니다. 조사나 어미 등을 제거하는 과정을 거칩니다.

```
In [119]:  twitter = Twitter()
           results = []
           lines = present_candi_text

           for line in lines:
               malist = twitter.pos(line, norm=True, stem=True)
               r= []

               for word in malist:
                   if not word[1] in ["Josa", "Eomi", "Punctuation"]:
                       r.append(word[0])

               r1 = (" ".join(r)).strip()
               results.append(r1)
               print(r1)
```

이렇게 만들어진 데이터를 혹시 모르니 저장합니다. Word2Vec을 실행하고 그 결과를 저장합니다.

```
In [120]:   data_file = 'pres_girl.data'
            with open(data_file, 'w', encoding='utf-8') as fp:
                    fp.write("\n".join(results))

In [121]:   data = word2vec.LineSentence(data_file)
            model = word2vec.Word2Vec(data, size=200, window=10, hs=1, min_count=2, sg=1)

            model.save('pres_girl.model')
```

다시 읽는 과정입니다.

```
In [122]:   model = word2vec.Word2Vec.load("pres_girl.model")

In [123]:   model.most_similar(positive=['선물'])

Out[123]:   [('여자친구', 0.507493257522583),
             ('질문', 0.33423712849617004),
             ('이쁘다', 0.3066583573818207),
             ('목걸이', 0.29952549934387207),
             ('나이키', 0.25421014428138733),
             ('대다', 0.24949026107788086),
             ('06', 0.247124582529068),
             ('팔찌', 0.23973539471626282),
             ('주다', 0.23969483375549316),
             ('스와로브스키', 0.236493319272995)]
```

선물과 유사한 단어를 물으니 '여자친구', '이쁘다', '목걸이', '팔찌', '스와로브스키' 등이 나타납니다.

```
In [124]:   model.most_similar(positive=['여자친구'])

Out[124]:   [('선물', 0.507493257522583),
             ('질문', 0.4518030881881714),
             ('주년', 0.3607013523578644),
             ('일', 0.3555447459220886),
             ('주다', 0.3478212356567383),
             ('스와로브스키', 0.33724474906921387),
             ('후', 0.32195717096328735),
             ('목걸이', 0.3197968602180481),
             ('06', 0.31196653842926025),
             ('팔찌', 0.3056206703186035)]
```

이번에는 '여자친구'와 유사한 단어를 물으니 '선물'이 나타나고, '목걸이', '팔찌' 등이 나타납니다. 한 가지 특이한 '주년'이라는 단어는 아마 그 밑에 '일'과 합쳐져 '일주년' 정도인 것 같은데 남자친구들이 여자친구와의 일주년을 중요하게 생각하나 봅니다.

```
In [125]:   model.most_similar(positive=['스와로브스키', '목걸이'])

Out[125]:   [('주년', 0.776942253112793),
             ('200', 0.6768766641616821),
             ('시계', 0.672435998916626),
             ('팔찌', 0.6688766479492188),
             ('깜짝선물', 0.6455357074737549),
             ('남자친구', 0.6264322996139526),
             ('닫다', 0.60054612159729),
             ('가방', 0.5861585140228271),
             ('주일', 0.5272403955459595),
             ('간', 0.5090488791465759)]
```

'스와로브스키'라는 단어가 보여서 어쩌면 광고글이 들어온 것이 클 수 있겠지만, 일단 확인해보았습니다.

```
In [128]:   model.most_similar(positive=['스와로브스키'], negative=['여자친구'])

Out[128]:   [('시계', 0.4661526083946228),
             ('남자친구', 0.45735543966293335),
             ('닫다', 0.45537054538726807),
             ('깜짝선물', 0.43662217259407043),
             ('주년', 0.39894670248031616),
             ('팔찌', 0.3884230852127075),
             ('주일', 0.35075342655181885),
             ('유지', 0.338243305683136),
             ('간', 0.33631452918052673),
             ('200', 0.32913023233413696)]
```

한 가지 재미있는 것은 '스와로브스키'에서 '여자친구'를 빼라고 했더니 '남자친구', '시계'가 나타나네요. 이렇게 우리는 이번 장에서 자연어 처리의 기본에 대해 학습을 했습니다.

INDEX

독특한 예제를 통해 배우는 데이터 분석 입문
파이썬으로 데이터 주무르기

2022년 4월 8일 | 1판 9쇄

지은이   민형기
펴낸이   김범준

기획/책임편집   이동원
교정/교열   홍성신
편집디자인   홍수미
표지디자인   김민정

발행처   비제이퍼블릭
출판신고   2009년 05월 01일 제300-2009-38호
주소   경기도 고양시 덕양구 통일로 140 삼송테크노밸리 B동 229호
주문/문의   02-739-0739   **팩스** 02-6442-0739
홈페이지   http://bjpublic.co.kr   **이메일** bjpublic@bjpublic.co.kr

가격   27,500원
ISBN   979-11-86697-47-4